权威·前沿·原创

皮书系列为
"十二五""十三五""十四五"时期国家重点出版物出版专项规划项目

B

BLUE BOOK

智库成果出版与传播平台

山西蓝皮书
BLUE BOOK OF SHANXI

山西养老事业和养老产业发展报告（2024）

ANNUAL REPORT ON ELDERLY CARE SERVICES AND
ELDERLY CARE INDUSTRY OF SHANXI (2024)

主　编／闫喜春　张　峻　丁永平
副主编／李　润　李　鑫　赵文江

社会科学文献出版社
SOCIAL SCIENCES ACADEMIC PRESS (CHINA)

图书在版编目(CIP)数据

山西养老事业和养老产业发展报告.2024/闫喜春，张峻，丁永平主编；李润，李鑫，赵文江副主编.--北京：社会科学文献出版社，2024.12.--（山西蓝皮书）.--ISBN 978-7-5228-4703-0

Ⅰ.F726.99

中国国家版本馆CIP数据核字第20246RJ271号

山西蓝皮书
山西养老事业和养老产业发展报告（2024）

主　编／闫喜春　张　峻　丁永平
副主编／李　润　李　鑫　赵文江

出版人／冀祥德
组稿编辑／任文武
责任编辑／王玉霞
文稿编辑／张　爽　王雅琪　王　娇
责任印制／王京美

出　　版／社会科学文献出版社·生态文明分社（010）59367143
　　　　　地址：北京市北三环中路甲29号院华龙大厦　邮编：100029
　　　　　网址：www.ssap.com.cn
发　　行／社会科学文献出版社（010）59367028
印　　装／天津千鹤文化传播有限公司

规　　格／开本：787mm×1092mm　1/16
　　　　　印张：22　字数：330千字
版　　次／2024年12月第1版　2024年12月第1次印刷
书　　号／ISBN 978-7-5228-4703-0
定　　价／128.00元

读者服务电话：4008918866

▲ 版权所有 翻印必究

编 委 会

主　　任　闫喜春　张　峻　丁永平

副 主 任　李　润　李　鑫　赵文江　刘晓哲　崔云朋

编　　委　（按姓氏笔画排序）
　　　　　文　雅　朱建民　伊文君　李小伟　李欣玥
　　　　　李　峰　张云霞　张彦波　张金瑞　陈红爱
　　　　　赵向东　侯晓斌　郭志浩　郭明敏　郭泰岳
　　　　　甄富春　谭克俭　冀召文

编辑部主任　张彦波　伊文君

编　　辑　王华梅　吴　蔚　董海宁　薛明月

主要编撰者简介

闫喜春 1963年10月生,山西大同人,中共山西省委党校研究生学历,法学学士,1986年7月参加工作,1986年5月加入中国共产党,现任山西省人民代表大会社会建设委员会主任委员,历任山西省人民检察院原反贪局综合指导处处长、法律政策研究室主任、公诉二处处长,临汾市人民检察院党组书记、检察长,原山西省社会治安综合治理委员会办公室副主任,中共山西省委政法委副书记、山西省司法体制改革领导小组副组长兼办公室主任(正厅长级),中共山西省委政法委常务副书记,山西省法学会党组书记、常务副会长等。

张　峻 1968年7月生,山西临县人,中共党员,毕业于中国人民大学。1990年7月参加工作,历任山西省政务改革和管理办公室党组书记、主任,山西省人力资源和社会保障厅党组成员、副厅长,中共山西省委宣传部副部长(兼)、山西省文明办主任,现任山西省社会科学院(山西省人民政府发展研究中心)党组书记、院长,山西省第十四届人民代表大会常务委员会委员。代表性科研成果有论文《太行精神历久弥新的时代价值》,专著《中国式现代化高品质生活研究》《教育高质量发展——新视角与新实践》,研究报告《关于率先推动太忻一体化经济区现代服务业发展的政策建议》等。

丁永平 1968年9月生,山西河曲人,经济学学士,正高级政工师,1986年12月加入中国共产党,1992年参加工作。现任山西省文化旅游投资控股集团有限公司党委书记、董事长。历任山西省委办公厅正处级秘书,太重集团专职党委副书记、副董事长,山西省援疆前方指挥部临时党委书记、总指挥,新疆昌吉回族自治州党委副书记,山西省政府副秘书长(正厅长级)等。先后在《党建》《山西日报》《前进》《企业文明》等期刊发表多篇理论文章。

李 润 1966年4月生,山西天镇人,大学学历,1989年7月参加工作,1995年8月加入民革,现任山西省人民代表大会常务委员会副秘书长(正厅长级)、民革山西省委会副主委,历任民革山西省委会办公室主任、副秘书长、秘书长等。

李 鑫 1971年2月生,山西右玉人,中共中央党校研究生学历,1993年8月参加工作,1999年1月加入中国共产党,现任山西省人民代表大会社会建设委员会副主任委员,历任山西省人民代表大会法制委员会办公室主任、山西省人民代表大会常务委员会办公厅办公室主任、人事代表工作委员会副主任等。

赵文江 1969年3月生,山西广灵人,中央党校在职研究生、研究员。现任山西省社会科学院(山西省人民政府发展研究中心)党组成员、副院长,山西省延安精神研究会副会长,乡村振兴研究重点学科带头人。长期从事政策研究和决策咨询工作。主持撰写的决策专报受到国家领导人、省委书记、省长、副省长肯定性批示。主持完成了多项山西省哲学社会科学规划课题、山西省政府重大决策咨询课题、山西省委农村工作办公室乡村振兴战略研究课题。先后获得山西省社会科学研究优秀成果二等奖、山西省宣传思想文化战线大调研优秀成果一等奖等。在《人民日报》《光明网》《中国改革报》《山西日报》《山西经济日报》《前进》等刊物发表多篇理论文章,著有《服务型政府推进策略研究》。

摘　要

积极应对人口老龄化是以习近平同志为核心的党中央，综观国内国际两个大局，结合当下实际做出的重大战略部署，是关系我国经济长远发展和民生福祉的重要战略。党的二十大报告指出："实施积极应对人口老龄化国家战略，发展养老事业和养老产业，优化孤寡老人服务，推动实现全体老年人享有基本养老服务。"这为新时代新征程全面部署、协调推进养老服务业高质量发展提供了根本遵循。党的二十届三中全会提出，优化基本养老服务供给，培育社区养老服务机构，健全公办养老机构运营机制，鼓励和引导企业等社会力量积极参与，推进互助性养老服务，促进医养结合。

近年来，山西省委、省政府深度践行积极应对人口老龄化国家战略，全面贯彻落实党中央、国务院的决策部署，持续加强基本养老服务制度建设，着力构建居家社区机构相协调、医养康养相结合的养老服务体系，老年人健康支撑体系，社会保障体系及老年社会参与支持体系，成本可负担、价格可承受、方便可及、质量可靠的养老服务一步步成为现实，全省养老服务工作呈现稳步提升的良好态势。特别是随着一系列务实精准的政策措施、一项项直击要害的实招硬招落地见效，养老服务制度框架逐渐完善，兜底功能得到强化，产业体系日趋完善，服务质量持续提升，老年友好环境不断完善，养老事业和养老产业协同发展的格局正在形成。

但随着全省人口老龄化程度进一步加深，发展与人口老龄化进程相适应的养老事业和养老产业仍面临诸多挑战，系统性政策落地落细仍有迟滞，养老服务供需结构性错位的问题仍然存在，城乡要素配置仍不均衡。下一步，

山西需立足人口老龄化发展趋势和老龄化社会运行态势，聚焦老年群体的个性化、多元化养老服务需求，举全省之力创新体制机制，优化服务体系，全方位完善政策措施，千方百计推动全省养老事业和养老产业高质量发展，加快建设符合中国国情、具有山西特色的养老服务体系，努力实现"老有所养、老有所依、老有所乐、老有所安"。

关键词： 养老事业　养老产业　银发经济　山西省

Abstract

Proactively addressing population aging is a major strategic initiative taken by the CPC Central Committee, with Xi Jinping at its core, based on a comprehensive understanding of both domestic and international contexts. This strategy is deeply tied to the long-term development of China's economy and the well-being of its people. In his report at the 20th National Congress of the Communist Party of China, General Secretary Xi Jinping emphasized the need to "implement a national strategy to actively respond to population aging, develop elderly care services and elderly care industry, improve services for elderly people living alone, and promote the provision of basic elderly care services for all seniors." This statement provides essential guidance for the comprehensive planning and coordinated high-quality development of elderly care services in this new era and on the new journey. The Third Plenary Session of the 20th CPC Central Committee further proposed optimizing the provision of basic elderly care services, fostering community-based elderly care institutions, enhancing the operational mechanisms of public elderly care institutions, and encouraging and guiding social forces, including enterprises, to actively participate. It also emphasized advancing mutual assistance in elderly care services and promoting the integration of medical care with elderly care.

In recent years, the Shanxi Provincial Committee and Government have actively implemented the national strategy to respond to population aging, rigorously following the requirements set by the CPC Central Committee and the State Council. They have continuously strengthened the construction of a basic elderly care service system, working to create an integrated system that includes home, community, and institutional care, a medical and wellness support system for the elderly, a social security system, and a system promoting social participation of the elderly. Step by step, the province is making affordable, accessible, and reliable elderly care services a reality. Elderly care services throughout the province are showing steady improvement. Especially with the implementation of a series of pragmatic and targeted policy measures, the framework for elderly care service systems is gradually being refined, core functions are being enhanced, the industrial system is maturing, service quality is continuously improving, and the elderly-friendly environment is being steadily optimized. A coordinated development pattern for elderly care services and industries is emerging.

However, as population aging in the province deepens, challenges remain in building elderly care services and industries that align with the needs of the aging population. Implementation of systemic policies has been somewhat slow, structural mismatches between the supply and demand for elderly care services persist, and the allocation of resources between urban and rural services is still imbalanced. Moving forward, efforts should focus on population aging trends and the operating dynamics of an aging society, addressing the personalized and diverse needs of the elderly, innovating institutional mechanisms, optimizing service systems, and improving policy measures comprehensively. The goal is to promote the high-quality development of elderly care services and industries in the province, accelerate the construction of an elderly care service and security system suited to both China's national conditions and Shanxi's characteristics, and strive to achieve the vision of "caring for the elderly, supporting the elderly, bringing joy to the elderly, and ensuring peace for the elderly."

Keywords: Elderly Care Services; Elderly Care Industry; Silver Economy; Shanxi Province

目 录

Ⅰ 总报告

B.1 2024年山西养老事业和养老产业发展现状、问题分析及对策
……………………………………… 闫喜春 张 峻 王跃婷 / 001

Ⅱ 服务体系篇

B.2 山西社区居家养老服务体系建设研究………………… 郭明敏 / 041
B.3 山西农村养老服务供需矛盾及体系优化研究………… 韩淑娟 / 058
B.4 山西民办养老机构发展瓶颈及其破解
……………………………………… 谭克俭 张兴毅 耿 媛 / 075
B.5 山西社会力量参与养老服务供给研究………… 赵文江 伊文君 / 091

Ⅲ 健康支撑篇

B.6 山西医养结合的路径选择研究………………………… 董海宁 / 114
B.7 山西文旅康养产业发展研究………… 朱建民 郑 鑫 秦 军 / 131

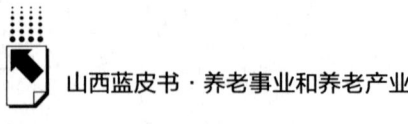

B.8 山西中医药康养产业发展研究……… 张云霞 李文钰 张文龙 / 145
B.9 山西养老保险体系现状、问题及对策研究
　　………………………………………… 李　鑫　王华梅 / 165

Ⅳ　热点专题篇

B.10 山西银发经济高质量发展的对策研究 ………… 张彦波 / 184
B.11 山西农村老年人日间照料中心现状和发展对策研究
　　……………………………………………………… 薛明月 / 197
B.12 山西创新老年教育提质机制研究 ……………… 陈红爱 / 215
B.13 山西智慧养老发展路径研究 …………………… 吴　蔚 / 230
B.14 人口老龄化对山西经济社会的影响及对策研究
　　………………………………………… 李　润　高　瑞 / 247

Ⅴ　区域实践篇

B.15 晋城市文旅康养深层次融合发展调研报告 …… 吴　蔚 / 266
B.16 大同市康养产业高质量发展调研报告 ………… 薛明月 / 285
B.17 长治市多层次养老服务体系建设调研报告 …… 伊文君 / 295
B.18 怀仁市"1+5+N"养老服务模式调研报告 ……… 韩淑娟 / 309
B.19 河曲县农村老年餐厅建设运营调研报告 ……… 董海宁 / 322

CONTENTS

I General Report

B.1 Current Status, Challenges, and Solutions for Elderly Care Services and Elderly Care Industry Development in Shanxi Province in 2024
Yan Xichun, Zhang Jun and Wang Yueting / 001

II Service System

B.2 Research on the Construction of Home Based Elderly Care Service System in Shanxi Community *Guo Mingmin* / 041

B.3 Research on the Supply-demand Contradiction and System Optimization of Rural Elderly Care Services in Shanxi Province *Han Shujuan* / 058

B.4 The Bottleneck and Solution of the Development of Private Elderly Care Institutions in Shanxi Province
Tan Kejian, Zhang Xingyi and Geng Yuan / 075

B.5　Research on the Participation of Social Forces in the Supply of Elderly Care Services in Shanxi Province　　*Zhao Wenjiang, Yi Wenjun* / 091

Ⅲ　Health Support

B.6　Research on the Path Selection of Shanxi Medical and Elderly Care Integration　　*Dong Haining* / 114

B.7　Research on the Development of Shanxi's Cultural Tourism and Health Industry　　*Zhu Jianmin, Zheng Xin and Qin Jun* / 131

B.8　Research on the Development of Shanxi Traditional Chinese Medicine and Health Care Industry
　　Zhang Yunxia, Li Wenyu and Zhang Wenlong / 145

B.9　Research on the Current Situation, Problems and Countermeasures of the Pension Insurance System in Shanxi Province
　　Li Xin, Wang Huamei / 165

Ⅳ　Hot Topic

B.10　Research on Countermeasures for High Quality Development of Shanxi Silver Economy　　*Zhang Yanbo* / 184

B.11　Research on the Current Situation and Development Strategies of Day Care Centers for the Elderly in Rural Areas　　*Xue Mingyue* / 197

B.12　Research on the Quality Improvement Mechanism of Innovative Elderly Education in Shanxi Province　　*Chen Hongai* / 215

B.13　Research on the Development Path of Smart Senior Care in Shanxi Province　　*Wu Wei* / 230

B.14　Research on the Impact and Countermeasures of Population Aging on Shanxi's Economy and Society　　*Li Run, Gao Rui* / 247

CONTENTS

V Regional Practice

B.15　Research Report on the Deep Integration Development of
　　　　Culture, Tourism, Health and Wellness in Jincheng City　　*Wu Wei* / 266

B.16　Research Report on High Quality Development of Health and Wellness
　　　　Industry in Datong City　　*Xue Mingyue* / 285

B.17　Research Report on the Construction of Multi level Elderly Care
　　　　Service System in Changzhi City　　*Yi Wenjun* / 295

B.18　 Research Report on the "1+5+N" Elderly Care Service
　　　　Model in Huairen City　　*Han Shujuan* / 309

B.19　Exploration and Practice of Rural Elderly Restaurant in
　　　　Hequ County　　*Dong Haining* / 322

总报告

B.1
2024年山西养老事业和养老产业发展现状、问题分析及对策

闫喜春　张　峻　王跃婷[*]

摘　要："十四五"期间，山西与全国同步进入中度老龄化社会。在这一背景下，山西推动养老事业和养老产业稳步发展，逐步构建和完善兜底性、普惠型、多样化的养老服务体系，养老事业的保障功能不断增强，养老产业体系日趋完善，养老产业与其他产业的融合发展呈现良好态势。然而，与人口老龄化进程相适应，与党中央、国务院要求相适应，与老年人日益增长的养老服务需求相适应的山西养老事业和养老产业发展仍面临诸多挑战，亟须通过改革创新、完善体系布局、确保供需平衡、抓好主体培育、强化示范带动，以"十个一"为着力点，积极稳妥推进养老事业和养老产业高质量协同发展，更好满足老年人多元化、差异化、个性化的养老需求，实现山

---

[*] 闫喜春，山西省第十四届人民代表大会社会建设委员会主任委员，主要研究方向为公共政策；张峻，山西省社会科学院（山西省人民政府发展研究中心）党组书记、院长、研究员，主要研究方向为政策研究；王跃婷，山西省社会科学院（山西省人民政府发展研究中心）副研究员，主要研究方向为产业经济和产业政策。

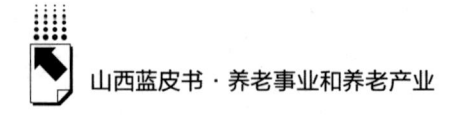

西幸福老龄化发展愿景。

关键词： 养老事业　养老产业　山西省

"十四五"期间，山西与全国同步进入中度老龄化社会。截至2023年，在山西常住人口中，60岁及以上人口为750.07万人，占常住人口的比重为21.64%；65岁及以上人口为526.98万人，占常住人口的比重为15.20%。与2022年相比，山西60岁及以上人口和65岁及以上人口占常住人口的比重分别增加1.21个和0.72个百分点。山西人口老龄化程度日益加深。在这一背景下，山西推动养老事业和养老产业稳步发展，逐步构建和完善兜底性、普惠型、多样化的养老服务体系，养老事业的保障功能不断增强，养老产业的发展态势持续向好。但随着山西老龄化程度进一步加深，养老事业和养老产业发展也面临新的挑战和压力，与人民群众不断增长的对美好生活的向往、对高品质养老服务的需求相比，仍然有很大的提升空间，亟须从加强领导、完善政策、激活主体、加大投入、完善平台等多方面入手，发展多层次、高品质的养老事业和养老产业，让老年人共享改革发展成果、安享幸福晚年。

一　山西养老事业和养老产业发展现状

党的二十大报告提出，实施积极应对人口老龄化国家战略，发展养老事业和养老产业，优化孤寡老人服务，推动实现全体老年人享有基本养老服务。其中，养老事业注重社会效益，体现兜底性、基础性、普惠性，其发展重点是全体老年人的基本养老服务，是公共服务民生保障内容，强调政府的主导作用和社会的广泛参与；养老产业注重经济效益，体现市场化、营利性、多样化，其发展重点是社会老年人的非基本养老服务，是以市场为导向，提供多元化的养老服务产品，满足老年人多样化的需求。

近年来，山西深入学习领会习近平总书记关于养老工作的重要论述，全面贯彻落实党中央、国务院的决策部署，积极应对人口老龄化，不断优化政策顶层设计，加强基本养老服务制度建设，积极推进养老事业和养老产业稳步发展，聚焦新时代山西养老需求不断优化供给侧结构性改革，推动居家—社区—机构"三位一体"协调发展，构建医疗健康与养老服务融合发展的支撑体系、社会保障体系及老年社会参与支持体系，推动全省养老事业和养老产业"向好、向新、向全"发展。"向好"是指发展质量不断提高，"向新"指发展业态不断更新，"向全"指业态覆盖更加全面、服务对象覆盖更加全面、区域覆盖更加全面。

（一）制度、政策、法规不断完善

近年来，山西围绕积极应对人口老龄化、发展养老事业和养老产业，制定出台了一系列实施意见或实施方案，明确了发展路线，并通过完善政策支撑体系，制定规范行业发展的标准，出台促进行业发展的条例，加强对养老事业和养老产业发展的顶层引领，推动行业标准化、规范化、法治化发展，发展质量不断得到提升。自2020年以来，山西先后制定出台《山西省人民政府办公厅关于推进养老服务发展的实施意见》《山西省人民政府办公厅关于深化医养结合促进健康养老发展的意见》《山西省养老服务"431"工程实施方案》《关于支持社区居家养老服务"1251"工程的实施方案》《山西省人民政府办公厅关于建立健全养老服务综合监管制度 促进养老服务高质量发展的实施意见》《关于促进养老托育服务健康发展的实施方案》《山西省"十四五"老龄事业发展和养老服务体系规划》《中共山西省委 山西省人民政府关于加强新时代老龄工作的实施意见》《山西省基本养老服务体系建设实施方案》《关于支持社区居家养老服务发展的意见》等一系列政策文件，这些举措聚焦养老工作，涉及养老服务财政补助政策、社区居家养老服务补助政策、康养产业项目建设补助和贷款贴息政策、老年人养老服务补贴政策、养老服务金融扶持政策、养老服务税费减免政策等，搭建起支撑养老服务体系建设的"四梁八柱"。

山西制定出台了《养老机构服务规范》《医疗养老结合基本服务规范》《居家养老康复服务规范》等30多项地方标准，构建起山西地方养老服务标准体系，成为规范和引领山西养老事业和养老产业发展的指南，为行业规范化、标准化发展提供了有力支撑。《山西省康养产业促进条例》《山西省社区居家养老服务条例》的颁布施行，标志着山西养老事业和养老产业发展迈入法治化轨道。

（二）养老产业体系日趋完善

山西积极拓展银发经济发展空间，推进养老用品、健康养老、智慧养老、康复辅助器具等产业快速发展，基本构建起更加符合人民养老需求的，以居家养老为基础、社区养老为依托、机构养老为补充的养老服务体系，不断提升养老服务供给质量和水平，推动实现兜底供养有保障、普惠养老能满足、多样市场可选择，满足老年人居家养老、就医用药、康养照护等方面的需求。

养老机构稳步发展。截至2023年12月底，山西拥有养老机构1241家。按所有制划分，公办养老机构有340家，民办养老机构有546家，公建民营养老机构有355家。全省共有养老床位21.6万张，其中民政系统管理的养老机构床位有10.8万张（包含护理型床位5.0万张）。区域养老服务中心建设改造被列为2024年山西省政府民生实事任务，100个乡镇敬老院被优先改造为区域养老服务中心，为所在乡镇特殊困难人员提供集中供养服务，为社会老年人提供社区居家养老服务。为提升乡镇养老机构服务水准，山西对入住10人以下并且房屋简陋、设施陈旧、安全系数低、服务质量差的乡镇敬老院进行了关闭整合，全省共关闭整合89所不符合要求的乡镇敬老院。

"晋老"品牌效应日益显现。[①] 山西各地市积极出台优惠政策，从规划、用地、财政补贴、税费减免等方面大力支持社会力量投资养老服务业，市场

---

① 雷耀：《奔驰的"晋老"号幸福快车——山西省养老事业和康养产业快速发展》，《中国社会报》2021年第8期。

主体从 2021 年的 372 家增加到 2023 年的 901 家，增长 142%，培育出太原易照护、凯森养老、大同 398 助老、晋城幸福汇、晋中华晟咱家等诸多本土社区养老品牌。在此基础上，先后引进北京智慧华川、北京寸草春晖、南京安康通、青岛颐居等国内知名养老服务企业①，充分激发山西养老品牌效应。山西养老服务品牌与"天镇保姆""吕梁护工"等服务品牌相互促进，极大地激活了本土养老服务市场，扩大了品牌影响力。

养老产业布局持续优化。山西依托"一群两区三圈"的城乡区域发展布局，促进养老产业统筹、协调、均衡发展。围绕太原建设国家区域中心城市目标，打造医养康养高地、智慧养老高地。依托太忻一体化经济区深厚的历史文化底蕴，建设世界级旅游康养目的地。发挥山西转型综合改革示范区"排头兵"作用，打造养老产业发展创新先行区。支持晋北、晋南、晋东南城镇圈养老产业资源要素互联互通、自由流动、高效配置，实现城镇圈内养老产业优势互补、联动发展。

养老产业体系不断完善。山西通过培育引进一批市场竞争力强和带动作用大的养老领域骨干企业，推动以老年康复辅具、日用品、保健用品、电子电器、药品等为主的老年用品产业体系加快形成，推动居家养老服务、社区养老服务和专业养老机构协同发展，促使老年用品制造业和服务业加快转型升级，为老服务多业态创新融合发展，养老产业逐渐呈现与医疗大健康、房地产、文化旅游、教育培训等业态融合发展趋势，"智慧+养老"、旅居养老、健康养老、文化养老、森林康养等"养老+"融合发展新业态、新模式不断涌现。

（三）健康支撑体系持续健全

山西通过提高医疗卫生机构老年健康服务能力，加强对失能老年人的长期照护服务和保障，深入推进医养结合，促使老年人健康支撑体系不断健全，老年人健康服务和管理水平得到提高。

---

① 山西省民政厅党组：《打造以人民为中心的山西养老品牌》，《中国民政》2021 年第 11 期。

医疗卫生机构老年健康服务能力得到显著提升。印发《山西省人民政府办公厅关于开展老年人照顾服务工作的实施意见》，要求各级医疗卫生机构切实加强老年健康服务能力建设。持续加强综合医院、中医医院老年医学科建设，老年病防治水平显著提高，老年健康领域科研成果转化步伐进一步加快。加快建设一批康复医院、护理院（中心、站）、安宁疗护机构，基层医疗卫生机构康复护理、健康管理等能力建设取得积极进展，以医养结合为标志的老年友善医疗机构建设迈上新台阶。同时依托县级中医医院指导社区卫生服务中心和乡镇卫生院开展中医健康干预服务，老年人常见病、多发病和慢性病的中医诊疗服务能力得到提升。

长期护理保险试点有序开展。自2017年以来，临汾市作为省级长期护理保险试点城市，先后出台了《临汾市人民政府关于建立长期护理保险制度的指导意见》《临汾市长期护理保险管理办法（试行）》等一系列政策措施，积极推进长期护理保险试点工作。2020年9月，晋城市被国家医疗保障局、财政部确定为第二批国家长期护理保险制度试点城市。制定出台了长期护理保险实施细则和经办管理、失能评定管理、定点护理机构管理等8个配套制度，发布《长期护理保险护理服务规范》《长期护理保险定点护理机构等级评定》《长期护理保险护理员技能星级评定》3个地方标准，通过政策细化、标准引领，扎实推进长期保护稳步运行。截至2024年7月底，晋城市累计有3473人享受长护险待遇。试点工作的有序推进，助力山西织密养老服务网络、健全养老服务体系。

医养结合探索取得了积极进展。山西积极探索养中有医、医中有养、医养协作、医养联合体、社区医养等医养结合模式，医疗卫生服务与养老服务加快融合。自2016年以来，先后确定太原、大同、吕梁3市为国家级医养结合试点市，37个省级医养结合试点单位、33个省级村卫生室与乡村老年人日间照料中心融合发展试点村和20个省级安宁疗护试点机构。全省已建成医养结合机构120所，医养结合床位2.4万张，914所养老机构与医疗机构签约。2023~2024年省财政每年下达专项经费1000万元，实施医养结合能力提升奖励项目，对符合条件的乡镇卫生院、社区卫生服务中心或二级及以下拟转型开展康复、护理服务的医疗卫生机构，按照每张床1.5万元的标准进行补助，建成后预计增加1300余张护理型养老床位。共为59134名老年人开展失能评估，并为48279名失能老年人提供了一次基本医疗服务，探索出具有山西特色的"养中有医""医中有养""医养协作""医养联合体""社区医养"5种医养结合新模式，形成可推广可复制的"长治模式"。

案例1 医养结合长治模式

长治市稳步推进医养结合工作，通过开展试点、整合资源，分类打造多种医养结合模式，推动老年人的健康水平和生活质量逐步提升。一是推进"公立医院+养老服务"融合发展模式。长治市第二人民医院充分利用自身具备的优质医疗资源，与养老机构合作创建医养结合护理院，按照生活照护和医疗专护设置不同类型的照护区域，率先探索医养结合急慢分治、双向转诊服务新模式，同时兼顾老年人的康复疗养、娱乐活动、营养膳食等多种需求，服务对象主要聚焦半失能、失能等对医疗、康复、生活等照护需求较大的老年人，为入住老年人提供"预防期保健—患病期治疗—康复期护理—稳定期生活照料—临终期安宁疗护"的一体化医养结合服务。此外，长治市还有一些企业开办的医院也提供养老照护服务。例如，惠丰医院开展了"六位一体"医养服务，为老年人提供紧急救护、医疗救助、生活照护、康复训练等多种服务。二是推广了"村（社区）卫生室+老年人日间照料中心"融合发展模式。长治市不断推进基层村（社区）卫生室和老年人日间照料中心融合发展，长治市卫健委联合长治市民政局共同命名长治市潞州区太西社区卫生服务中心等34个村（社区）为全市第一批"村（社区）卫生室和老年人日间照料中心融合发展试点"，长治市东方社区卫生服务站、果园村、杨暴村、王村等成为全市社区医养结合工作典范。并且，养老机构作为主体推动医养结合发展的案例也在不断涌现。例如，长治市一些养老院积极打造高端护理型养老院，按照"就近方便、互利互惠"的原则与医疗机构签订医养结合协议。三是加快推进老龄健康服务体系建设。长治市积极倡导各医疗机构加强能力建设，设置老年病科和老年人绿色窗口，大幅拓展医

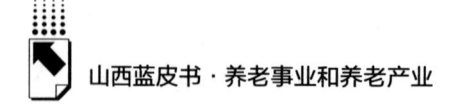

疗机构养老服务功能，并在医疗机构同步启动了安宁疗护试点工作，逐步提高了疾病终末期患者的生命质量。

（四）兜底服务功能不断强化

山西持续强化养老服务兜底线、保基本功能，为经济困难的空巢（独居）、留守、高龄、患病、残疾、失能等特殊困难老年人提供兜底性养老服务，及时发现、有效防范、稳妥化解养老方面存在的安全风险。

农村养老服务短板加快补齐。山西探索利用农村闲置学校、村委会等房屋设施补齐农村养老服务短板，为农村老年人提供就近方便的养老服务，截至2023年12月，农村老年人日间照料中心有8087个，覆盖全省1/3的行政村，惠及农村40余万留守、空巢老年人。2024年全省支持3000个农村老年人日间照料中心开展老年助餐服务，提升农村老年配餐服务水平和能力。同时按照"先行先试、典型引路"的工作思路，鼓励专业养老机构运营农村老年人日间照料中心，怀仁市、垣曲县率先开展委托专业机构运营试点，目前已有284个农村老年人日间照料中心实现了连锁化、品牌化、规模化运行。积极筹措农村养老服务经费，利用农村光伏发电收益补充农村养老服务人员及运营经费，推动农村老年人日间照料中心可持续运营。

案例2 综合养老怀仁模式

怀仁市高度重视养老服务体系建设工作，积极打造集养老护理、医疗康复、休闲娱乐于一体的"居家—社区—机构"多层次养老服务体系。打造"机构+社区+居家"综合养老服务新模式。怀仁市全盘统筹，大力整合养老服务资源，建立统一的社区居家养老管理体系，整体形成了城市、农村两大模块，省、市、县三级财政资金投入保障的局面。鼓励社会参与，公开招投标，鼓励社会力量参与农村老年人日间照料中心运营。鼓励多模式开展农村居家养老服务，倡导邻里互助、结对帮扶、组建流动服务队等形式。推进城乡居家养老服务。为方便城乡老年人居家养老，解决留守和独居老年人养老困难的问题，怀仁市积极探索养老服务新途径，打破公建公营的单一体制，以政府购买服务的方式，通过公开招标，引入第三方社会机构怀仁市幸福老年之家连锁运营村（社区）日间照料中心，满足老年人居家养老服务需求，向老年人及其家属提供社交娱乐、生活服务、健康管理等全方位养老服务，实现老年人就近养老，让老年人既能享受到专业的照护，又能保持原有社区和家庭的归属感。推进公建民营试点建设。怀仁市积极推进公建民营养老机构运作模式，利民老年公寓作为公建民营试点机构，通过公开招标由第三方社会机构运营管理，为老年人提供全方位的生活照料服务。

居家养老设施改造起步。适老化改造通过实施"一户一策"的改造方案，有效提升老年人居家养老的安全性、便利性、舒适性，是应对老龄化社会挑战与增强老年人获得感、幸福感、安全感的重要举措，也是巩固家庭养老基础地位、促进养老服务消费升级、推动居家养老服务提质扩容的重要抓手。2023~2024年，山西下达省级适老化改造补助资金2000万元，为6.8万户特殊困难老年人进行了家庭适老化改造。

老年助餐服务网络初具雏形。为解决高龄、孤寡、独居、空巢老年人吃饭难的问题，山西省民政厅、山西省财政厅下发《关于进一步落实社区居家养老服务扶持政策的通知》，对设置不同规模老年餐厅及服务人群数量的社区养老服务机构给予相应补贴，为推动社区居家养老服务发挥重要作用。目前，太原市老年助餐服务试点已成功建设2年，建成社区食堂300个。河曲县按照"因村施策、试点先行、逐步推广"的思路，率先推行"幸福老年餐厅"和"好邻居助老餐桌"项目，取得了较好的社会效益。

城乡医疗救助体系持续完善。将60岁及以上的城乡低保对象、特困人员、建档立卡贫困户等老年人纳入医疗救助范围。自2022年1月1日起，全面取消特困、低保、返贫致贫人口大病保险封顶线，进一步减轻大病老年人、贫困老年人的医疗负担。老年人是高血压、糖尿病的高发人群，通过降低"两病"门诊用药起付标准、提高政策范围内支付比例，切实减轻了"两病"患者用药负担。落实各项医保帮扶政策，做好困难

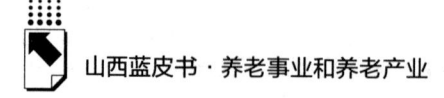

群体精准帮扶工作，确保应享尽享。2023年上半年，困难群体住院合规综合报销比例平均达到85.4%。持续做好风险预警，确保不发生规模性因病返贫致贫。

城乡老年人巡访关爱活动有序开展。以"暖心工程"为抓手，建立特殊困难老年人探访关爱制度，为特殊困难老年人提供定期巡访关爱服务，开展生活照料、精神慰藉、安全防护、权益维护等服务。截至2023年底，全省已摸排特殊困难关爱服务对象12万人，117个县（市、区）已开展巡访关爱服务，走访分散供养特困老年人36700人次。在10个县开展农村留守老年人关爱服务试点，为留守老年人建立信息数据档案，并对失能、半失能农村留守老年人进行远程探访。

兜底线保基本功能更加有力。自2023年1月1日起，山西加大对经济困难的高龄与失能老年人补贴力度，城乡低保家庭中80周岁（含）以上的老年人生活补贴标准由2016年确定的每人每月50元提高到每人每月不低于70元，提标后惠及10.9万名经济困难老年人，有效改善了经济困难高龄与失能老年人的生活状况。自2024年起，高龄补贴发放对象由经济困难家庭80周岁（含）以上的老年人调整为本省户籍年满80周岁的老年人。山西将符合条件的特困老年人全部纳入财政全额供养范围内，2023年集中供养特困人员基本生活平均标准达到10031元/（人·年），分散供养标准达到9022元/（人·年），依托特困人员供养服务设施（敬老院），对有入住意愿的特困人员进行集中供养，有效保障了特困老年人的吃、穿、住、医、葬等问题。

（五）养老服务质量持续提升

山西在面向全体老年人提供基本养老服务的基础上，充分发挥政府、市场、社会等多元主体作用，逐步提高保障水平，满足老年人个性化、多层次、升级化的服务需求，服务质量持续提升。

智慧养老服务稳步发展。山西不断依托互联网拓展养老服务场景，集聚线上线下服务资源，为老年人提供全方位、多层次、高可靠的养老服务，推动养老服务体系全面升级。①"康养山西"智慧平台建设顺利推进，涉及养老机构查询、地图检索、预约咨询、行业交流、政策发布等功能的模块已建设完成，能够为老年人提供方便快捷的养老服务信息查询等服务。② 全省已建成太原、大同、阳泉、晋中、长治、晋城6个市级智慧养老服务大数据平台，提高了养老服务供给与需求线上线下无缝对接的精准度。太原市依托智慧社区党建平台、太原市社区公共服务综合信息平台、12349呼叫服务平台等智慧化平台，对适老化改造、社区惠民项目、政府购买居家养老服务等项目进行赋能，采取"线上+线下"方式，为老年人提供80余项集中照料和上门服务，满足了老年人对生活照料、医疗保健、紧急救助、专业护理、配餐送餐等服务的需求，被工业和信息化部确定为全国智慧养老示范基地。③太原市万柏林区万柏林街道、晋中市榆次区西南街街道被工业和信息化部确定为全国第三批智慧健康养老示范街道。大同市积极创建智慧健康养老示范社区，打造集"信息平台—智慧住宅—康养物业"于一体的以社区为依托的养老新模式。晋中市榆次区华晟咱家智慧社区居家养老服务中心以新模式赋予社区居家养老新架构，让服务更通畅、更便利、更可及。晋城市以打造"晋享颐养"养老服务品牌为抓手，引导小爱到家、达康颐养等社会力量发展智慧养老，2022年平台累计派出工单29953张，服务时长达62848小时，满意度达100%。

案例3 智慧养老晋中模式

晋中市不断运用信息化手段拓展养老服务场景、增加养老服务供给、推进智慧社区建设，使全市老年群体更多依赖科技信息平台获得便捷、及时的

---

① 《【共同关注】我省养老事业和康养产业发展态势良好》，山西省人民政府网站，2024年1月22日，http://www.shanxi.gov.cn/ywdt/sxyw/202401/t20240122_9487699.shtml。
② 《省人大常委会就社区居家养老服务条例实施情况进行执法检查——社区居家养老服务守护幸福"夕阳红"》，山西省人民政府网站，2023年12月21日，http://www.shanxi.gov.cn/ywdt/sxyw/202312/t20231221_9450259.shtml。
③ 《太原：幸福养老梦想照进现实》，"锦绣太原"百家号，2021年11月15日，https://baijiahao.baidu.com/s?id=1716446383780120243&wfr=spider&for=pc。

养老服务，提升了老年居民的获得感、幸福感和安全感。晋中市榆次区"华晟咱家智慧社区"居家养老服务中心运用"互联网+家庭+社区+物业+医疗"的新模式，构建智慧社区养老服务平台，扩展服务场景，扩充服务对象，打造连锁化、品牌化、专业化、标准化的智慧社区居家养老模式，不断丰富社区养老服务内涵、提升物业养老服务功能，主要表现在以下三个方面。一是以让服务更精准为目标打造新时代社区养老新平台，自主研发了"和乐云"全域智慧养老信息系统和"社区慧生活"综合服务系统，构筑了以"云助"服务为内容的社区养老智慧平台，加强了社区街道、老年人家庭、医疗机构、养老服务机构、小区物业、志愿者之间的联动，更好地满足了社区老年人多层次、个性化、多类型的养老服务需求。二是以让服务更通畅为目标构建新时代社区养老新模式，通过创新服务机制，探索小区物业公司融入社区养老服务的"社区+物业+养老服务"模式，开展专业培训，物业管理人员养老服务能力不断提升，社区居家养老服务架构得以重塑，小区物业与社区养老、机构养老之间的连接更加密切，形成了养老服务供给合力。三是以让服务更暖心为目标丰富新时代养老新内涵，不断拓展线上服务功能，以信息化手段提升养老服务供给效率，依托智慧平台发展在线医疗、在线老年教育、社会工作者和志愿者服务，依托社区养老站点面向老年人开展智慧养老服务培训和一对一演示，让更多老年人能够搭上智慧快车，享受到更加贴心和便利的养老服务。

城乡社区养老服务水平大幅提升。自2020年起，山西省政府连续5年将"新建城镇社区养老幸福工程"列入年度民生实事项目予以重点推进，省级财政共投入22591万元予以支持。截至2023年底，山西共有190个城镇社区幸福养老工程项目建成并投入运营。全省拥有城乡社区老年人日间照料中心9332个，其中，城市社区老年人日间照料中心有1245个，占比为13.3%；农村老年人日间照料中心有8087个，占比为86.7%。各类城乡社区养老服务品质不断提升，为山西城乡老年居民提供了经济可负担、价格可接受、方便可获取、质量有保障的养老服务。太原市实施社区食堂"暖心饭"工程，建成社区食堂300个，服务老年人超400万人次，日均服务超1万人次；阳泉市开展"养老服务暖心工程"，建成社区嵌入式养老服务站7个、社区暖心老年餐厅20个、投放爱老敬老幸福快车117台。

案例4 社区居家养老太原模式

太原市社区居家养老是以家庭为核心，以社区为依托，以老年人日间照料、生活护理、家政服务和精神慰藉为主要内容的养老新模式。社区居家养老主要包含5个模块。一是社区养老服务中心。近年来，山西按照"县区为主、市级统筹、省级奖补、分级负担、社会参与"的原则，积极实施省政府年度民生实事项目"社区养老幸福工程"，通过公建民营、民办公助、政府补贴、购买服务等方式，积极打造社区养老服务中心。二是社区老年人日间照料中心。通过在社区设立老年人日间照料中心，为社区所辖老年人提供涵盖日间照料、膳食供应、家政服务、康复护理、精神慰藉、文化娱乐等一系列贴心的专业化、标准化、定制化养老服务，为社区老年人家庭减轻了养老负担。三是社区养老服务驿站。太原市面向老年人群体就近就便服务需求，充分发挥家到社区距离15分钟可达的优势，打造养老服务驿站，将驿站作为服务居家老年人的重要抓手，为老年人提供以休憩、心理慰藉、代购、助行等综合服务为主的社区养老服务，在为老年人提供便利服务方面发挥了重要作用。四是嵌入式社区养老机构。为满足老年人不离开亲人、不离开家庭和熟悉的环境即可享受到专业便利的养老服务需求，太原市统筹利用社区闲置房屋等资源，在社区建设嵌入式连锁化微型养老机构，推动居家照护、短期寄养和长期托养服务逐渐在太原市城乡社区实现网格化布局和站点式覆盖。五是社区食堂。太原市通过新建、改造和整合利用闲置场地等方式，高标准建设了一批社区食堂，政府对社区食堂给予一定的财政补贴和税费优惠，同时，引导社会力量广泛参与养老服务，面向城乡社区居民提供高品质的日常用餐服务。

养老服务业人才素质不断提升。山西将养老护理员培训纳入职业技能提升行动，加大技能培训力度。自2023年6月起，山西实施养老服务从业人员一次性入职奖励制度，明确对2023年7月1日后入职山西省内养老服务机构工作满1年且签订3年及以上劳动合同的中等职业及以上院校毕业生发放一次性奖励，鼓励年轻人从事生活照料、护理服务等直接面向老年人的服务，促使越来越多的年轻专业力量涌入养老服务行业，使山西养老服务人才结构不断优化、养老服务品质不断提升。2024年7月，山西省民政厅等12个部门结合山西发展实际，联合出台《关于加强养老服务人才队伍建设的实施意见》，从开展专业教育、强化技能培训、加强招才引智、拓宽职业发展渠道等多角度提出了强化养老专业人才队伍建设的举措，为山西养老服务业人才队伍进一步发展壮大奠定了制度基础。

（六）康养产业集群化发展

山西积极发挥文旅康养资源大省的比较优势，持续深化文旅康养产业供给侧结构性改革，加快构建多样化、高品质、覆盖全生命周期的文旅康养产品体系，通过整合资源、优化布局、创新模式，推动康养产业集聚和集群化发展，不断提升"康养山西、夏养山西"品牌知名度、美誉度和影响力。

康养园区建设提速。山西着力利用丰富的康养资源，发挥地理区位优势，聚力打造全国重要的康养目的地和京津冀养生养老"后花园"，加快推进康养集聚区和康养示范区项目建设，因地制宜发展文化康养、森林康养、山地康养、中医药康养、乡村康养、运动康养等不同业态，加快建设了一批以大同康养示范园区为代表的省级康养示范园区、康养社区和康养小镇，带动养老产业提质发展。

康养品牌叫响全国。山西围绕提高康养产业核心竞争力、推动业态融合创新等方面，不断加强康养集聚区建设，完善康养产业链，努力将山西的文旅康养资源优势转化为康养产业的发展优势，成功举办了两届"康养山西、夏养山西"康养项目合作交流（招商）会、"2023中国·山西（晋城）康养产业发展大会"。山西以展会为牵引，着力建设康养名城。各类展会通过开展政企交流、企业对接、项目推介、现场签约、专家讲座、圆桌论坛等活动，展示了山西各地康养产业发展特色和优势，提升了"康养山西、夏养山西"品牌影响力和知名度。

康养项目加快建设。近年来，山西印发实施了《山西省人民政府办公厅关于支持康养产业发展的意见》《山西省财政厅 山西省民政厅关于对康养产业项目给予一次性建设补助和贷款贴息的通知》《推进康养产业项目建设行动计划（2023—2025）》等一系列政策文件，在产业供地、财政奖补、金融信贷、税费优惠等方面集中出台扶持政策，吸引省内外市场主体投资山西康养项目，推进文旅康养示范区建设，按照"全面推进、分步实施、成熟一个落地一个"的原则，推进"泰康之家·晋园"等一批康养项目落地，扩大康养产品供给，支持国内头部康养企业参与山西康养产业发展规划、项目建设，推动山西康养产业形成区域特色和品牌效应。

（七）老年友好环境不断改善

山西示范性老年友好型社区建设加快推进，老年人社会参与程度不断提高，老年友好环境建设正成为推动山西养老事业和养老产业蓬勃发展的强大动力。

敬老养老助老社会氛围浓厚。山西积极弘扬中华民族孝亲敬老的传统美德，务实出台各类政策保障老年人合法权益，广泛倡导社会开展各项敬老爱老志愿服务，号召家庭层面重视对老年人的照顾和关爱，督促赡养人履行赡养义务，巩固和增强家庭养老功能，营造温馨和谐的尊老敬老孝老爱老社会环境，将善待老年人纳入社会公德、职业道德、家庭美德和个人品德建设，确保老年人享有幸福舒适的晚年生活，为推动山西养老事业和养老产业发展营造良好氛围。

公益宣传教育活动定期举办。山西积极开展人口老龄化国情教育和养老服务公益宣传教育活动，实施中华孝亲敬老文化传承和创新工程，持续推进"敬老月"系列活动和"敬老文明号"创建活动，广泛开展形式多样、内容丰富的爱老孝老敬老活动，引导老年人积极参与，让老年人生活得更加安心、舒心、顺心。山西为老志愿服务项目日益丰富，通过积极引导在校学生参与为老助老志愿服务和暑期实践活动，安排相关专业的学生开展助老社会实践，鼓励和倡导社会爱心人士参与养老志愿服务，围绕关爱老年人积极开展慈善募捐、慈善信托等慈善公益活动的方式，推动实现社会各界人士的有效服务与老年人需求的精准对接。

二 山西养老事业和养老产业发展过程中存在的问题

加快发展养老事业和养老产业是妥善与积极应对人口老龄化的重要举措。近年来，山西养老事业和养老产业发展取得长足进步，但随着全省人口老龄化程度进一步加深，老年人需求结构正在从生存型向发展型转变，建设与人口老龄化进程相适应的养老事业和养老产业体系面临诸多挑战，养老事业和养老产业的发展水平与党中央、国务院的要求和老年人日益增长的养老服务需求相比还有一定差距，存在不少短板弱项，亟须着力破解。

（一）常态化推进机制有待完善

目前，山西养老服务工作体制机制、养老服务联席会议制度和养老服务综合监管机制有待进一步健全。

统筹管理机构不健全。山西省老龄工作委员会是主管全省老龄工作的议事协调机构，但不是常设机构，目前全省老龄工作缺少统筹管理机构，缺乏系统部署与完整的工作推进体系，宏观规划与具体政策结合不紧密，养老服务工作落地困难。

部门协同不到位。养老服务体系建设涉及发改、民政、财政、人社、自然资源、住建、卫健、医保等多个部门，部门职责交叉重叠，主体责任不明确，形成了多头管理、难以协调的格局。每个部门都受到所属领域的法律政策限制，政策创新困难。

工作推进落实机制不完善。当前，养老服务体系建设工作尚未被列入各级党委、政府目标任务考核机制，未能形成层层抓落实的有效机制，未能充分发挥考核的"指挥棒""助力器"作用，相关政策下达后出现协同性不高、执行不到位的问题，亟须完善养老服务联席会议制度和养老服务综合监管机制。

（二）多元化资金投入较为匮乏

公共财政投入养老服务体系建设不足。虽然近年来山西逐渐加大财政对养老服务体系建设的支持力度，但由于部分奖补政策存在标准高、难落地现象，财政资金引导作用发挥不充分，产业基金培育支持不够，养老服务体系建设的资金规模偏小。例如，山西在城市社区养老服务设施建设上的专项投入，自2020年以来每年只有3000万元。2017~2019年农村老年人日间照料中心的专项投入从3600万元下降至3000万元，2020年以后未被纳入财政预算，造成山西公共财政投入养老服务体系的资金规模与江西、河南等省份差距较大，不足以支撑养老事业和养老产业快速发展。

民营养老企业投融资渠道少、贷款难、融资成本高。民营养老企业由于体量小、缺担保，在争取金融机构信贷支持上存在难以逾越的门槛，融资十分困难。政府对养老贷款的贴息只有3年，不足以支撑养老机构完成筹备、建设、运营等前期工作。与此同时，养老机构使用的土地一般具有福利性质，不能用于抵押，无法获得贷款，造成民办养老机构的资金来源仅限于自有资金，或者依靠融资成本高的民间借贷，造成债务负担加重和运营风险增加。[①] 养老（包括康养）产业前期投入大、回报周期长、品牌塑造慢，很难在短期内形成规模、收回投资，造成社会力量参与养老事业和养老产业发展的积极性不高，尤其是在缺乏政策引导的条件下，企业投资养老领域的积极性普遍不高。

农村养老机构政府投入不足，建设规模不大，功能不全，运营条件有

---

① 李菲：《优化财税政策引导和支持社会力量参与养老业发展的建议》，《中国财政》2020年第8期。

限。目前，山西还有11个县（市、区）没有县级公办养老机构，现有的363个乡镇敬老院，近40%建于20世纪80~90年代，部分乡镇敬老院利用空置的学校或乡镇旧的办公场所改造而成，房屋老旧、设施简陋，不符合养老服务设施建设国家标准，存在较大安全隐患。农村老年人日间照料中心作用发挥不充分，由于财政补贴标准偏低，加之有的村因为集体经济薄弱，难以保证正常的服务运转，冬季运营难的问题尤为突出，有的甚至关门、闲置。有些县（市、区）部分农村老年人日间照料中心未安装供暖设施，导致农村老年人日间照料中心只能在春、夏、秋三季正常运行，冬季基本处于空置状态。

案例5　农村老年餐厅运转难题

为解决农村留守、空巢、独居、失能、高龄老年人普遍存在的"做饭难""吃饭难"等问题，近年来地方政府积极推广老年餐厅，在取得良好社会效益的同时，其可持续发展面临的诸多难题也需要正视。一是资金投入不可持续。目前，农村老年餐厅以政府资金扶持为主，餐厅收支不平衡给村集体经济造成较大压力，一些集体经济薄弱的村负担餐厅运营补贴较为困难，仅靠社会爱心人士的捐赠等不可持续。二是标准服务不可持续。老年餐厅在筹建初期整合利用原有的公共设施时，多数忽视了进行适老化改造。餐厅管理人员基本为本村村民，餐厅安全用电、用气意识淡薄。各地老年餐厅建设差别巨大，为其规范化推广带来难题。三是经营管理不可持续。由于天气等原因，农村老年人就餐需求不稳定，造成餐厅不得不间断性停业，给老年餐厅的持续运营带来较大压力。

（三）系统性政策难以落实落细

为贯彻落实党中央、国务院的指示要求，大力推进山西养老事业和养老产业发展，相关职能部门出台了一系列支持政策，但是存在部分政策贯彻执行力度不够的问题。

社区养老服务设施"四同步"落实不到位。自2014年"四同步"（同步规划、同步建设、同步验收、同步移交）政策实施以来，全省共新建住宅小区1583个，其中仅有137个小区按要求配建养老服务设施，配建率为8.65%。在2014年前建成的6098个住宅小区中，只有269个配备养老服务设施，占比仅为4.41%，而在之后的老旧小区改造中，绝大多数小区也没有把配齐养老服务设施列为改造任务。部分社会力量只能通过租用房屋开办养老机构，房租支出占总支出的比例近30%，成本大大增加。

政府购买养老服务政策落实不到位。山西多次明确政府购买养老服务政策，并出台了相关配套文件，财政部门把政府购买养老服务列入政府购买服务清单，但在一些县（市、区）存在落实不到位或者落实标准就低不就高等问题，难以满足养老服务需求，对养老消费的支持力度不足。

优惠扶持政策落实不到位。为促进养老事业发展，山西制定出台了养老机构税收减免、床位补助、运营补助、政府购买养老服务等扶持政策，但存在政策落实不到位的情况。例如，存在新（改）建床位一次性建设补贴在省级层面可以得到落实，但在市级或县级层面难以落实的问题。

支持康养产业发展的土地优惠政策难以落实。尽管山西支持康养产业用地已经明确可以采取出租或先租后让、允许办理集体供地手续、实施点状供地试点等方式供地，但是目前只有太原市出台康养用地享受工业地价政策，忻州市尝试点状供地政策，但尚未在全省范围内推广。

（四）结构性错位问题亟待解决

随着山西老年人口数量的快速增长，老年人对日常生活照料、护理等服务的需求增加，养老服务有效供给缺口较大，但是由于受传统家庭养老观念、消费能力不足等因素影响，养老服务的有效需求较低，养老服务存在供需结构性错位的问题。并且，受商业化养老服务盈利难、回报慢等因素影响，养老事业的发展始终强于养老产业，养老事业与养老产业发展呈现不平衡的局面，不利于养老事业与养老产业的协同发展。

养老服务供需结构性错位的问题需要引起人们的重视。山西城乡社区养老服务设施严重短缺与养老机构利用率低、入住率低并存。据统计，截至

2023年底，全省城市社区有2830个，社区养老服务设施（含老年餐桌）有1245个，覆盖率为44.0%，与国家"社区养老服务设施全覆盖"的要求有一定的差距。在18926个村（社区）中，已开展老年助餐服务的有7742个，覆盖率为40.9%。与此同时，公办、民营养老院入住率均偏低，目前，除太原市公办养老机构入住率达到78%以外（民办养老机构入住率为46%），其他各市养老机构入住率普遍不足50%，多数处于亏损运营的状态。其中，临汾市、长治市、晋中市、朔州市等养老机构入住率分别为43.1%、40.0%、26.2%、21.7%。并且由于居家养老、社区养老以及机构养老三种服务的提供者分别属于不同主体，存在目标、理念的差异，多元服务主体之间不能形成有效协同，导致有限的养老服务资源不能实现高效统筹整合，服务供给效率较低。并且，老年人有效养老需求较低与养老机构收费偏高并存。[1] 据统计，2023年太原市城镇居民人均可支配收入为45835元，农村居民人均可支配收入为24488元，对于动辄数千元起的机构养老费用，多数家庭感觉压力倍增。受经济条件限制，大多数失能、半失能老年人仅对最基本的生活照料有需求，对提高生活品质的医疗保健、康复护理、精神慰藉等养老服务需求不足。

养老事业与养老产业发展存在结构性失调。山西养老事业和养老产业发展都取得了较大的进步，养老产业细分领域已较为丰富，但总体来看，养老事业发展优于养老产业，并且养老产业本身存在发展不均衡的问题，表现为养老产业各细分领域发展程度参差不齐，尚不能满足老年人日益增长的养老服务需求。一是养老产业集中度不高，经营主体多且小、散、乱、弱，缺乏具备行业引领作用的龙头企业，尤其在智慧养老、适老化改造、老年用品生产等进入门槛相对较高的高端养老产业领域，经营主体往往规模小且分散，尚未形成集聚发展态势，无法带动养老产业发挥规模优势。二是养老产业自身发展能动性有待加强，亟须拓宽发展边界，成长为养老事业发展的有益补充。当前山西养老方面的政策制度不断完善，涉及的养老产业政策也在不断

---

[1] 宋全成：《人口高速老龄化：我国社会养老服务面临严峻挑战》，《理论学刊》2016年第2期。

完善，但对养老产业发展的顶层设计还不够全面。政府可在发展养老事业解决兜底保障问题的基础上，在产业政策的引导下，鼓励市场主体解决养老产业发展问题，满足老年人多样化的养老服务需求，避免和克服政府越界挤压市场的问题，更好地发挥养老产业在满足人民幸福生活需求、促进和拉动养老领域消费、稳步推动投资增长等方面的作用。

医养结合全方位推进亟待加强。由于医、养分属不同的管理部门，城乡医养结合机构受工作范围、资金投入、运营成本、福利待遇及医养服务收费标准不明确等因素影响，衔接不到位，工作不达标。养老机构和医疗机构服务向社区和家庭延伸不够，嵌入式养老机构较少，社区居家医养服务项目和实际服务能力与老年人需求不匹配，服务内容单一、多样性差、层次低，难以满足老年人日益多层次、多样化的养老服务需求。目前，全省养老机构有910家，医疗机构与养老机构签约646对；农村老年人日间照料中心等养老设施有6225个，医疗机构与农村老年人日间照料中心签约2078对，签约率分别为70.99%和33.38%。医养结合机构康复床位供应紧张，基层医疗机构在探索对失能、失智、高龄等老年人的长期照护服务模式，提供家庭病床、上门巡诊服务时，由于缺乏稳定的长期照护费用和具体收费标准及要求而没有大面积推广，居家医养服务发展滞后。

（五）专业化养老从业人员短缺

山西老龄化形势日益严峻，对养老服务及专业人才的需求也逐渐增加。山西养老机构所需要具备专业技能的医生、护士、营养师、康复师、心理咨询师和社会工作者等的人才匮乏[①]，导致养老机构难以全面提供健康监测、康复理疗、营养搭配、心理疏导和精神慰藉等老年人需要的服务，养老服务供给难以满足日益增长的养老服务需求。

山西养老服务工作者中护理人员严重短缺。目前，全省大约有3万名护

---

① 徐卫周：《中国"社会福利社会化"的反思与路径探讨》，《社会福利》（理论版）2014年第2期。

理人员，按照护理人员与老年人1∶4的国家标准计算，全省大约需要5.5万名护理人员，护理人员的缺口在40%以上。护理人员不仅短缺，而且整体年龄偏大，素质较低，队伍流动性较大。由于老年护理行业存在工作时间较长、劳动强度较大、沟通难度较大、薪酬待遇偏低、职业认同感不强以及职业发展空间受限等问题，很难招聘到具有专业技能的护理人员，许多年轻人特别是高校毕业生不愿意从事护理工作，大部分护理人员都是进城务工人员或城市下岗人员，未曾接受过专业的老年人照护及医疗康复等相关培训。因此，现有老年护理人员队伍存在年龄结构偏大、受教育年限较短、专业水准不高、人员不稳定、流动性较大等问题。绝大多数养老护理人员仅能够承担老年人日常生活照料这一基本业务，对老年人广泛需求的医疗康复、营养保健、高级护理、心理咨询、精神慰藉、老年教育等中高端技能却不具备。具有医养结合技能的长期护理人员十分紧缺，成为制约山西养老产业发展的关键因素，无法扩展养老服务业发展领域，也不能更好地满足当代老年人多层次、多样化的养老服务需求。

（六）市场化发展环境尚待完善

推动养老事业与养老产业协同发展是一项系统工程，然而，山西养老事业与养老产业之间的发展边界尚不够清晰，亟须进一步完善市场发展环境，明确政府兜底保障、规范引导的职责，调动市场主体投身养老产业，构建多样化养老产品和服务供给格局。

政府和市场提供养老产品和服务的边界不清晰。长期以来，山西以政府为主导力量发展养老事业，并通过养老事业的发展引领带动养老产业发展，在解决养老兜底保障问题的基础上，发挥市场力量承担多层次多样化养老服务的程度还不够，亟须进一步完善市场化环境、明确养老事业和养老产业发展的不同侧重点，鼓励市场主体更多承接养老产业发展。要明确养老事业体现为兜底性、普惠性的面向全体老年人的基本养老服务，是政府保障民生的重要职责；而养老产业是体现市场化、可盈利特征的面向老年人多层次、多样化需求的商品和服务，是超越老年人基本生活保障范畴的追求生活品质的市场领域。要积极发挥市场主体作用，不断拓展养老产业和银发经济发展领域，积极构建多层次、多样化的养老产品和服务供给格局。

养老产业领域法律法规体系亟须进一步完善。近年来，针对老年群体的犯罪行为日益增多，养老诈骗事件屡见不鲜，给老年人造成了巨大的经济损失和精神上的困扰。此类犯罪行为不仅侵犯了老年人的合法权益，妨碍了养老事业对老年人权益的保护，还对养老产业的稳定发展构成了严重威胁。尽管政府一直在积极倡导并支持养老产业发展，但相关法律法规及监管制度的构建方面却有所滞后，未能与养老产业同步发展。目前，主要依赖加大市场监督检查力度来实施临时性治理措施，尚未构建起一个长效的监管体系。这导致养老产业在应对日益复杂的市场环境时显得尤为脆弱，容易成为不法分子的侵害目标，亟须完善养老领域的法律法规。

养老产业存在标准规范与统计制度不健全的问题。山西在养老产业相关产品和服务的标准、规范制定方面整体上有所滞后。由于缺乏明确和统一的标准规范，市场上的一些老年辅具用品质量参差不齐。这种情况不仅严重损害了老年消费者的合法权益，还对整个养老产业的健康发展产生负面影响。此外，在养老健康和养老服务业领域，相关的服务标准、评估与监管体系尚未建立。这导致养老服务水平参差不齐，容易引发市场的恶性竞争。同时，缺乏有效的评估与监管体系，不利于树立和提升整个行业的形象，进而影响行业的长期发展和可持续性。为促进养老产业健康发展，迫切需要建立健全标准规范和统计制度。这不仅有助于保障老年消费者的权益，提高老年辅具用品的质量，还能为养老服务业提供明确的服务标准和评估监管体系，从而推动行业规范化、专业化和可持续发展。

三　山西养老事业和养老产业发展思路及对策

坚持以习近平新时代中国特色社会主义思想为指引，全面贯彻落实党的二十大和二十届二中、三中全会精神，深入学习贯彻习近平总书记对山西工作的重要讲话重要指示精神，全面贯彻落实积极应对人口老龄化战略，按照省委奋力谱写中国式现代化山西篇章的目标要求，坚持以人民为中心的发展思想，遵循"党委领导、政府主导、社会参与、全民行动"的原则和做法，准确把握山西人口老龄化发展趋势和老龄化社会运行态势，坚持养老事业和养老产业发展相互促进，整合政府、社会、企业、家庭、个人全方位资源，释放改革发展的强大动能，完善机制、夯实基础、提升质量，加快建设符合山西省情、具有山西特色、顺应人口老龄化趋势的养老服务体系，引领养老事业和养老产业走向高质量协调发展的新阶段[①]，推动实现在保障人人享有基本养老服务的基础上，有效满足老年人多层次、多样化的养老服务需求，努力使全省广大老年人的获得感更加充实、幸福感更加持久、安全感更有保障。

（一）坚持改革创新，走出山西养老事业和养老产业突破发展的路子

推进养老事业和养老产业高质量发展要有改革创新思维，针对养老服务业发展现状，不断改革创新，突破体制和机制障碍，推动养老服务政策创新、服务供给模式创新、养老保障制度创新、监督管理方式创新，通过采取一系列政策措施推动养老产业高质量发展，同时为养老事业的发展提供更多选择和多样化的服务。坚持宜公则公、宜民则民，稳妥推进公办养老机构体制机制改革，积极探索"民办公助"模式，通过建设补助、运营补贴等优惠政策，引进养老、医养融合民办养老项目，促进养老服务高质量转型发展。鼓励各地制定养老服务整体解决方案，结合地方实际，创新支持"政策包"，为养老产业发展提供有力支撑。深化养老产业领域"放管服"改革，优化养老产业发展环境和企业营商环境，全面落实养老产业领域公平竞争审查制度，贯彻落实全面放开养老服务市场有关政策，禁止对民间资本、非本地资本、境外资本等单独设置附加条件、歧视性条件和准入门槛。落实社区家庭服务业税费优惠政策，落实各项行政事业性收费

[①] 杜鹏、吴赐霖：《推动老龄事业与养老产业协调发展》，《行政管理改革》2023年第7期。

减免政策，减轻涉老企业税费负担。简化养老机构申办手续，优化办理流程，完善办理指南，推进"马上办、网上办、就近办"，调动社会力量参与养老服务的积极性。对社会化、商业化、市场化养老服务机构，坚持政府引导与市场运作相结合，通过贷款贴息、直接融资补贴、融资担保等间接投入方式，引导更多信贷资金和社会资金投向养老产业。研究组建健康养老产业集团，推动疗养机构改革。完善国有企业内部考核机制，鼓励企业利用闲置资产提供养老服务。健全完善养老服务综合监管制度，坚持开放与监管"双管齐下"，健全政策法规与行业标准，推动养老服务监管方式创新，营造高效规范、公平竞争的市场环境，充分激发各类市场主体发展活力。

（二）完善体系布局，走出山西养老事业和养老产业协同发展的路子

加快健全养老服务体系，因地制宜优化养老产业布局，是提高公共服务可及性和均等化水平，发展银发经济的重要内容和有效手段。推进养老事业和养老产业协同发展是一项综合性系统工程，在精准化制定政策的过程中，要注重养老事业与养老产业之间的协同，在产业政策中融入事业视角，在事业政策中融入产业思维。聚焦基本养老服务需求，优化养老服务资源配置。夯实养老服务要素支撑，构建完善的兜底养老服务体系、便捷可及的普惠养老服务体系、高效优质的居家社区养老体系、全面完善的老年健康支撑体系、敬老助老的老年人关爱服务体系、丰富多样的老年人社会参与体系。强化政府保基本、兜底线职能，加强公办养老机构兜底保障能力，完善多层次社会保障体系，确保体系建设横向到边、纵向到底，确保人人享有基本养老服务。积极支持普惠性养老服务发展，健全普惠养老机构网络、设施，加快补齐农村养老服务短板[①]，突出居家养老服务的基础作用，补齐社区养老服务设施短板，全面提升社区养老服务能力，实施家庭养老支持政策措施，为全省老年人提供方便可触及、价格可接受、质量有保障的养老服务

---

① 苗政军：《农村基本养老服务面临的问题及其破解之道》，《行政与法》2023年第7期。

产品。充分发挥市场机制作用，推动银发经济快速发展。实施"养老服务+"行动，促进养老行业与文化旅游、健康养生、信息技术、家政服务、教育培训、先进制造、金融保险等细分领域融合创新发展，积极发展"智慧+"养老、"行业+"养老，推动健康养老、文化养老、旅居养老、养生养老等新业态加快发展，打造融休闲、养生、养心、养老、旅居、医疗、护理为一体的世界级旅游康养目的地。积极引入先进经验、服务模式、运营机构和康养人才，推动养老康养服务市场化、产业化、集群化发展。持续探索多方互动的省际养老服务"旅居模式"，通过"养老+旅居+N"联结全国养老服务先进经验、优质资源、服务模式、运营机构和康养人才，促进资源共享、优势互补、市场共建、产业共兴。

（三）确保供需平衡，走出山西养老事业和养老产业高效发展的路子

坚持满足老年人需求与解决人口老龄化问题相结合，适应高质量发展要求，要围绕解决养老服务供需匹配度不高等问题，优化养老服务供给结构，确保供需平衡，推动养老服务提质增效。积极推动养老产业供给侧结构性改革，鼓励有条件的地区稳步拓展政府购买基本养老服务对象的范围，并通过市场化机制为其他有需求的老年人提供养老服务，解决供需结构性失衡的问题。积极推进医养康养结合发展，强化医疗卫生机构与养老服务机构的合作，推动医养、康养政策衔接、资源共享和服务融合，探索多样化养老服务供给模式。加强标准化建设，积极制定助老产品目录和质量标准，科学制定养老服务目录、标准和规范，推动实施养老产业标准化认证工作，建立健全与标准认定相结合的产业政策，不断激活养老产品和服务市场。围绕老年人衣、食、住、行、医等需求，鼓励引导企业开展老年产品研发与制造，推动老年用品传统行业创新发展和规范化发展。支持以"智能+"等手段改进老年产品生产制造方式，加大适老产品研发创新力度和关键技术成果转化力度，积极开发智能化、辅助性适老产品，积极发展康复治疗等养老服务。鼓励企业开辟老年用品展示体验场所，发展老年用品租赁市场。加强对老年用品质量的监管，确保老年用品质量安全。正确引导老年人的消费行为，探索

通过发放适老产品和养老服务消费券等方式，提升老年人对适老产品和养老服务的体验，激发老年人消费积极性，促进老年消费市场的繁荣与发展。着力运用"智慧+"手段，根据居家养老、社区养老、机构养老等不同场景需求，打造一批兼具实用性、创新性和可推广、可复制的智慧养老服务场景，引导社区、养老服务组织、老年大学设置面向老年人的智能设备使用培训课程，满足老年人智能服务新需求。稳妥推动养老普惠金融业发展，鼓励开发适合老年人需求的理财、信托、保险等金融产品。

（四）抓好主体培育，走出山西养老事业和养老产业活力发展的路子

养老事业和养老产业发展前景广阔，潜力巨大，但是目前山西养老领域还存在市场化程度低、市场主体小散乱弱、市场体制机制不完善等问题，尚未形成规模化集约化发展的养老产业格局，不足以承担人口老龄化加速发展的压力。为此，需要多措并举激发市场主体活力，扎实推进养老产业领域市场主体培育，让"夕阳红"带旺朝阳产业。要注重发挥国有企业党建引领和战略支撑优势，引导国有企业通过加大养老领域基础设施投资力度、强化基本养老服务供给、参与公办养老机构改革等方式，夯实养老产业发展基础，与民营企业通过优势互补推动全省养老服务均衡发展。尤其要注重引导和鼓励国有企业参与建设和运营一批硬件标准、服务规范、价位适中的普惠型养老机构，做好兜底保障工作，发挥示范引导作用。积极推进国有企业改革，引导并支持具备条件的国有企业改造闲置的教育培训或疗养休养设施，并转型为面向大众的普惠型养老服务设施。鼓励社会资本进入养老服务领域，支持房地产、物业、家政、旅游、餐饮、教育、健康等行业市场主体发挥自身优势投资兴办养老机构。鼓励社会资本开办规模化、连锁化的养老机构，出台项目规划、土地保障、财政支持、税费减免、政府采购等方面的养老产业支持政策，推动形成一批具有较强竞争力和较高知名度的山西养老服务品牌。营造公平竞争环境，降低养老产业市场准入门槛，严格禁止对社会资本进入养老服务领域单独设置附加条件和准入门槛。鼓励民间资本开设或运营老年人日间照料中心等各种类型的社区养老服务设施，支持民间资本开

办家政服务企业、助老服务企业，为居家老年人提供助餐、助浴、助洁、助医等定制服务。引导支持公益慈善、志愿服务等社会组织拓展养老助老服务功能。健全完善以社区为载体，以社会组织、社会工作者、社区志愿者、公益慈善等为支撑的社会化助老服务机制。支持各地建立养老服务"时间银行"积分兑换和互助制度，将为老服务类公益项目纳入政府购买社会组织公益服务资金的重点支持范围，引导养老服务类社会组织面向特殊困难老年人开展助餐、助浴、助急等服务。

（五）强化示范带动，走出山西养老事业和养老产业品牌发展的路子

相比于其他行业，养老行业更需要提供专业的照顾和关怀，规模化经营是养老行业发展的必然趋势，通过扩大经营规模，可以更好地分摊成本，提高盈利能力，同时，规模化经营能够带来更多的品牌效应，提高市场占有率。鼓励"以大带小、连锁运营、品牌推广"，支持养老服务企业通过连锁经营、加盟经营、特许经营等方式，整合服务资源、扩大服务规模、增加服务网点、建立服务网络，推进养老服务业朝服务专业化、运营连锁化、发展集团化、产业规模化方向发展，积极开展技术、管理和服务创新，加强品牌开发、宣传和推广，打造一批在养老服务领域具有竞争力和影响力的品牌。山西要利用好"康养山西、夏养山西"品牌，加大山西城市宜居宜养宜游宣传力度，优化养生养老环境，积极创建国家级、省级养老产业知名品牌示范区和质量诚信管理示范区，提高山西养老产业的知名度和影响力，着力打造太原综合康养发展核心，在全省建设50个文旅康养示范区，带动山西养老产业品牌化、连锁化发展。扶持一批产业融合型、资源整合型、平台支撑型、医养结合型、专业服务型的养老产业示范企业，加强专利和知识产权保护，引导企业加大品牌投入力度，塑造品牌形象，丰富品牌内涵，提升品牌价值，提高品牌知名度和美誉度。支持企业加大研发创新力度，积极主动开发具有自主知识产权的适老化产品和服务，提升企业的核心竞争力。引导养老企业实施品牌延伸战略，发挥山西"天镇保姆""吕梁护工"等知名劳务品牌影响力，以劳务品牌带动养

老服务品牌发展，在盘活本土养老服务市场的同时，大力发展异地养老服务，扩大山西养老服务品牌影响力，努力为全省老年人提供品牌化、标准化、社会化的养老服务。积极引导山西老字号品牌进入养老产业，通过触动老年消费者对过往美好生活的怀念，促进对适老化产品和服务的消费。重视养老企业的文化建设，将孝老敬老爱老融入企业文化，培育一批有使命感的养老企业。

四　山西养老事业和养老产业发展对策建议

发展养老事业和养老产业是实施积极应对人口老龄化国家战略的题中应有之义，事关国家发展和民生福祉。党的二十大报告指出"实施积极应对人口老龄化国家战略，发展养老事业和养老产业，优化孤寡老人服务，推动实现全体老年人享有基本养老服务"，党的二十届三中全会进一步提出要"完善发展养老事业和养老产业政策机制"，充分体现了党中央、国务院对养老事业和养老产业发展的高度重视。山西面对老年人口规模扩大，老龄化、少子化加剧的趋势，要坚持以人民为中心的发展原则，充分考虑山西发展的阶段性特征和财政承受能力，以"十个一"为着力点，把积极老龄观、健康老龄化理念融入经济社会发展全过程，加快建立健全相关政策体系和制度框架，稳妥有序推进渐进式延迟法定退休年龄改革，创造适合老年人的多样化、个性化就业岗位，优化基本养老服务供给，补齐农村养老服务短板，加快建立长期护理保险制度，促进老年人养老服务、健康服务、社会保障、社会参与、权益保障等统筹发展，更好满足老年人多元化、差异化、个性化的养老需求，努力实现老有所养、老有所医、老有所为、老有所学、老有所教、老有所乐。

（一）坚持完善"一元化的领导"，建立更加权威的统一领导体制

完善的领导体制是推动养老事业和养老产业高质量发展的首要前提。要坚持党委领导、政府主导、部门协同、社会参与、全民行动相结合，坚持应

对人口老龄化与促进经济社会发展相结合，加快构建上下贯通、管理有序的养老事业和养老产业发展新格局。① 一是坚持党委集中统一领导。充分发挥党总揽全局、协调各方的领导核心作用，全面加强党对养老事业和养老产业的领导，成立由省委统一领导的决策议事协调机构，把各方面责任主体统筹贯通起来，对养老工作进行总体把控和协调推动，不断完善顶层设计和推进机制。二是充分发挥政府主导作用。将养老事业与养老产业发展纳入国民经济和社会发展规划、纳入民生实事项目、纳入目标责任考核和工作督查范围，履行好政府在养老领域保基本、兜底线的职责，同时加强行业监管，建立公开、平等、规范的准入、监管、退出机制，为养老服务第三方运营主体营造良好的营商环境。三是健全部门协调联动机制。明确各部门在规划、管理和监督上的职责，构建与养老机构建设、运行和优化相匹配的部门协同架构，提高应对日益复杂、交叉、动态、个性化问题的响应速度和柔性服务能力，形成权责明晰、高效联动、上下贯通、协调推进的工作局面，有力推动养老工作提质增效。四是广泛动员社会力量进入养老领域。健全以社区为平台，社会组织为载体，社会工作者、社区志愿者、公益慈善等为支撑的社会化养老服务机制。完善党建引领居民自治机制，引导老年人广泛、有序参与社区共同体建设，探索建立养老服务"时间银行"积分兑换和互助制度，将养老服务类公益项目列入政府购买社会组织公益服务资金重点支持范围，凝聚推动老龄社会健康发展的强大合力。

（二）统筹制定"一揽子政策"，构建更加系统的养老政策框架

养老服务既是面向广大老年人的夕阳事业，又是具备十足潜力的朝阳产业。要坚持事业兜底保障和产业提质增效并举，推动养老事业和养老产业、基本公共服务与多样化服务协调发展，统筹好老年人经济保障、服务

---

① 何毅亭：《全国人民代表大会常务委员会专题调研组关于实施积极应对人口老龄化国家战略、推动老龄事业高质量发展情况的调研报告——2022年8月30日在第十三届全国人民代表大会常务委员会第三十六次会议上》，《中华人民共和国全国人民代表大会常务委员会公报》，2022年5月。

保障、精神关爱等制度安排，构建"大保障、大供给、大产业"充分发展的"大养老"服务格局。一是加快补齐养老基础设施和农村养老事业短板。持续加大老旧小区适老化改造力度，推动老城区和已建成居住区结合老旧小区改造，通过购买、置换、租赁、补贴等方式补齐养老设施短板，确保社区养老设施配套建设要求得到落实。加快推进公共设施适老化改造，加强城乡无障碍环境建设。将补齐农村养老事业短板纳入全面推进乡村振兴战略，加大对农村养老事业的投入力度，健全县、乡、村衔接的三级养老服务网络，推动农村养老服务设施均衡布局。支持建设农村邻里互助养老服务点，推广农村养老"邻里互助"模式。二是健全多层次养老服务供给体系。普及居家社区养老服务，建立健全乡镇（街道）、城乡社区两级养老服务网络，创新发展"互联网+""物业服务+""健康服务+"等居家社区养老模式，鼓励养老机构依托社区养老服务平台开展居家养老服务。进一步规范发展机构养老，建立公办养老机构入住管理制度。发展适合中低收入老年人的普惠型基本养老服务，鼓励养老机构开展专业化、连锁化、品牌化经营。深入推进医养结合，推动二级及以下医疗卫生机构普遍开展康复、护理服务，并积极拓展养老服务功能。三是落实各项老年人补贴制度和涉老惠老政策。稳步提高特困、经济困难高龄和失独老年人补助标准。完善城镇职工基本养老保险待遇水平调整机制，全面落实城乡居民基本养老保险待遇确定和基础养老金正常调整机制。大力发展企业（职业）年金，探索发展第三支柱养老保险。建立覆盖全省城乡老年人的意外伤害保险补贴制度，减轻家庭养老负担，有效化解养老风险。四是完善政府购买养老服务制度。加大政府购买养老服务力度，形成与经济社会发展相适应、高效合理的养老服务资源配置机制和供给机制。持续提高养老服务普惠程度，帮助老年人提高生活质量。五是完善着力推进养老产业转型升级的政策制度。探索制定推动养老产业园区化发展的政策制度，推动形成产业集聚的规模效应，支持企业针对家庭、社区、机构等不同应用场景，研发、制造和销售老年人日用辅助产品、养老照护产品、适老化环境改善产品等，增加老年用品有效供给。

（三）立足盘活"一个有效市场"，完善更加多元的主体培育体系

培育多元市场主体是深化养老产业供给侧结构性改革、扩大养老服务有效供给的关键抓手。要充分发挥市场在养老产业资源配置中的决定性作用，加快盘活市场和社会资源，引导国有企业、民营经济等多元化市场主体参与养老事业和养老产业，以养老产业投资主体的多元化推动实现养老产业社会化、多样化和专业化发展。一是发挥国有企业的引领示范作用。引导国有企业发挥自身优势，结合主责主业布局养老产业，通过加大养老服务领域投资力度、增加基本养老服务供给、参与公办养老机构改革等方式，与民营企业实现优势互补，推动养老产业均衡发展。鼓励国有企业建设设施完备、服务规范、价位适中的普惠型养老机构。积极推进疗养机构改革，鼓励有条件的国有企业将教育培训或疗养休养的闲置设施改造为普惠型养老服务设施。二是鼓励民营资本进入养老服务领域。进一步深化养老领域"放、管、服"改革，完善政企沟通联系机制，全面放开养老服务市场，破除不合理的市场准入壁垒，推动养老产业政策、资金、信息等共享，严格落实养老领域项目规划、土地保障、财政支持、税费减免、购买服务等方面的优惠政策，加快形成高效规范、公平竞争、充满生机活力的养老服务市场。支持社会资本采取股份制、股份合作制等模式参与养老服务项目建设和运营。三是探索成立有影响力的省级养老集团。争取国家政策性银行支持，将目前省、市、县在建和未完工闲置资产超过 5000 万元的 10 余个项目作为实物出资盘活资产。成立山西省养老集团，打造一批品牌化、规模化、连锁化、有影响力的新型养老服务集团，形成一批产业链条长、覆盖领域广、经济社会效益好的养老产业集群和集聚区。

（四）坚定依托"一个有为政府"，夯实更加全面的要素支撑保障

先进地区的经验表明，要素是支撑养老事业和养老产业发展的基础，要切实做好各项要素保障工作，坚持把要素支撑作为促进养老事业和养老产业发展的关键环节。一是统筹用好政策、资金、土地、人才、服务五大要素。

不断推动要素供给与养老事业、养老产业发展相匹配，持续提升要素保障质效，不断提高产业保障水平。积极探索养老事业和养老产业发展基金、股权投资、产业投资等投融资方式，破解企业融资难、融资贵等问题，并聚力组建政府投资母基金和相关子基金，用于支持和引导养老产业重点领域和优势企业发展，发挥财政资金的撬动作用，吸引更多社会资本投入养老产业。强化土地要素保障是地方增投资、建项目、促发展的有力保障。要积极实施依法协商收回、协议置换、费用奖惩等措施，妥善处理在养老事业和养老产业发展过程中出现的闲置土地问题，扭转土地要素紧缺与闲置并存的局面。二是确保要素保障更加精准。要提前收集整理辖区内养老事业和养老产业发展情况，做好功课、做足准备，根据公私分类、发展规模、地理位置等不同因素，不断为养老事业和养老产业发展主体精准"投递"符合其需求的政策包，实现政策供给端与市场主体需求端的有效对接，实行"靠前服务"。三是有效维护老年人合法权益。建立健全养老服务和养老市场综合监管体系，全面加强对养老机构、从业人员、服务质量、老年用品等与老年人相关事项的综合监管，促进养老服务高质量发展。积极应对当前养老主体和老年人之间服务纠纷增多的问题，推进矛盾纠纷及时高效化解，严厉打击侵害老年人合法权益的各类犯罪行为。在全省范围内组织开展打击整治养老诈骗专项行动，扎实推动老年人防范电信网络诈骗、非法集资、涉老旅游诈骗等违法犯罪行为的法治宣传教育工作，强化涉老产品质量和养老机构食品安全监管，确保有效维护老年人的合法权益，营造安全、和谐的老年生活环境。

（五）科学完善"一个产业体系"，实现养老产业高质量发展

发挥市场主体在扩大供给规模，提高供给质量，满足老年人多样化、多层次需求中的积极作用，引导多元市场主体科学完善养老产业体系，开发新的适老产品和服务，培育养老消费新场景新业态，不断推动养老事业和养老产业协同发展。一是建立多层次的养老产业体系。构建具有山西特色的新时代孝亲敬老文化体系，以文化传承和创新工程引领全社会健全完善多层次养老产业体系。支持建立不同类型的养老院和护理机构，从日间照料、家政服

务、康复护理、文化娱乐、精神慰藉等方面为老年人提供精准关爱服务，满足不同健康状况的老年人需求。围绕老年康养、休闲、用品制造等领域积极布局细分行业，支持适老产品和服务研发创新。二是发展"行业+"养老新业态。在全面统筹多层次养老产业布局的基础上，积极推动文化、旅游、餐饮、体育、家政、教育、健康、金融、物业、地产等行业与养老产业创新融合发展，通过跨界合作，优化养老资源配置，推动山西养老产业由低层次、单一型的传统模式向高层次、综合型的现代产业发展，推动山西养老产业全面升级和可持续发展。三是发展智慧养老新业态。加快推进互联网、大数据、人工智能、5G等信息技术和智能硬件设施在老年用品制造和养老服务领域深度应用。推出"智慧+"养老新场景，运用智能技术为老年人提供更加精准和高效的服务。支持和鼓励运用智能化手段赋能康复辅助器具等适老化产品创新研发和技术攻关。支持和引导智能穿戴设备、智能家居系统进入居家养老家庭，提高老年人居家养老的便利程度。四是重视培育养老品牌。利用"天镇保姆""吕梁护工"等劳务品牌的影响力，创建山西养老服务品牌。以实施养老服务"431工程"和社区养老服务"1251"工程为抓手，构建政府推动、社会参与、示范引领的养老服务发展新格局，丰富社区居家养老服务业态，打造一批养老服务示范品牌。以康养项目合作交流（招商）会为契机，推进"康养山西、夏养山西"品牌建设，延伸山西康养产业链条，全力把山西打造为全国知名的康养目的地，提升山西康养品牌价值和知名度。

（六）努力构建"一个服务体系"，形成更加完善的养老服务格局

以满足广大老年人基本养老服务需求为核心，加快构建覆盖全体老年人、权责清晰、保障适度、可持续的基本养老服务体系，引导支持社会力量参与养老产业，提升城乡养老服务的可及性和便利性，形成更加完善和可持续发展的养老服务格局。一是优化居家社区养老服务供给。发展居家社区养老服务，是顺应老年人愿望、让老年人安享幸福晚年的重要举措。要在项目规划、用地审批、设施配套、财政支持、税费减免、招商引资、银行信贷、

主体培育、人才招引等方面不断完善政策支持体系，加大政策落实力度。持续实施居家和社区基本养老服务提升行动，形成可复制、可推广的居家社区养老服务模式，扶持培育连锁化、品牌化、规模化运营的社区养老服务机构，大力推进社区居家养老服务网络建设。优化养老服务供给模式，鼓励建设社区嵌入式养老服务机构，将专业服务延伸到老年人身边，开展助洁、助浴、助医、助行、助急等居家养老上门服务，不断提高养老服务的可及性。二是在全省推广长期护理保险。长期护理保险在积极应对人口老龄化、保障失能群体方面有待进一步发挥作用。通过运用长期护理保险制度有效减轻失能老年人及其家庭的经济负担，妥善解决老龄化、慢病化、少子化叠加背景下的长期护理难题，使有需求的老年人有经济能力入住养老机构，在减轻老年人及其家庭负担的同时，缓解养老机构的运营压力。在晋城、临汾长护险试点的基础上，在全省城乡地区推广长期护理保险，扩大长期护理保险试点范围，从根本上解决照护难题。三是加快补齐农村养老服务短板。农村养老既是短板，也是难点。要进一步强化政府保基本责任，提高对农村养老服务的重视程度，根据农村老年人的现实需要，确定农村养老服务发展的具体目标，并进行任务分解，落实到相关部门。完善政府相关部门绩效考核机制，适当提高农村养老服务事项的考核比重，确保农村养老服务各项目标任务得到落实。加快农村养老服务设施建设，重点加快建设乡镇养老服务中心，提高长期照护、日间照料、上门服务和统筹资源的能力。加强农村养老服务队伍建设，对有意向从事农村养老服务的人员进行培训。对参与农村养老服务的机构和人员给予一定的补贴，加大对农村互助养老的支持力度。

（七）突出抓好"一项融合重点"，推动康养产业融合发展

突出抓好养老产业和医疗健康产业的融合发展，是推动养老产业跨界融合发展、满足老年人对健康品质生活追求的重要途径。提升医疗卫生服务体系的适老化水平，优化养老产业布局，扩大养老服务覆盖面，打造山西养老服务品牌。一是加强老年医疗康养资源的有效供给。以满足老年人健康品质生活需求为导向，实施医养结合能力提升行动，完善老年人健康

教育、预防保健、疾病诊治、康复护理、长期照护、安宁疗护"六位一体"的健康服务体系。积极设立老年医学科,加强老年友善医疗机构建设,优化推广老年多学科诊疗模式,推进老年健康预防关口前移,推动实现老年医疗服务从单病种模式向多病共治模式转变,为老年人提供精准的健康服务。全面开展失能老年人评估指导项目,为失能老年人提供康复护理指导和心理支持等健康服务,总结推广安宁疗护试点经验。全面落实老年人医疗服务政策,优化老年人就医流程,为老年人看病就医提供便利服务。二是加大多元化老年护理服务供给力度。鼓励并引导社会力量开办基于社区的集团化、连锁化养老护理中心等医养结合型养老机构,支持医疗资源较为充足的一级、二级医疗机构转型为护理院,支持具备条件的社区卫生服务中心通过签约服务、巡诊等方式为老年人提供护理服务,多渠道提供社区和居家老年人护理服务。加大对基层医疗卫生机构护理人员的培训力度,提升基层医疗卫生机构在老年人护理方面的专业技术水平。积极探索开展"互联网+护理服务"新业态,优先为失能、高龄或行动不便的老年患者提供居家护理等服务。三是推进健康养老深入发展。在完善医疗卫生服务体系的过程中,合理布局养护机构,加快构建覆盖城乡、规模适宜、功能合理的医养结合服务网络。通过采取"养中有医、医中有养、两院一体、医养签约"等多种形式,建立健全医疗卫生机构与养老机构业务协作机制,提高医养结合服务水平。深入开展失能老年人"健康敲门行动",有效提供上门健康服务。积极引导社会资本扩大健康养老产品供给,努力把健康养老产业打造为山西养老产业的支柱。发挥山西文旅集团的带动作用,通过投资、入股、兼并、整合等市场化运作方式,扶持一批康养骨干企业,培育打造一批规模化、专业化、网络化、连锁化、品牌化运营的健康养老产业集群。实施康养产业发展重点工程,建设文旅康养示范区,加快打造太原综合康养发展核心区。

(八)重点依托"一只基金支持",加强更加稳定的养老投入保障

持续、稳定的资金投入是养老服务发展的保障。探索发挥好财政资金的杠杆作用和福利彩票公益金的保障作用，创新投入机制，强化资金保障，支撑山西建设普惠共享的养老服务体系。一是财政投入做基础。建立与日益增长的养老服务需求相适应的公共财政投入机制，全面优化财政投入结构。根据养老机构收住服务对象身体状况、服务质量星级评定、信用状况、医疗服务能力等因素，差异化落实好财政补贴政策，并逐步向社区居家养老服务倾斜，向偏远的欠发达地区倾斜。加大政府购买养老服务力度，发挥政府购买养老服务对老年人生活照料、康复护理、养老机构运营、养老服务人才培养等方面的支持作用。二是公益基金做保证。落实国家关于福彩公益金投入养老服务的有关要求，根据全省养老服务发展需求，进一步提高彩票公益金用于养老服务的比例。充分利用福彩公益基金，实施养老服务提升行动，建设家庭养老床位，为失能和部分失能老年人提供上门服务。紧盯福彩公益基金使用效益，以群众满意度为基本指标，加强项目绩效管理和跟踪问效，形成可评价、可跟踪的闭环管理机制。三是多渠道筹资做支撑。鼓励商业银行向产权明晰、管理规范的民办养老机构提供以设施、设备等固定资产为抵押的贷款服务，以及以应收账款为质押的融资服务，并探索实施收费权质押贷款模式。探索允许营利性养老服务机构利用其有偿取得的土地、设施等资产进行抵押融资，以拓宽融资渠道。支持商业保险机构利用其保险资金长期稳定的优势，积极投资兴办养老服务机构或参与其建设和运营，以促进养老服务业多元化发展。积极争取国家普惠养老专项再贷款试点，鼓励养老企业发行公司信用类债券，有效利用资本市场筹集资金，增强其持续发展能力。

（九）加快完善"一个网络平台"，形成更加精准的供需对接机制

养老产业数字化发展是突破养老服务资源不充足、分布不均衡、供需对接不顺畅等瓶颈的重要途径和手段。当前亟须建立健全统一的养老服务信息网络平台，统筹全省养老供需信息发布等功能，全力打造"智慧养老服务地图"。一是打造三级网络信息平台。智慧养老服务三级网络信息平台以地市级网络信息平台为核心，省级层面设立数据中心，县级（包括市

辖区）设立二级平台，均与地市级中心实现对接。智慧养老服务三级网络信息平台的数据格式保持一致，保证平台信息互通和共享。市级平台负责整合养老服务资源，为居家老年人提供包括咨询、转接、跟踪、评估等在内的一站式服务。县级平台设有呼叫中心，负责从服务确认到企业派单、跟踪服务、服务评价、质量回访、费用结算的全流程管理，确保养老服务精准高效落地。省级数据中心主要承担全省养老数据的统计分析、决策支持、监督管理以及智能化应用等方面的工作，建立全省老年人信息档案，为有关部门的科学决策提供翔实的数据支持。二是覆盖供给需求两侧。供给侧主要涵盖养老机构、养老服务组织、社会组织、志愿者组织、金融机构、从业人员等服务实体，及时发布为老服务信息，为老年人提供"助餐、助浴、助医、助乐、助洁、助行"的"六助"服务，在此基础上不断丰富和拓展，提供实时定位、远程监护、康复护理、紧急救援等养老服务项目，并将服务延伸至老年人心理疏导、精神慰藉等方面；需求侧主要面向老年人及其家属等群体，可通过12349热线电话、网络平台、智能终端（手机）等载体发布需求信息，信息平台运用数据分析精准向供给侧派单，更好满足老年人"身边、床边、周边"养老服务需求，实现供需两侧无缝对接。三是强化线上线下支撑。一方面，加强线上管理，构建非营利性养老服务中心，负责养老服务信息平台的运营、维护与管理，针对不同的服务项目分类制定统一的服务标准及收费标准，并公开发布在信息平台上，确保老年人真正享受质优价廉的服务。另一方面，强化线下服务，按照"规模经营、打造品牌"的思路，积极培育扶持和发展壮大为老年人提供养老服务的企业和社会组织，逐步整合跨行业、广覆盖的养老服务资源，承接政府购买的养老服务项目。同时实施服务质量监督机制，对信誉良好、服务优质的企业和组织予以重点推介和优先派单，对信誉不佳、服务质量低下的企业和组织实行末位淘汰制度。

（十）着力突出"一个工作助手"，打造更加专业的养老人才队伍

建强人才队伍是实现养老服务高质量发展的关键。要健全老龄工作网

络，加大人才培养和引进力度，打造结构合理、数量充足、素质全面的人才队伍。一是充分发挥各级老龄工作委员会的作用。建立健全省、市、县、乡、村五级老龄工作网络，形成齐抓共管、整体推进的工作机制。各级老龄工作委员会要强化统筹协调职能，根据职责分工，主动加强沟通协作，把涉老工作任务落实到位。依托山西省老龄事业发展中心，加强老龄（老年）协会建设。建立老龄问题专家智库，强化老龄问题综合研究，加强对外交流与合作。二是壮大基层老龄工作力量。发挥基层党组织作用，充实县、乡两级基层老龄工作力量，明确乡镇（街道）要有老龄专干，提升现有工作人员的专业能力，建立完善的基层老龄工作网络，引导和激励工会、共青团和妇联等群团组织与机关企事业单位、社会组织、志愿者等参与基层老龄工作，健全覆盖广泛、信息畅通的老龄工作体系。三是优化老龄工作人才供给。积极发展养老服务职业教育，引导具备条件的高等院校、中等职业技术院校等设置养老服务相关专业，鼓励有条件的养老机构建立综合性培养基地，实施"订单培养"模式，从源头上扩大专业人才供给。建立健全养老服务人员培训体系，开展省级养老护理员技师、高级技师技能等级认定工作。引导养老机构实行基于专业技能、岗位价值、劳动贡献的薪酬体制。开发养老服务相关课程在线学习平台，多渠道推动养老从业人员提升专业技能和职业素养。

参考文献

杜鹏、吴赐霖：《推动老龄事业与养老产业协调发展》，《行政管理改革》2023年第7期。

何毅亭：《全国人民代表大会常务委员会专题调研组关于实施积极应对人口老龄化国家战略、推动老龄事业高质量发展情况的调研报告——2022年8月30日在第十三届全国人民代表大会常务委员会第三十六次会议上》，《中华人民共和国全国人民代表大会常务委员会公报》，2022年5月。

雷耀：《奔驰的"晋老"号幸福快车——山西省养老事业和康养产业快速发展》，

《中国社会报》2021年第8期。

李菲:《优化财税政策引导和支持社会力量参与养老业发展的建议》,《中国财政》2020年第8期。

苗政军:《农村基本养老服务面临的问题及其破解之道》,《行政与法》2023年第7期。

山西省民政厅党组:《打造以人民为中心的山西养老品牌》,《中国民政》2021年第11期。

宋全成:《人口高速老龄化：我国社会养老服务面临严峻挑战》,《理论学刊》2016年第2期。

徐卫周:《中国"社会福利社会化"的反思与路径探讨》,《社会福利》（理论版）2014年第2期。

《省人大常委会就社区居家养老服务条例实施情况进行执法检查——社区居家养老服务守护幸福"夕阳红"》,山西省人民政府网站，2023年12月21日，http://www.shanxi.gov.cn/ywdt/sxyw/202312/t20231221_9450259.shtml。

《太原：幸福养老梦想照进现实》,"锦绣太原"百家号，2021年11月15日，https://baijiahao.baidu.com/s?id=1716446383780120243&wfr=spider&for=pc。

《【共同关注】我省养老事业和康养产业发展态势良好》,山西省人民政府网站，2024年1月22日，http://www.shanxi.gov.cn/ywdt/sxyw/202401/t20240122_9487699.shtml。

服务体系篇

B.2 山西社区居家养老服务体系建设研究

郭明敏*

摘　要： 社区居家养老是我国老年人主流的养老方式。全面推动社区居家养老服务体系建设是满足老年人最迫切的养老服务需求的有效举措，是积极应对人口老龄化的重要内容。山西省委、省政府高度重视社区居家养老服务的发展，不断加大制度创新、政策供给和财政投入力度，在完善政策法规、建设服务体系、培育市场主体、统筹城乡发展、推进医养结合等方面取得了一定成绩，但也存在社区养老服务设施建设滞后、社区居家养老服务能力较弱、医养资源结合不充分、扶持政策落实不到位等问题。建议进一步贯彻落实习近平总书记关于老龄工作系列重要指示批示精神和党的二十届三中全会决策部署，着力加强社区养老服务设施建设，构建更加完善的社区居家养老服务基础设施体系；完善社区居家养老服务网络，提升养老服务能力和水平；建立健全居家养老支持政策，为老年人及其家庭提供全方位的居家养老

---

* 郭明敏，山西省社会科学院（山西省人民政府发展研究中心）社会学研究所副研究员、副所长，主要研究方向为养老服务体系建设、社会治理等。

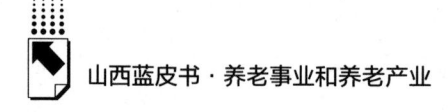

支持；推动养老事业和养老产业协同发展，实现社区居家养老服务高质量发展，让老年人享受幸福美满的晚年生活。

关键词： 社区居家养老　养老服务体系　养老支持政策

居家养老是老年人首选的养老方式，社区是老年人进行日常生活和社会交往的主要场域。从养老服务的刚性需求出发，全面推动社区居家养老服务体系建设是满足老年人最迫切的养老服务需求的有效举措，是积极应对人口老龄化的重要内容[1]。山西省委、省政府高度重视社区居家养老服务发展，积极推动建立以居家养老为主体、社区服务为依托、市场运营为支撑、专业服务为保证的社区居家养老服务体系[2]，社区居家养老服务体系建设取得积极进展并呈现良好发展态势。

一　山西社区居家养老服务发展现状

近年来，山西省不断加大制度创新、政策供给和财政投入力度，以老年人社区居家养老需求为导向，不断完善社区居家养老规划、政策、标准体系，着力加强社区养老服务设施建设，健全社区养老服务网络，提升养老服务能力和水平，为老年人及其家庭提供全方位的居家养老支持。老年人居家养老生活质量不断提升，家庭养老压力有所缓解，老年人的获得感、幸福感、安全感进一步提升。

（一）社区居家养老政策法规标准不断完善

近年来，山西不断加强社区居家养老服务制度建设，相继出台了一系列

---

[1] 邓欣烨、熊亮：《全面推动社区居家养老服务长效发展》，《湖南日报》2023年12月28日。
[2] 姚姬娥：《用心用情做好养老事业》，《山西日报》2023年2月23日。

政策法规标准，构建起以法律法规为纲领、政策文件为基础、部门专项政策标准为支撑的社区居家养老服务政策保障体系，社区居家养老顶层设计更加完善，工作方向更加明确。

1. 制定省级地方性法规

《山西省社区居家养老服务条例》于2023年1月1日开始施行。该条例是全国第一部社区居家养老服务省级地方性法规，标志着山西社区居家养老服务工作迈入法治化轨道[①]，为全省社区居家养老服务发展提供了有力的法治保障。山西省人大常委会连续两年对该条例进行执法检查，对促进该条例实施、推进社区居家养老服务高质量发展意义重大。

2. 完善社区居家养老服务政策

山西省委办公厅、省政府办公厅印发《关于支持社区居家养老服务发展的意见》，提出了完善社区养老服务设施规划、配设社区居家养老服务场所、实施社区养老幸福工程、加快建立人才培养和激励机制等18项举措支持社区居家养老服务。省民政厅、财政厅等部门印发了《关于支持社区居家养老服务"1251"工程的实施方案》《关于进一步落实社区居家养老服务扶持政策的通知》《养老惠民提升行动工作方案》等系列文件，提出了强化资金支持、加强人才培养、助推医养结合等一系列举措，搭建起社区居家养老服务政策的"四梁八柱"。

3. 推动社区养老服务标准化建设

近年来，山西省先后制定《社区养老机构服务规范》《社区养老机构基本条件》《社区养老机构等级划分》《社区养老机构等级评定》《老年人生活照料操作规范》等养老服务标准43项，初步构建起养老服务标准体系，为社区养老机构标准化、规范化、规模化发展提供支撑，实现社区养老服务质量整体性、持续性提升。

（二）社区养老服务设施建设不断加强

加强设施建设是增强养老服务供给能力的有力举措。山西出台了一系列

[①] 山西省民政厅：《全国首部社区居家养老服务省级地方性法规出台——〈山西省社区居家养老服务条例〉解读》，《中国民政》2022年第19期。

扶持措施，加快构建社区养老服务设施网络。截至2023年底，全省共建成社区养老服务设施9615个，其中城市社区养老服务设施1245个、城市社区嵌入式养老机构283个、农村社区养老服务设施8087个，建成社区养老服务设施床位74481张。

1. 建立社区养老服务设施供给机制

省民政厅、住建厅、发展改革委等部门印发了《山西省推进居住社区养老服务设施建设实施方案》，明确了推进社区养老服务设施建设的重点工作任务，提出因地制宜推进建设一批城市居住区养老服务设施，补齐社区养老服务设施短板，为满足老年人多层次、多样化养老服务需求创造条件。针对新建住宅小区和城镇老旧小区，分别采取措施，新建、改建、扩建养老服务设施，打通为老服务"最后一公里"。

2. 加强养老服务设施建设运营补贴

山西省持续加大财政投入力度，为社区养老服务设施提供建设补助、床位补贴、运营补贴、贷款贴息等支持，减轻了社区养老服务设施的建设运营成本。对社会力量开办的社区养老服务设施，省财政对符合条件的新建、改造床位分别给予5000元、3000元的一次性建设补助。对社会力量开办的多种形式的社区养老服务机构，按照建设面积、护理型床位数、服务老人数等每年分别给予不低于5万元、10万元、15万元的运营补贴。对提供嵌入式失能、半失能护理床位的社会力量开办的社区养老服务机构，以实际收住失能、半失能老人数量分别给予每人每月300元、200元的床位补贴。对农村老年人日间照料中心按照是否提供用餐分别给予不低于3万元、1万元的运营补贴。对贷款金额在10万元以上的社区养老服务设施按照项目实际贷款数、贷款利率、贷款期限进行贴息，省、市财政各负担50%。

3. 实施城镇社区养老幸福工程

2020年起，山西省连续5年把"城镇社区养老幸福工程"列入省政府民生实事，推动社区居家养老服务高质量发展。完善城镇社区幸福养老提速工程工作机制，明确了目标任务、工程选址、配套资金、项目进度、责任分工，制定了任务清单、责任清单、措施清单和结果清单，不断压实责任、夯实基础、健全制度，全方位、全过程推进工程。2020~2024年共投资2.3亿元，建成240个社区养老示范项目。在省级引领下，各市积极推进社区食堂、养老驿站等养老服务项目，大大增强了社区养老服务供给能力。

4. 加快区域养老服务中心建设

2024年以来，山西省将改造建设区域养老服务中心列入省政府民生实事，从306个乡镇敬老院中选取100个改造为区域养老服务中心，优先保障为区域内特困人员提供集中供养服务，为社会老年人提供社区居家养老服务。针对乡镇敬老院供养条件差、设施简陋、缺少运转经费等问题，实施农村敬老院提质升级专项行动，2019~2020年共整合关闭89所房屋设施陈旧、服务质量较低、安全隐患较大的乡镇敬老院；协调71个县区将敬老院工作经费纳入年度财政预算，使敬老院服务和运行得到保证[①]。

（三）社区养老服务能力有效提升

山西省在面向全体老年人提供基本养老服务的基础上，充分发挥政府、市场、社会等多元主体作用，逐步提高社区养老服务水平，满足老年人个性化、多层次的养老服务需求。

1. 健全基本养老服务体系

制定《山西省基本养老服务体系建设实施方案》，提出了健全政府购买服务、确立基本养老服务清单、统筹推进设施建设等24条发展举措，明确了包括服务对象、服务项目、服务内容和服务标准在内的20项基本养老服务清单，形成了基本养老服务制度体系，对推动解决老年人在养老服务方面的急难愁盼问题，扩大基础性、普惠性、兜底性养老服务供给做出了基础性制度安排。

2. 发展社区嵌入式养老服务

以社区为载体，以机构养老为模式，整合周边养老服务资源，采用多种运营模式，如政府购买服务、全日托养服务等，辐射社区有需要的老年人群

---

① 山西省民政厅党组：《打造以人民为中心的山西养老品牌》，《中国民政》2021年第11期。

体，为老年人就近养老提供专业化、个性化服务。依托现有养老服务机构开发社区服务功能，通过划分功能区，利用现有资源设置社区养老服务场所，为周边社区老人提供养老服务。具备条件的社区党群活动中心和社区服务中心积极拓展养老服务空间，配置多功能、多样化、专业化的社区养老服务设施，为社区老人提供养老服务。以社区养老服务站为中心，发挥物业和生活服务类机构常驻社区、贴近居民、快速响应等优势，为老人提供助医、助洁、精神慰藉、上门访视等服务，满足小区老人多样化、多层次的养老需求。支持养老服务类社会组织和社会工作者为老年人提供专业服务，大力发展养老志愿服务。

3. 大力推进老年健康服务

积极探索养中有医、医中有养、医养协作、医养联合体、社区医养等医养结合模式，医疗卫生服务与养老服务加快融合。2023年、2024年省财政分别下达专项经费1000万元，实施医养结合能力提升奖励项目，对符合条件的乡镇卫生院、社区卫生服务中心或二级及以下拟转型开展康复、护理的医疗卫生机构，按照每张床位1.5万元的标准进行补助，建成后预计增加1300多张护理型养老床位。同时，依托县级中医院指导社区卫生服务中心和乡镇卫生院开展中医健康干预服务，提升老年人常见病、多发病和慢性病的中医诊疗服务能力。

4. 稳步推进智慧养老服务

积极推进"5G+智慧养老"，汇聚线上线下服务资源，精准对接需求与供给，为居家养老提供智能贴心服务。建成市级智慧养老服务大数据平台，为老年人提供生活照料、社交互动、文化娱乐等全方位、个性化的养老服务。大同市依托"398智慧养老"形成"大同助老"品牌，为老年人搭建线上线下无缝对接的服务圈。晋中华晟集团依托社区智能化管理服务平台，提供"菜单式"便民服务，建成辐射1.5公里的"一刻钟便民生活服务圈"。太原市依托智慧社区党建平台、社区公共服务综合信息平台、12349呼叫服务平台等智慧化平台，对适老化改造、社区惠民、政府购买居家养老服务等项目进行赋能，为老年人提供80余项集中照料和上门服务，形成

"线上+线下"居家和社区养老服务模式。

5. 打造社区居家养老服务示范标杆

启动实施社区居家养老服务"1251"示范工程建设，通过一系列重点工程与项目带动，打造出一批养老服务示范品牌。"1251"工程即培育10个社区养老服务品牌、建成200个社区养老示范机构、打造50个养老示范社区、发展100个社区养老服务组织，示范带动全省城乡社区养老服务能力整体提升。累计投入2350万元，创建了8个示范品牌、8个示范机构、9个示范社区和6个示范社会组织。太原、大同等6市先后被列入国家居家和社区养老服务改革试点城市，阳泉、晋城等4市被列为国家居家和社区基本养老服务提升行动试点城市。

（四）家庭养老支持体系不断完善

坚持贯彻以家庭为本的养老保障理念，以老年人多元化的养老服务需求为落脚点，根据家庭收入和健康状况等给予相应的养老服务支持，提升家庭综合照护能力[1]。

1. 积极发展老年助餐服务

山西省民政厅等11部门联合印发《实施老年助餐服务行动方案》，积极推进全省老年助餐服务，持续优化服务供给，进一步提升老年人就餐便利度和满意度。截至2023年底，太原市已建成社区食堂400个，基本形成了覆盖城乡、方便可及的社区助餐服务体系。针对农村养老设施薄弱环节，2024年以来，重点支持3000个农村老年人日间照料中心开展老年助餐服务，计划用3年时间将全省城乡社区老年助餐服务覆盖率提高到70%，进一步提升农村老年助餐服务水平和能力。

2. 积极推进政府购买养老服务

根据养老服务工作需求，省级财政每年更新政府购买服务指导性目录，

---

[1] 方聪龙、汝玉凡：《建立健全家庭养老支持政策 构建多层次养老保障体系》，《福建日报》2023年7月25日。

将支持农村留守老人关爱服务、失能失智和高龄老年人家庭成员照护培训服务、失能失智和高龄老年人养老服务、特殊困难老年人定期探访服务等纳入目录。对经济困难、高龄、失能、独居、空巢老人等特殊群体，每月补助不低于50元，用于购买上门生活照料、康复护理等居家养老服务项目。

3. 推动社区和家庭适老化改造

将城镇老旧小区改造与适老化改造相结合，通过既有住宅加装电梯、小区路面平整、出入口和通道无障碍改造、地面防滑处理、楼梯沿墙加装扶手等措施，切实改善老旧小区生活品质，提高老旧小区居民尤其是老年人的获得感、幸福感和安全感。针对居家养老中容易遇到的摔倒、生活不便等难题，通过适老化改造，增强居家生活设施设备安全性、便利性和舒适性，提升居家养老服务质量。2023~2024年，省财政共安排2000万元，实施68560户特殊困难老年人家庭适老化改造，改善老年人居家生活照护条件。

4. 建立特殊困难老年人关爱探访机制

山西省民政厅等9部门联合制定了《山西省开展特殊困难老年人探访关爱服务方案》，明确了关爱探访的主要对象、指导思想、指导原则、工作目标、重点任务，及时发现特殊困难老年人居家养老安全风险。截至2023年底，全省已摸排特殊困难关爱服务对象12万人，117个县区已开展探访关爱服务，走访分散供养特困老人36700人次。

二 山西社区居家养老服务体系建设面临的问题

近年来，在省委、省政府的大力推动下，山西社区居家养老服务有了较快发展，在完善政策法规、建设服务体系、培育市场主体、统筹城乡发展、推进医养结合等方面取得了一定成绩，但与"十四五"规划目标和老年人的期盼还有较大差距。山西社区居家养老服务体系建设主要存在以下几个方面的问题。

（一）社区养老服务设施建设滞后

社区是养老服务的主要载体和平台，山西省社区养老服务设施配建达标率不高，存在社区养老服务设施规划不到位、配建不到位、移交不到位、使用不到位等问题。一是城市社区养老服务设施滞后。截至 2022 年底，全省 2941 个城市社区中只有 1623 个有养老服务设施，覆盖率仅为 55.2%，与 2025 年底前实现城镇社区养老机构全覆盖的目标还有较大差距[①]。二是社区养老服务设施"四同步"政策落实不到位。据统计，自 2014 年"四同步"政策实施以来，全省共新建住宅小区 1583 个，其中仅有 137 个小区按要求配建了养老服务设施，配建率仅为 8.7%。三是老旧小区养老服务设施配备不足。据统计，全省 2014 年前建成的 6098 个住宅小区中，只有 269 个配备了养老服务设施，仅占 4.4%。党政机关、企事业单位闲置用房改为社区养老服务设施难度较大。

（二）社区居家养老服务能力较弱

山西社区居家养老服务仍处于起步阶段，内容亟待完善，服务质量亟待提高。一是社区食堂尚未实现全覆盖，运营企业过度依赖政府扶持，可持续运营存在困难。二是养老和医疗服务向社区和家庭延伸不够，嵌入式养老服务机构较少，社区居家养老服务项目和服务能力与老年人需求不匹配。三是家庭养老床位建设不足，难以满足失能、部分失能老年人居家养老需求。四是部分社区养老服务中心仅能提供简单的身体检查和文娱活动，短期托养、康复理疗、精神慰藉等老年人最需要的服务没有有效开展。五是家庭适老化改造进度较慢，改造资金缺口较大。

（三）医养资源结合不充分

随着人口老龄化程度不断加深，老年人健康和照护问题日益增多，对长

---

① 杨文：《社区居家养老服务守护幸福"夕阳红"》，《山西日报》2023 年 12 月 21 日。

期医疗护理和生活照护服务的需求不断增长。医养结合是社区居家养老服务高质量发展的重要内容，也是居家老人的刚性需求。一是居家医养结合存在政策堵点。居家医养结合的法律和制度保障比较欠缺，上门服务规范、收费标准、医疗风险、安全监管等缺少具体法规政策，居家养老护理费用、医养结合费用医保报销等配套政策尚未明确①，制约居家养老医疗护理服务发展。二是医养结合不够深入。医养结合仅限于简单病症的治疗，难以满足老年群体对日常医疗、康复护理、健康营养管理等方面的需求，社区医养结合发展层次较低。家庭医生"有签约无服务"现象凸显，老年人健康档案建立和更新不及时，老年人普遍反映社区医疗服务没有达到预期，获得感不强。

（四）扶持政策落实不到位

养老服务体系建设涉及民政、财政、人社、自然资源、住建、卫健、医保等部门，部门职责交叉重叠，主体责任不明确，形成了多头管理、难以协调的格局，相关政策下达后出现了协同性不强、执行不到位的问题。社区食堂建设补贴、运营补贴、租金补贴发放不及时，加重社区食堂运营负担。社区居家养老服务机构用水、用电、用气、用热未享受居民生活类价格标准，优惠政策落实不到位②。相当多的养老机构无法通过消防审验，无法顺利登记、备案，不能享受相关优惠政策。

三 完善社区居家养老服务体系的对策建议

山西省应进一步贯彻落实习近平总书记关于老龄工作系列重要指示批示

---

① 《全国人民代表大会常务委员会专题调研组关于实施积极应对人口老龄化国家战略、推动老龄事业高质量发展情况的调研报告——2022年8月30日在第十三届全国人民代表大会常务委员会第三十六次会议上》，中国人大网，2022年9月2日，http：//www.npc.gov.cn/c2/c30834/202209/t2022 0902_319168.html。

② 《浅谈社区食堂可持续运营面临的困境及对策》，山东省审计厅网站，2023年4月27日，http：//audit.shandong.gov.cn/art/2023/4/27/art_89388_10347246.html。

精神和党的二十届三中全会关于积极应对人口老龄化、完善发展养老事业和养老产业政策机制的决策部署，加快健全社区居家养老支持政策，大力布局建设社区嵌入式养老服务设施，完善社区居家养老服务网络，持续巩固提升家庭养老功能，推动养老事业和养老产业协同发展，实现社区居家养老服务高质量发展，让老年人享受幸福美满的晚年生活。

（一）构建更加完善的政策保障体系

全面贯彻落实社区居家养老法律法规，从顶层设计上继续完善社区居家养老政策体系和制度框架，制定支持社区和居家养老服务发展的配套政策和标准体系，推动社区居家养老服务规范发展。

1. 健全社区居家养老法律法规

进一步完善养老服务法治体系，统筹考虑与社区居家养老服务相关的设施建设、运营服务、投融资、人才保障、市场监管等问题，探索制定《养老服务条例》《养老机构条例》《养老服务业促进条例》等地方性法规，进一步健全养老服务体系，以法治力量推动社区居家养老服务高质量发展。

2. 完善社区居家养老政策措施

在梳理整合现有养老服务政策的基础上，针对社区居家养老服务体系建设中的难点、堵点，扩大在养老设施建设、用地保障、财政金融支持、人才建设等方面的政策供给，构建综合性、精细化、多层次的政策支持体系。研究制定"四同步"强制落实办法，协同有关部门制定社区综合服务设施统筹使用制度。研究制定养老机构消防审验管理办法，分类实施养老机构消防审验和机构备案，系统性解决养老机构消防审验难题。调整优化政府购买养老服务清单目录，加大对居家养老服务的支持力度。

3. 完善养老服务标准体系

进一步健全社区和居家养老服务设施标准、服务标准、管理标准，加强医养结合、上门服务等养老服务标准制定，发挥标准对养老服务的技术支撑作用。建立养老服务标准实施、监督和评价机制，推动现行国家标准、山西省地方标准和相关行业标准落地见效，推动实现养老服务标准化供给。

（二）构建更加健全的养老服务网络

加大政府投入力度，鼓励和扶持社会力量持续参与社区和居家养老服务，补齐城乡社区养老服务设施短板，逐步形成以县级养老（医疗）机构为中枢、区域养老服务中心为支撑、村（社区）养老服务设施为基础的三级养老设施网络[①]，夯实社区居家养老服务供给基础。

1. 加强县级公办养老机构建设

实施公办养老机构全覆盖工程，每个县（市、区）至少建有1所以失能特困人员专业照护为主且具有医养结合功能的县级特困人员供养服务机构。探索推动县级公办养老服务机构牵头组建养老服务集团，托管运营乡镇敬老院和农村日间照料中心，打造品牌化、连锁运营的"养联体"。加强县级养老机构指导和服务能力建设，将专业养老服务向下延伸至乡镇敬老院、社区和居家养老人群。

2. 加快区域养老服务中心建设

在街道层面，因地制宜设置嵌入式社区居家养老服务中心，设置护理型床位，提供助餐、上门服务、全日托养等老年人迫切需要的服务，打造"老年人家门口的养老院"。推动乡镇敬老院转型升级为标准化区域性养老服务中心，改造升级照护型床位，开辟失能老年人照护单元，拓展居家上门服务、老年人能力评估、康复护理、职业培训等功能。推广"公建民营"模式，委托专业机构连锁运营区域养老服务中心，打造集日间照料、集中供养、居家服务、社会参与、智能平台等功能于一体的为老服务综合体。

3. 补齐社区养老服务设施短板

按照"一街道一中心，一社区一站（点）"标准，分区分级规划建设社区养老服务设施，打造以照护为主业、辐射社区周边、兼顾上门服务的社区养老服务网络。一是继续实施城镇社区养老幸福工程，抓好新建城镇社区

[①] 《晋城市人民政府办公室关于印发晋城市基本养老服务体系建设工作方案的通知》，晋城市人民政府网站，2023年12月26日，https://xxgk.jcgov.gov.cn/jcsrmzf/zfgb/2024nzfgb/2024n_d1q/szfbgswj_51739/202312/t20231226_1909391.shtml。

养老幸福工程民生实事，保质保量完成工程建设，为全省社区居家养老服务提供典型示范。二是推动老旧小区养老服务设施建设。抓住老旧小区改造和城市更新工程机遇，补建改建一批居民急需的社区嵌入式养老服务设施[①]。三是补齐新建居住区养老服务设施。落实每百户居民拥有社区综合服务设施面积平均不少于30平方米的要求，明确相关部门责任，规范养老服务设施规划、建设、移交程序，确保新建小区按照国家标准建设养老服务设施。

（三）构建更加高效的养老服务供给体系

社区是整个养老服务体系的枢纽、中转站和资源集中地。要进一步深化养老服务供给侧结构性改革，以社区为单位，导入公共服务资源，引入专业服务机构，形成居家、社区、机构"三位一体"，覆盖老年人全生命周期的多层次多元化社区居家养老服务供给体系。

1. 加强兜底性保障

落细落实基本养老服务清单，对健康、失能、经济困难等不同老年人群体，分类提供基本养老服务，确保"兜住底""兜准底""兜好底"。坚持公办养老机构的公益属性，在满足特困老年人集中供养需求的前提下，重点为经济困难的空巢、留守、失能、残疾、高龄老年人以及计划生育特殊家庭老年人等提供服务。

2. 完善普惠型居家养老服务供给

围绕老年人助洁、助浴、助医、助餐、助行、助急等需求，综合利用社区养老服务设施和闲置房屋等资源，通过市场化择优、委托经营等方式，向服务运营主体提供低成本设施建设空间。聚焦居家老年人尤其是重度失能失智老年人长期照护服务刚性需求，建立覆盖全链条、全周期、全要素的普惠型居家养老服务供给体系，为老年人提供价格可负担、品质可信赖、运营可

---

① 《国务院办公厅关于转发国家发展改革委〈城市社区嵌入式服务设施建设工程实施方案〉的通知》，中国政府网，2023年11月26日，https://www.gov.cn/zhengce/zhengceku/202311/content_6917191.htm。

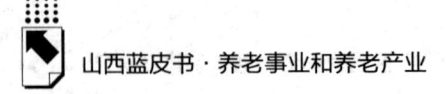

持续的养老服务[①]。

3. 增加高质量社区养老服务供给

支持养老机构、医疗机构、社会组织和家政服务公司等社会力量开展居家延伸服务，为老年人提供更加周到、便捷、体贴的服务，满足老年人多样化、个性化、高品质服务需求。探索"社区+物业+养老服务"模式，引导物业企业将服务范围由公共区域向老年人家庭延伸。引进和培育品牌化、专业化、连锁化社区居家养老服务机构，创新服务业态，拓展为老服务功能，开展助餐助浴、代购代缴、文体娱乐、康复护理、健康养生等服务。

（四）持续完善家庭养老服务支持体系

贯彻以家庭为本的养老保障理念，从家庭视角进行养老保障政策的制定与实施，通过多种方式支持和促进家庭养老，提升家庭养老服务质量，让老年人能够在熟悉和舒适的环境中享受高质量的晚年生活。

1. 将社区养老服务延伸至家庭

鼓励社区养老服务机构建设和运营家庭养老床位，将服务延伸至家庭，向居家老年人及其家庭成员提供居家上门、生活照料、康复护理、精神慰藉等服务。将家庭照护者纳入养老护理员职业技能培训范围，通过政府购买服务等方式开展失能老年人家庭照护者技能培训。针对经济困难的失能、残疾、高龄等老年人家庭实施适老化改造、配备生活辅助器具、安装紧急救援设施，围绕失能失智老年人的家庭照护者探索开展"喘息"服务。

2. 加强居家养老健康支持

将居家老年人纳入家庭医生签约重点保障人群，为高龄老人建立健康档案，定期更新老年人身体状况，将上门巡诊、日常体检、家庭病床、康复指导等基本医疗服务延伸到家庭，为存在困难的老人提供有针对性的健康服务。对居家养老且有医疗护理需求的对象，为其提供血压测量、血糖监测、

---

① 郭汉桥：《为养老服务高质量发展发挥积极作用》，《中国社会工作》2023年第14期。

康复指导、护理技能、保健咨询、营养改善等方面的指导，实现居家老人由"出门求医"到"医疗到家"的转变。探索为失能、慢性病、高龄、残疾等行动不便老年人开展家庭病床服务，并将费用列入医保报销范围。加强对护理服务机构和从业人员的管理，规范各护理项目的收费标准、服务时长、服务内容等。为居家失能、半失能人员设置手机"一键通医"功能，确保相应的健康服务及时到位。

3. 加快推进建立长期护理保险制度

长期护理保险可以为失能老人提供更好的护理服务，也可以减轻家庭成员的照护负担和经济压力。目前，山西晋城、临汾两市开展了长期护理保险试点，但覆盖范围很小，服务项目和待遇标准差距较大，难以形成规模效应。建议尽快推广长期护理保险，从根本上减轻家庭照护负担。采取个人缴费、财政补贴、福彩公益金补助、社会捐助等多种方式筹集资金，重点解决重度失能人员基本护理需求，有效防止"一人失能、全家致贫"。在报销机制上，根据不同护理等级、护理方式分别设定报销限额，鼓励使用居家和社区护理服务，满足参保群众差异化护理需求[①]。

（五）强化社区居家养老要素保障

针对社区居家养老服务体系建设中存在的人才、资金、市场主体等短板，加强供给侧结构性改革，强化要素保障，夯实养老服务基础。

1. 加大资金投入力度

强化财政资金的统筹整合，继续加大对养老服务事业的投入力度，全面优化财政投入结构，推动财政投入逐步向社区居家养老倾斜、向偏远贫困地区倾斜。优化社区居家养老服务机构建设补助和运营补贴政策，按照"钱随人走"模式，让老年人在常住地享受到基本养老服务。积极申报"居家和社区基本养老服务提升行动"等项目，通过中央专项彩票公益金支持，为经济困难的失能、部分失能老年人建设家庭养老床位、提供居家养老上门

[①] 刘景芝：《农村养老难题亟待破解》，《农民日报》2022年1月29日。

服务、进行适老化改造。

2. 加强养老服务人才培养

针对养老服务业存在的用人难、留人难等问题，会同财政部门，建立养老服务从业人员一次性入职奖励制度，鼓励大中专院校养老护理等专业毕业生到养老机构稳定就业。对全省登记设立并备案的养老服务机构和社区养老服务机构中从事养老服务且具有中专及以上学历的工作人员，按照实际入职学历进行一次性入职奖补。通过财政手段刺激养老服务从业人员提升职业素质，逐步提高养老服务人才队伍的专业水准，推动养老服务高质量发展。开展养老服务管理与护理人员定向委托培养，与高校、职业院校合作，定向培养养老服务人才，开展养老服务管理、护理人员培训，不断提升管理和服务水平。推广"吕梁山护工"经验做法，采取订单式、菜单式等培训方式，委托职业院校开展山西护工培训。

3. 培育养老服务市场主体

鼓励引导社会力量投资养老事业和产业，落实相关扶持政策，优化简化奖补资金发放程序，足额、及时兑现优惠补助。专项解决制约民营养老服务机构发展的土地、消防验收等问题。发挥财政资金杠杆作用，撬动社会资本投入社区居家养老服务，鼓励养老机构、医疗机构、社会服务组织等多元主体合作进行服务供给，丰富产品供给层次，推动产品多元化。加强养老服务信贷支持，为符合条件的民办养老服务企业提供创业担保贷款，依法享受贴息政策。支持养老服务品牌化、连锁化发展，发展一批养老服务行业龙头企业。

参考文献

陈杰、张宇、石曼卿：《当前居家社区养老服务体系存在的短板与创新——兼论"社区+物业+养老服务"模式推广问题》，《行政管理改革》2022年第6期。

盖钊冰：《"医养结合"养老模式面临哪些发展障碍》，《人民论坛》2018年第27期。

青连斌：《以基础服务推动养老服务高质量发展》，《中国社会保障》2022 年第 6 期。

汪聪聪：《未来社区居家养老服务发展路径探讨》，《智能建筑与智慧城市》2022 年第 2 期。

姚逊：《关于加快推进社区养老服务高质量发展的研究》，载《山西重大决策咨询研究》编委会编《山西重大决策咨询研究（2024）》，山西人民出版社，2024。

赵婧：《积极老龄化视角下山西养老服务体系发展路径研究》，《西部学刊》2023 年第 14 期。

B.3
山西农村养老服务供需矛盾及体系优化研究

韩淑娟*

摘　要： 当前山西农村养老服务表现出供给和需求"双不足"的现象：一方面是养老服务供给数量与可及性不足，表现为有效供给不足；另一方面是老年人购买能力和购买意愿不足，表现为有效需求不足。究其原因，在于养老服务体系不健全和经济投入不足。为破解养老服务"城乡两张皮，上下不联动"的难题，培育和优化城乡一体，县、乡、村三级协调的农村养老服务体系，建议进一步明确农村养老服务责任主体，重点建设区域性养老服务中心，并通过托管等模式将服务辐射至周边农村，为农村老年人分层、分类提供专业养老服务。同时，通过在全省推广长期护理保险减轻老年人及其家庭负担。

关键词： 老龄化　养老服务　供需矛盾

构建和完善兜底性、普惠型、多样化的养老服务体系，不断满足人民群众日益增长的多层次、高品质健康养老需求，是当前我国应对人口老龄化的主要任务。其中，农村养老既是重点，也是难点。2024年5月，《关于加快发展农村养老服务的指导意见》指出，发展农村养老服务事关亿万农村老年人幸福生活，事关积极应对人口老龄化国家战略和乡村振兴战略顺利实施。

---

* 韩淑娟，经济学博士，山西省社会科学院（山西省人民政府发展研究中心）社会学研究所副研究员，主要研究方向为人口老龄化、人口流动与人口经济学。

受农村人口老龄化形势和经济社会条件的约束，山西的农村养老服务面临更为严峻和复杂的局面。加快补齐农村养老服务短板，着力构建资源有保障、服务有力量、模式可推广的农村养老服务体系，事关广大农村老年人福祉，也是养老服务城乡融合发展的核心内容。

一　山西农村养老服务的供需现状

发展农村养老服务，其挑战首先来自严峻的农村人口老龄化形势，其次来自养老服务的供需不平衡，也受到现实发展条件的约束。

（一）严峻的农村人口老龄化形势

进入21世纪，在人口变动与经济社会发展的双重作用下，农村的人口老龄化程度快速加深，城乡"倒挂"现象日益显现。第七次全国人口普查数据显示，2020年山西60岁及以上人口为660.70万人，占比为18.92%，其中65岁及以上人口为450.47万人，占比为12.90%。与2010年第六次全国人口普查相比，60岁及以上人口的比重上升7.39个百分点，65岁及以上人口的比重上升5.33个百分点。其中，农村60岁及以上人口为337.58万人，占农村人口的25.80%，高于全省平均水平（18.92%）6.88个百分点。与此相比，2020年山西城镇化率已达62.53%，居住在城镇的人口为2183.15万人，其中老年人口为323.12万人。另外，在全省老年人口中，高龄老人有79.52万人，其中农村有38.30万人，占比为48.16%，占农村老年人口的11.85%。因此，无论从老年人口数量还是从老龄化程度来看，山西农村地区的人口老龄化形势都比城市地区更加严峻。

（二）农村养老服务需求迫切

除人口老龄化本身带来的挑战以外，农村老年人口的家庭、经济、生存环境等主客观条件也多有不足。

第一，农村老年人口多与农村年轻人口大量外流并存。这就意味着大量的老年人留守农村，身边没有子女的陪伴与照顾，独居或空巢的老年人占比较高。据2021年山西省老龄事业中心的一项问卷调查，山西有16.6%的农村老年人处于独居状态。

第二，农村老年人口占比高与农村老年人养老能力弱并存。2023年山西城镇和农村居民人均可支配收入分别为41327元和17677元。农村老年人对养老服务的购买能力较弱。

第三，农村老年人居住分散与农村生存条件差并存。农村老年人在用水、取暖、就餐、购物、出行等方面都面临各种不便，随着年龄的增长，这些方面的不足将使农村老年人面临更多的生活障碍。

第四，农村老年人整体健康水平差与农村医疗保健资源不足并存，尤其在一些边远农村，农村老年人日常就医不便。

（三）农村养老服务供给不足

21世纪，我国农村养老服务尝试从补缺型向普惠型转变，农村养老服务体系在探索中逐步发展。针对农村养老服务，山西实施《推进农村养老服务行动计划（2019—2021年）》，坚持整体施策、重点突破的工作原则，以重点项目为引领，做了大量的工作，取得了不俗的成绩。

目前，山西农村养老服务体系还有待完善，养老服务供给能力与农村老年人的需求还有一定的差距。从衡量供给是否满足需求的角度，可以看出农村养老服务存在一些不足之处。

第一，在社区养老方面，农村老年人日间照料中心普遍存在运行压力。前期，山西集中建设了一批农村老年人日间照料中心，但运行情况并不乐观。受村集体经济薄弱影响，多数农村老年人日间照料中心得不到村集体的经济补助，而仅依靠目前有限的运营补贴，是无法维持日常运转的。

第二，在居家养老方面，供给能力不足与需求不足并存。农村老年人日间照料中心运转不畅、功能不全，限制了居家养老服务的供给。再加上农村老年人自身购买能力弱，居住分散、服务距离远、服务成本高，以及专业养老服务队伍缺失。目前，农村居家养老的普及率很低，发展相对缓慢。

第三，在机构养老方面，普惠型养老的发展不及兜底型养老。公办敬老院原是农村机构养老的主力军，但目前来看其服务对象具有局限性，主要服务于城乡特殊困难老年人，且对于高龄老年人、失能和半失能老年人的接纳程度较低。这表明目前农村机构养老依然处于传统的补充式养老阶段，普惠型养老有待进一步发展。

第四，在医养结合方面，农村养老中的医疗供给严重缺失。受人口外流、医疗机构改革等因素影响，山西乡镇卫生院整体水平有限，其作为农村医疗服务供给方的作用有待加强，而其在医养结合中的地位尚未得到有效确立。医疗资源和医疗队伍的不足使农村医养结合服务供给严重不足。

第五，在康养产业方面，农村养老服务市场尚待开发。康养产业的市场属性决定了其人、财、物的投放首先遵循逐利原则。农村在供需市场、政策环境、区位交通等方面相对较弱，这就决定了山西康养产业在当下农村的发展受限。

总之，相对城市而言，农村养老服务长期落后，且处于相对割裂的状态，无论是供给数量还是供给质量，都远不能满足日益增长的农村养老服务需求。

（四）农村养老服务供需矛盾的症结所在

山西农村养老服务体系呈现"城乡两张皮，上下不联动"的局面，县、乡、村三级之间，供给与需求之间矛盾突出。

一方面，农村老年人日间照料中心数量少、床位少、服务能力弱；另一方面，城市中养老机构投资过剩、床位空置现象普遍。粗略统计全省养老机构床位空置率在50%左右，这些机构辐射带动能力不足，养老服务无法有效下沉至村庄。

一方面，广大农村老年人可就近享受的养老服务严重短缺，在寻医问药、生活照料等方面存在困难，对社会化养老服务的需求客观存在；另一方面，乡镇养老院、敬老院、卫生院、农村老年人日间照料中心等养老服务主体服务能力有限、业务发展不足、运转艰难。

一方面，"就医难、就医贵"的问题在农村地区尤为突出，农村老年人对医疗保健和健康维护的需求非常强烈，是农村养老服务亟待解决的"急难愁盼"问题；另一方面，在农村地区"医"与"养"之间的联系非常有限，为老医疗服务在养老服务领域的可及率非常低，远不能满足农村老年人医养结合的需求。

一方面，乡、村两级农村养老服务主体业务开展不顺利，普遍面临专业性不足、运营成本高、床位利用不足等问题；另一方面，在城乡之间，在县、乡、村三级之间，没有形成统一连贯的组织结构和相互联系的工作机制，无法形成供给合力。

以上问题表明，山西农村养老服务存在两方面问题。一是投入不足，二是体系不健全。前者源于欠发达省份经济水平不高和养老服务投入中"重城市、轻农村"思想的长期存在；后者则反映出农村养老服务的运行基础是零散的、不成熟的、非体系的。两个问题互为因果、相互制约，是当前农村养老服务供需矛盾的症结所在。

相对于投入不足的问题，体系不健全问题更为隐蔽，也更为急迫。因为在体系不健全、路径不明确的前提下，投入问题不只是数量不足的问题，还会出现资源闲置甚至资源浪费。前期投入大量资金用于建设农村老年人日间照料中心，但其运营效率不高，成为现实中的一大难题。同时，一些可利用的养老资源，尤其是乡镇一级的养老院、卫生院等没有被有效地利用起来。因此，破解农村养老服务供给难题，最终要从养老服务体系的不断创新和持续完善中寻找出路。

二 先进做法与经验借鉴

"他山之石，可以攻玉。"针对农村养老问题，其他省份涌现出许多创新做法，并取得了良好的效果。

（一）江苏省徐州市："徐享颐养"

以新沂、丰县、沛县等为代表的徐州市农村养老做法包括以下几个方面。一是区域化整合布局。坚持因地配建、集约统建，打破原"一镇一院"布局，全部按照护理型养老服务机构标准，实行设计、规划、资金、权属、运营"五统一"，建设床位不少于300张、服务半径覆盖周边2~3个乡镇（街道）的农村区域性养老服务中心，其中普惠型养老床位占比不低于50%。同时，原有阵地也不丢，大力发展幸福小院、银龄互助点和幸福食堂等多种模式。二是一体化管理运营。以体制机制改革为先导，农村区域性养老服务中心转变权属关系，交由县级民政部门垂直管理。引入专业团队进驻服务中心，严格按照1∶7比例配备持证养老护理员，五保供养经费、运营经费等均由县级财政拨付，实现政事分开、管办分离。三是特色化服务保障。紧贴农村实际，紧扣农民需求，丰富农村养老"毛细血管"。实施护理型床位建设扶持工程，抓住照护关键点；推行"中央厨房+中心食堂+助餐点"模式，保障助餐基本点；开展农村养老微站点适老化改造，化解安全风险点；推进"微机构+医院"绿色通道计划；设立"幸福小菜园"，开展"银龄互助+"活动，打造家园幸福点，让优质养老服务"飞入寻常百姓家"。四是全面推广长期护理险。2023年，江苏实现长期护理险省内城乡全覆盖。该省的长护险实行市级统筹，覆盖职工和城乡居民医保参保人员，由个人缴费、医保统筹基金划拨、财政补助三部分组成，筹资标准为每人每年100元左右。待遇保障从低水平起步，根据护理等级、服务提供方式等实行差别化待遇保障政策，基金支付水平总体控制在70%左右。从结果来看，长期护理险不仅有效减轻了失能老年人及其家庭的负担，还有效激发了养老机构的发展潜力，起到了关键的"盘活"作用。

（二）内蒙古乌兰察布市："乌兰幸福院"

乌兰察布市以做优做强"乌兰幸福院"为导向，通过"三强化"和"三必须"，扎实推动农村养老服务转型升级。其中，"三强化"指强化资源整合、强化资金整合和强化制度模式。一是强化资源整合，明确"平台往哪里建造"的问题。积极建设以县级养老服务中心为枢纽、乡级养老服务中心为辐射、村级养老服务站为补充的农村养老服务网络。二是强化资金整合，破解"资金从哪里来"的问题。按照"渠道不乱，用途不变，各负其责，各计其功"的原则，整合福彩公益金、政府债券、危房改造、乡村振兴、京蒙帮扶等项目资金，统筹用于农村三级养老服务网络建设。三是强化制度模式，解决"管理向哪里抓"的问题。通过制定一份高质量的养老服务清单、完善一套高效能的管理办法、搭建一个高标准的智慧养老平台、建设一支高水平的养老服务队伍的"四个一"方式，确保养老工作规范有序开展。"三必须"指必须坚持高位推进，规划先行；必须坚持因地制宜，精准施策；必须坚持广泛参与，合力推动。一是必须坚持高位推进，规划先行，将"加快互助幸福院配套设施改造"列入民办实事清单和各县（旗）重点工程。二是必须坚持因地制宜，精准施策，按照"保基本、重实效"的工作思路，坚持规模适度、量力而行，实行分类提升，不搞"一刀切"，在当地试点的基础上确立了"三改三修"建中心（站）和"五化"同步强服务的发展战略。三是必须坚持广泛参与，合力推动。在落实政府责任的基础上，充分调动社会各方力量参与。

（三）给山西农村养老带来的启示

徐州和乌兰察布两市在地理位置、经济条件、财政能力、人口密度等方面截然不同，其农村养老工作既各有特色，也有很多共同之处，为山西农村养老带来以下几点启示。一是加强领导，注重党政引导和规划部署，顾全局、讲重点，面向农村老年群体提供分类、分层服务；二是因地制宜，不盲目追求服务站点的数量和规模，不搞"一刀切"；三是突出重点，精准施策，不搞平均化，不能让有限的养老资金"撒了胡椒面"；四是整合资源，将可利用的不同渠道的养老资源整合起来充分利用，发挥部门联动作用，同时注重行政、市场和社会力量的融合。

三 优化山西农村养老服务体系的思路

随着农村养老形势的日益严峻，如何破解农村养老服务供给难题，是当前山西需要重点解决的问题。其中，优化农村养老服务体系是重中之重。其事关养老资源配置的底层逻辑以及未来农村养老服务的走向，需要有一个整体思路。在借鉴外省先进经验和立足本省省情的基础上，以县域为单位构建农村养老服务体系，成为当下比较现实的选择。

（一）整体思路

如图 1 所示，就农村养老服务体系而言，县（市、区）、乡镇（街道）、村（社区）三级养老服务组织分别承担指导管理、服务运营、服务落地等职能；在县（市、区）一级成立县（市、区）养老服务指导中心，整合财政、民政、医疗等养老资源，出台区域养老服务规范性文件，设立分层分类工作机构、建立工作机制，负责全县养老服务指导、管理及督查工作；在乡镇（街道）一级充分发挥乡镇养老院（敬老院）和乡镇卫生院的作用，转变思想、创新改革，对其职能定位与工作机制进行重新安排，引导它们成为农村养老服务供给主体，充分利用原有工作力量、服务网络及人员队伍，因地制宜地开展养老服务工作；在村（社区）一级，将老年人日间照料中心、养老大院、养老互助小组等纳入县、乡两级养老服务机构的延伸机构，鼓励通过包片包区、集中核算、连锁运营降低运营成本、扩大服务范围，打通农村养老服务"最后一公里"。

现有的农村养老服务体系的优势在于，既将区域内现有养老资源充分整合起来，又在运营层面保持了相当的灵活性，有利于调动各类市场主体的力量，广泛吸引社会资本、国有资本、村集体、慈善团体及个人等社会资源加入养老服务供给；既遵循了集中力量办事的成本节约原则，又充分尊重市场竞争的效率原则，使运营主体能够充分发挥其自主性和能动性；既实现了养老服务分层次、多样化供给，也实现了不同需求老年人在体系内接受不同级

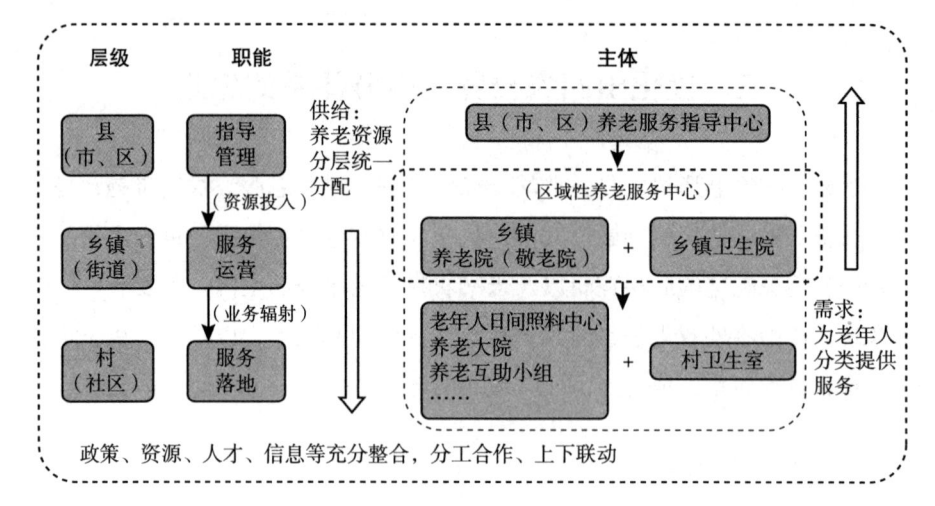

图 1　农村养老服务体系

别、不同种类养老服务的自由流转；既在纵向上实现了资源优化、上下联动，也在横向上实现了分工合作、区块衔接。

（二）基本原则

构建新时期农村养老服务体系，需要符合国家经济社会发展的大方向，立足于农村养老形势及养老服务发展现状，遵循以下基本原则。

一是坚持城乡统筹。从历史的角度来看，当下割裂的城乡养老服务现状是过去城乡二元发展模式的产物，现在到了"城市反哺农村"的阶段；从发展的角度来看，农村人口快速城镇化、城乡共同发展已成趋势，完全区别于城市的农村养老服务体系已不合时宜，唯有坚持城乡一体化、融合化发展，才能真正实现养老服务的高质量发展。

二是坚持以需求为本。由于农村老年人群体更具复杂性，不同年龄、不同健康状况、不同居住状况、不同经济状况的老年人对养老服务的需求是不同的。养老服务供给应充分考虑农村老年人及其家庭存在的养老服务需求、家庭经济状况及服务购买能力，结合本地具体情况优先解决老年人的"急难愁盼"，同时保证服务价格控制在多数老年人可承受的范围内。

三是坚持发展普惠型养老。基本公共服务均等化，是增进人民福祉、促进城乡融合发展的现实要求，也是实现共同富裕的应有之义和内在要求。大力发展普惠型养老，推动农村养老服务从补缺型向普惠型发展，不断满足农村老年人的多样化养老需求。

四是坚持市场化运营。国际以及国内养老服务业的发展历程均表明，单纯依赖政府投资和单一主体运营的养老服务是不可持续的，必须引入市场竞争力量、走社会化运营的道路。公建民营、民办公助、特许经营等模式应成为农村养老服务业发展的优先选择。

五是重点突出医养结合。第七次全国人口普查数据显示，农村老年人健康状况总体水平 83.9%，低于城市老年人 91.64%的水平。[①] 加之农村生活条件和医疗卫生条件相对较差，"看病远、看病难、看病贵"一直是农村养老中的突出问题。应重点发展医养结合，想方设法满足农村老年人对医疗、卫生、保健服务的基本需求。

（三）以县域为单位构建农村养老服务体系的原因及优势

县是我国重要的行政区划，是国家与社会、城市与乡村的联结点和经济社会发展的基础单元。以县域为单位构建农村养老服务体系的优势主要体现在"县"这一行政级别在我国的特殊地位以及由此决定的各类经济社会条件。

第一，县域是开展农村工作的重要节点。经过长期的历史演变，县域在我国整个国民经济体系中的地位举足轻重。相对于省和市，县域的农村性尤为突出。县域与农民、农业、农村紧密相连，包括农村养老服务在内的所有农村事务都主要集中在县域范围内，构建农村养老服务体系是县域的内在使命和天然优势。

第二，有利于养老服务的统筹推进和资源整合。县级行政区划具有完全的行政职能，兼具地域性、综合性、层次性等基本特征，是我国政府行政与

---

① 《人口老龄化加剧，养老难题何解》，《中国青年报》2023 年 11 月 15 日。

社会治理的基本单位。这一特征决定了县级政府对养老服务资源的调动是最充分的,既可以上传下达,又可以左右横连,能够最大限度地实现人、财、物在县域内的稳定投入与合理分配。

第三,以县域为单位具有经济上的可行性。前期发展的经验表明,农村养老服务面临非常大的财力约束,以村为单位的老年人日间照料中心因运营成本高而难以为继的现象屡见不鲜。以县域为单位,采取资源供给自上而下层层辐射、养老需求自下而上层层收敛的方式,可以实现养老服务系统在县域内的有机联通和良性运转,也可以破除单个弱小主体的成本劣势。

第四,县域内的文化观念与生活习俗更接近。"故土难离"是许多老年人的基本养老观念,老年人在自己熟悉的气候环境、饮食习惯、方言文化中,更容易获得良好的养老服务体验。主张农村养老服务以县域为单位,而不是以市或省为单位,既是为了避免远距离养老导致的成本攀升与老年人生活不便,也是为了从心理上更接近老年人的养老意愿。

(四)农村养老服务体系的关键在乡镇(街道)一级

农村养老服务设施与养老服务能力在乡镇(街道)一级的缺失,是当前农村养老服务体系不健全、运转不流畅的症结所在。如果在乡镇(街道)一级重点布局养老设施,将乡镇养老院、卫生院等既有资源充分调动起来,通过资源投入与职能转换,广泛开展养老和为老医药服务,就能够打破僵局、盘活现有资源,从而快速实现养老服务提质升级。

第一,围绕乡镇养老院(敬老院)和乡镇卫生院大力推进"两院合并",充分利用已有资源发展壮大乡镇(街道)一级养老服务组织,同时积极引进社会力量,将养老服务的核心主体确立在乡镇(街道)一级。根据老年人口分布情况,合理布局区域性养老服务中心。

第二,根据每个乡镇(街道)的具体情况,大力推动"两院一体"改革。原来有养老院、敬老院的,进一步完善功能、加速提质升级;原来有乡镇卫生院的,积极改革转型、完善养老功能;原来二者都有的,积极推动医养结合、发挥资源合力;原来都没有的,积极新建、改建或纳入其他乡镇

(街道)养老服务的辐射范围;最终保障每一个乡镇(街道)都有一所专业化、功能齐全的区域性养老服务中心。

第三,由设在乡镇(街道)一级实行专业化服务和运营的养老服务组织,以"包片服务"的方式,"打包"周边农村养老服务供给业务。以政府购买的方式,满足区域内基本养老服务和基本公共卫生服务需求;以"打包服务"对接区域内农村老年人的养老服务需求,对有护理、供餐、供医供药、紧急救助等需求的老年人,分别采取集中供养、日间照料、居家上门等服务方式;鼓励养老服务组织面向广大农村老年人提供普惠式养老服务。

第四,将村级老年人日间照料中心设定为区域性养老服务中心的延伸和分支机构,根据自愿、就近原则,加入县级养老服务体系,由区域养老服务中心实行包片管理、统一运营,将养老服务辐射至周边农村。

山西在构建养老服务体系方面,应达成以下几个目标。

第一,快速布局农村养老服务网络。前期山西建立起8087个农村老年人日间照料中心,但运营状况不一,相当数量的农村老年人日间照料中心存在运转不力的问题。通过在乡镇(街道)一级设立专业化的养老服务组织,可以将分散的、非专业的农村老年人日间照料中心纳入专业的养老服务组织,从而通过"以点带面"的方式快速搭建养老服务网络。

第二,促进养老资源落地。区域性养老服务中心立足专业性,向上承接各级养老资源落地,向下高效配置以及自主运营,将养老服务辐射至片区内所有农村。在乡镇(街道)范围内,人、财、物可以统一管理、统一调配、统一考核,并根据实际情况选择恰当的服务方式。例如,区域内配餐服务可以有效降低成本,提高服务可及性和灵活性,具有巨大的规模效应和成本优势。

第三,解决了农村老年人日间照料中心非专业化服务和运营问题。长远来看,当前农村老年人日间照料中心自发的、零散的、非专业的运营模式是不可持续的;其养老服务的非专业性,也注定了其供给能力和服务需求是有限的,这会制约其发展。通过将农村老年人日间照料中心设为区域性养老服务中心的分支和派出机构,首先,在业务内容上赋予其专业性;其次,在管理和运营上具有专业性；最后，有利于扩大规模效应和增强成本优势。

第四，解决了乡镇卫生院的转型发展难题。在乡镇一级医疗业务不断收缩的背景下，乡镇卫生院面临生存危机，基本公共卫生服务成为多数卫生院的核心业务。如果乡镇卫生院转型发展养老服务，将从根本上改变这一局面，实现乡镇卫生院发展与养老服务事业发展双赢。

第五，有利于大力推进医养结合。通过在乡镇一级设立专业化的养老服务组织，从机构设置、职能定位、人员配置、服务模式等多方面创新医养结合养老服务形态，促进乡镇一级医疗卫生资源与养老服务深度融合，从根本上打破过去"医""养"相隔离的状态，解决农村长期以来的医养难题。医养一体的供给模式将有利于激活农村养老服务需求市场，反过来提高需求、降低成本，促进良性循环。

（五）县、乡、村三级要解决的关键问题

在农村养老服务体系中，县、乡、村三级组织的连贯性、互通性非常重要，为此必须加强改革创新、破除深层次障碍，从根本上处理好一些关键问题。

在县一级，主要是解决好体系建设与资源分配的问题，要在理顺各级养老组织关系的基础上，明确组织框架、找准职能定位、创新分工合作机制，同时保障各类养老服务资源在县域范围内合理、流畅的分配以及充分、高效的运用。

在乡一级，重点在于乡镇养老资源的整合与养老服务组织的发展，要改变以往缺失的、割裂的养老服务供给现状，通过机构改革与职能转换，同时引入社会力量，积极培育乡镇一级养老服务主体，打造专业的、统一的、覆盖所有农村的养老服务供给体系。

在村一级，关键要做好成本控制与服务模式创新工作，要充分利用乡镇养老组织的专业性和辐射功能，提高村级养老服务的多样性和可及性，同时解决成本控制难题，还要充分利用村集体、老年协会、互助小组等力量，因地制宜创新服务模式，切实打通养老服务"最后一公里"。

四 优化农村养老服务体系的对策建议

《"十四五"民政事业发展规划》指出，要"在县（市、区、旗）、乡镇（街道）范围推动区域养老服务中心建设，发展具备全日托养、日间照料、上门服务、区域协调指导等综合功能的区域养老服务机构。""到2025年，乡镇（街道）范围具备综合功能的养老服务机构覆盖率达到60%"。这一政策的出台，有助于以县域为主体、以区域性养老服务中心为核心、以农村老年人日间照料中心为触角的农村养老服务体系建立。要完善这一体系并推动其发挥作用，建议从以下几个方面入手。

（一）重点加强农村养老工作

山西有52.21%的65岁及以上老年人生活在农村，且老年人口在农村人口中的占比（17.97%）远高于城镇（9.86%）。受经济条件有限和年轻人口大量流出的影响，农村中留守、独居、贫困老年人口的数量远超城镇。相比之下，山西农村养老服务体系的建设尚在起步阶段，县、乡、村三级养老服务设施普遍缺失，农村老年人日间照料中心的运营存在困难，农村养老工作任重道远。在老龄化加剧的背景下，应重点加强农村养老工作，把农村养老保障作为党委、政府的底线工作和民生保障的重要内容，加强建设规划，着力增加投入，保障农村养老底线安全。

（二）明确农村养老服务责任主体

大力发展以县域为单位的农村养老服务体系，确立县级政府为县域养老服务的第一责任主体。通盘谋划农村养老服务组织建设与体制机制改革，主动打破部门割裂和区域分立的局面，大力发展城乡一体化的养老服务。在县一级设立养老服务指导中心，综合民政、卫健、人社、发改、公安等多部门力量，统筹规划、全面指导县域内养老服务工作。鼓励以县为单位，根据当地实际情况，因地制宜大力发展区域性养老，通过发展养老集团、养老联盟、养老协会等,大力营造良好的养老服务发展环境,吸引社会资本参与养老服务。强调县级政府对农村养老服务的供给责任,将此项工作纳入领导干部考核体系。

(三)重点建设区域性养老服务中心

充分重视和利用乡镇养老院与乡镇卫生院的节点作用,大力推动乡镇卫生院、养老院"两院一体"改革,在乡镇建设具有全托、日托、医疗、送餐、送医、上门服务等综合功能的养老服务机构。根据老年人口分布情况,合理布局区域性养老服务中心,并以其为中心辐射带动周边农村,为老年人提供便利可及的专业化养老服务。鼓励养老机构、改革后的乡镇卫生院以及其他社会力量作为法人主体,承接区域性养老服务中心的运营。探索县级统管模式,将可利用的各类养老资源汇集至区域性养老服务中心,以补贴或减免的形式,为农村老年人提供可负担的经济床位。

(四)持续完善农村养老服务分类分级制度

借助县、乡、村三级养老服务网络,依据老年人的具体状况和诉求,建立老年人分类分级服务制度。其目的在于使不同状况、不同需求的农村老年人都可以在新的农村养老服务体系中找到所需的服务类型。对低保老年人、计划生育特殊困难家庭老年人等政府"兜底"保障的老年人,区域性养老服务中心集中供养;对需要社区照顾的老年人,农村老年人日间照料中心为他们提供日间照料、送餐、送医送药等服务;不断提高居住条件和服务质量,吸引广大农村老年人入住养老机构,实现集中养老。建立老年人服务档案,开通区域性服务热线或搭建网络信息平台,为老年人提供养老服务信息查询及定制服务。

(五)鼓励社会资本参与养老服务

前期的经验表明,养老服务只靠政府推动,职能部门、专职机构、专业人员去做，是远远不够的。需要动员更多的社会力量参与其中，特别是要充分发挥市场的作用。应充分把握城乡一体化发展、乡村振兴等机遇，鼓励和引导国有企业、民营资本等社会力量参与农村养老服务，通过特许经营、公建民营、民办公助等模式进入农村养老服务领域。同时深入挖掘社会慈善组织、企事业单位、由村进城的原村庄居民、农村先富群众、外出务工人员等群体的潜力，不断充实农村养老服务资源。

（六）探索灵活多样的农村老年人日间照料中心运转模式

继续增加农村养老服务设施供给，利用闲置校园等设施改造建设农村老年人日间照料中心、养老大院等，提高农村居家社区养老服务设施覆盖率。通过实施农村老年人日间照料中心示范工程，采取"1+N"或"1+N+M"等模式，将农村老年人日间照料中心纳入专业养老服务组织的服务和管理系统，以点带面开展养老服务，同时实现服务可及与成本控制。充分发挥老年协会、村庄贤能、慈善队伍等的力量，宣扬养老美德和互助精神，因地制宜开展养老服务，大力发展互助养老。继续提高补贴水平，不断完善工作机制，多渠道探索农村老年人日间照料中心长效运行机制。

（七）继续加大农村养老服务投入力度

解决农村养老服务难题，需要政府下决心、下大力气，在重点项目、运营补贴、人员配备、队伍建设、技术支持等方面进一步加大投入力度。要充分意识到政府公共服务在农村养老服务方面存在历史欠账，强调政府责任，重点安排专项资金，不断提高补贴水平，使公共财政投入适当向农村地区倾斜，以人均投入不低于城市为基本目标，规划、筹措和投放相关养老服务资金。要以老年人需求为导向，优先保障经济困难的孤寡、失能、高龄、留守等老年人的服务需求，重点发展就医就餐、生活照料、康复护理等项目，全力解决农村老年人"急难愁盼"的养老问题。

（八）尽快在全省推广长期护理保险

老年人一旦失能或失智，就会对自身及其家庭造成沉重的负担。这部分老年人对专业照护有迫切需求，但入住专业养老机构的比例很低。究其原因，费用是最大的掣肘。如果能以长期护理保险帮助老年人及其家庭解决这一问题，使有需求的老年人入住养老机构，就能大大减轻老年人及其家庭的负担，同时缓解养老机构的运营压力。目前，山西仅有晋城和临汾是长期护理保险试点，且范围很小，还没有完全覆盖农村老年人。鉴于长期护理保险在社会化养老中的核心作用，建议尽快在全省广大城乡地区推广长期护理保险，从根本上解决照护难题。

参考文献

杜鹏、安瑞霞：《政府治理与村民自治下的中国农村互助养老》，《中国农业大学学报》（社会科学版）2019年第3期。

杜鹏、王永梅：《乡村振兴战略背景下农村养老服务体系建设的机遇、挑战及应对》，《河北学刊》2019年第4期。

胡宏伟等：《农村县域养老服务体系：优势、框架与政策重点阐析》，《学习与实践》2022年第4期。

刘二鹏等：《县域统筹视角下农村多层次养老服务体系建设研究》，《农业经济问题》2022年第7期。

芦千文、朱锡玉：《农村养老服务的实践创新和经验启示》，《经济研究参考》2022年第2期。

陆杰华、沙迪：《新时代农村养老服务体系面临的突出问题、主要矛盾与战略路径》，《新疆师范大学学报》（哲学社会科学版）2019年第2期。

原新、周平梅：《农村"整合式—网格式"养老模式探索研究》，《河北学刊》2019年第4期。

B.4 山西民办养老机构发展瓶颈及其破解

谭克俭 张兴毅 耿媛[*]

摘 要: 本文以山西民办养老机构为研究对象,运用实证研究等方法,发现在现行经济社会条件和政策框架下,相对于公办养老机构,多数民办养老机构存在生存困难、发展受限等问题,具体表现在以下三个方面。一是"用地难"阻碍民间资本进入养老领域,养老用地规划审批难度较大;二是"用人难"影响民办养老机构正常运营;三是"盈利难"让养老机构难以生存,民办养老机构收费与老年人养老金存在剪刀差,使其陷入"收费高没人住—收费低难以维持—压低护理人员工资—护理人员不愿干—护理人员匮乏—服务质量下降—没人住现象加剧"的发展怪圈。为破解民办养老机构发展的瓶颈,本文提出以下对策建议:一是创新养老服务用地供给政策,破解"用地难"的问题;二是创新人才支持政策,缓解"用人难"的问题;三是创新财政、金融、税收支持政策,化解"盈利难"的问题;四是全面提升民办养老机构的综合能力,增强其市场竞争力。

关键词: 民办养老机构 养老领域 山西省

一 引言

随着中国人口老龄化加剧,养老服务需求持续增长。国家统计局数据显

---

[*] 谭克俭,山西省社会科学院(山西省政府发展研究中心)研究员,主要研究方向为人口学、老年社会保障;张兴毅,山西省宏观经济研究院副研究员,主要研究方向为社会保障;耿媛,山西白求恩医院工会主席,主要研究方向为大健康。

示，截至2023年底，中国60岁及以上老年人口达2.97亿人，占总人口的21.10%。①山西作为老龄化程度较高的省份之一，截至2023年底，60岁及以上老年人口达到750.07万人，占全省总人口的21.64%②，山西已达到中度老龄化水平。随着第二次生育高峰出生的人口步入老龄行列，老年人口增长速度明显加快，老龄化程度进一步加深。庞大的老年人口群体决定了养老任务繁重且艰巨，仅靠政府的力量是远远不够的，必须全社会重视和参与，以满足人民群众日益增长的多层次、多样化养老需求。

根据山西省民政厅提供的数据，截至2023年末，全省共有养老服务机构1241家，其中公办养老机构有340家，民办养老机构有546家，公建民营养老机构有355家，非公办养老服务机构占比为72.6%。床位总数为108125张，其中，护理型床位数为50073张。加上卫健系统医养结合床位等，全省机构养老床位数可达135741张。全省养老服务机构工作人员有11763人，其中，养老护理人员有6550人，取得资格证的工作人员有5046人。总体而言，山西的养老服务设施达到一个较高的水平，但与日益增长的养老服务需求相比，仍存在较大缺口。山西省民政厅的问卷调查表明，民办养老机构作为养老服务体系的重要组成部分，承担79.53%的入住养老院老人的服务工作。因此，民办养老机构的发展状况直接影响养老服务的质量和效率。然而，当前山西民办养老机构在发展过程中面临诸多问题，这些问题制约其健康发展。

本文以山西省民政厅2024年7月对全省养老机构的问卷调查数据③和课题组的实地调研资料为依据④，进行重点分析。本文所指民办养老机构包括民办非企业和公建民营养老机构。

---

① 《中华人民共和国2023年国民经济和社会发展统计公报》，国家统计局网站，2024年2月29日，https://www.stats.gov.cn/xxgk/sjfb/tjgb2020/202402/t20240229_1947923.html。
② 《山西省2023年国民经济和社会发展统计公报》，国家统计局网站，2024年3月21日，http://tjj.shanxi.gov.cn/tjsj/sjxx/202403/t20240321_9523662.shtml。
③ 山西省民政厅：《山西政府养老机构和社会养老机构情况调查》，2024年7月。
④ 本文所用资料除社会常用数据外，其他均为课题组的一线调研资料。

二 民办养老机构发展瓶颈分析

山西民办养老机构发展瓶颈具体分析如下。

(一)"用地难"阻碍民间资本进入养老领域

用地是社会资本进入养老领域的基本条件,要想建养老机构,特别是较大规模的养老机构就得先拿地。而对于任何一个涉足养老领域的机构而言,拿地都不是一件容易的事情。

"用地难"的第一难就是规划审批难度大,养老用地的规划审批涉及多个部门,协调难度较大。尤其是在城市中心区域,由于规划限制和土地用途管制,养老用地的规划审批往往难以通过。第二难就是土地的费用,即使非营利民办非企业争取到政府划拨的土地,也要依法上缴土地出让金,这对普通的民间资本来说是不小的压力。在实际运营中,养老机构福利性质的用地不能用于抵押,银行不愿意提供贷款,这无形中增加了养老机构的债务负担。所以说,民办养老机构用地难与融资难的问题并存。

在土地保障方面,2019 年修正的《中华人民共和国老年人权益保障法》[①] 第四十条规定:"地方各级人民政府和有关部门应当按照老年人口比例及分布情况,将养老服务设施建设纳入城乡规划和土地利用总体规划,统筹安排养老服务设施建设用地及所需物资。公益性养老服务设施用地,可以依法使用国有划拨土地或者农民集体所有的土地。"但在具体执行过程中,部分地方并未参照执行,也没有出台明确且可操作的具体规定。在"土地财政"的背景下,养老设施在城市、乡镇缺乏布局规划,一些地方在城中村改造以及社区建设中都会配套建设菜市场、学校等基础设施,但始终没有将养老设施的布局和建设纳入整体规划中,导致养老机构用地紧张,建设用

[①] 《中华人民共和国老年人权益保障法》,民政部网站,2019 年 1 月 8 日,https://xxgk.mca.gov.cn:8445/gdnps/pc/content.jsp? mtype=1&id=116030。

地落实困难。此外，由于养老事业兼具公益和微营利的特点，定位比较模糊，因而很难参照福利事业用地标准通过划拨获取土地。目前，民办养老机构获取土地的主要方式是招、拍、挂的竞价方式和租赁用地方式。但随着各地土地价格的上涨，很少有民办养老机构有能力从市场上竞价取得土地。虽然各地为推动民办养老机构的发展，对其用地有一定的优惠政策，有的划拨专门的养老用地，有的降低民办养老机构的土地出让金，但用地指标限制和高额的土地出让金都是民办养老机构发展难以跨越的门槛，"用地难"仍是制约民办养老机构快速发展的重要问题。

（二）"用人难"影响民办养老机构正常运营

"用人难"是养老机构，特别是民办养老机构多年的发展难题，也是民间资本进入养老领域的主要障碍之一。

1. 民办养老机构"用人难"是普遍问题

"用人难"是养老机构普遍面临的难题，护理人员缺乏、年龄偏大是普遍现象，供需矛盾非常突出。随着老年人口规模的快速扩大，失能、半失能老年人数量迅速增加，对护理人员的需求也在持续提高。然而，目前民办养老机构的护理人员数量严重不足，远远不能满足市场需求。

（1）护理人员与失能老年人配备比例长期失调

《养老机构等级划分与评定》国家标准实施指南（2023版）[1]规定：护理人员与重度失能老年人配比为1∶2~1∶3，护理人员与中度失能老年人配比为1∶4~1∶6，护理人员与轻度失能及能力完好老年人配比为1∶10~1∶15。山西入住养老服务机构的老年人有42108人，护理人员有6550人，护理人员与入住老年人配比为1∶6.4。如果考虑到入住养老院的老年人以失能老年人为主、护理人员倒班等因素，这个缺口实际会更大。实地调研证明了这一点。

---

[1]《〈养老机构等级划分与评定〉国家标准实施指南（2023版）发布》，民政部网站，2023年7月12日，https://www.mca.gov.cn/n152/n166/c1662004999979994069/content.html。

晋中市某疗养院是一个较大规模的民办养老机构，是晋中市的一个标杆，设置养老床位1040张。截至2024年6月，入住老年人930人，其中失能、半失能老年人有750余人，护理人员严重不足，与失能老年人的配比接近1∶10。因为缺乏护理人员，该疗养院采用小组护理模式，5~6个护理人员要护理40多位失能、半失能老年人和一小部分自理老年人，而且基本上没有倒班，每天安排一两个人轮换休息，实际配比在1∶7以上，护理人员的劳动强度很大。

（2）护理人员队伍不稳定，流动性较大

调查表明，护理人员流动性很大。太原市某养老院有17名护理人员，共照顾51位失能老年人，平均每人负责3位老年人。这些护理人员都是从社会上招聘的，平均招聘一位护理人员要花费几个月的时间，而有的只干一两天就离开了。晋中市太谷区某敬老院是一家公建民营性质的养老机构，现有8位护理人员，其中，年龄最大的64岁，最小的54岁。自2022年以来，工作不满1年的护理人员共有6位，其原因基本是嫌照顾老年人又脏又累，其中有3个人只干了不到一天就离开了。多数养老机构负责人都讲道，对护理人员的年龄、学历基本上没有要求，只要愿意来就行，来了再培训。在笔者调研的6家养老机构中，年龄在50岁以下的护理人员很少，绝大多数都在50岁及以上，有的甚至在60岁及以上。

（3）护理人员的招聘是一大难题

晋中市某职业技能培训学校开设的护理人员培训班有50人，最后到养老机构做护理员的不到10%。有家养老院招聘20名护理员，培训了两个月，最后只留下两名。某乡镇养老机构的负责人说，我们的护理人员是常年招聘，多数人干不到两年就离开了。

山西省职业健康学院护理专业每年招生1300人左右。自2019年教育部实施1+X证书试点工作以来，每年大约有360名护理专业学生经过培训取得与养老服务相关的职业技能等级证书，包括老年照护、失智老年人照护、医养个案管理3个职业技能等级证书。但每年毕业后选择在养老机构工作的不到10人，能够在养老行业长期坚持下来的更是寥寥无几。据了解，截至2024年7月，仍在养老行业工作的只有1人。虽然学校想了很多办法促进学生进入养老行业，如见习、实习、参赛等，但即便在相关比赛中获奖的学生，毕业后也不愿选择养老行业，而是选择到收入更低的公立基层医院工作。

调研中一家养老机构的主管告诉笔者，年轻人都不愿意来，其中一个重要的原因就是，别的工作做完就完了，老年人的事是没完没了，在健康人身上不是事的事，在老年人身上就是事。"做护理员工资一般低于3000元就没人干。而很多做护工的阿姨们都是对金钱有刚需的人，我聊过好多，要么是家里有儿子要娶媳妇的，要么是有孩子读研需要供的，或者爱人身体不好需要挣钱的。"很显然，人们到养老机构做护理人员缺乏适宜的外在条件和常规的内在动力。

2. "用人难"的主要原因

根据调研发现，"用人难"的主要原因是民办养老机构工作人员的付出与收入不匹配。

（1）护理人员从事的工作特殊且辛苦

一是工作时间长且辛苦。调研发现，多数养老院特别是规模较小的养老机构都没有倒班制度，护理人员1天的工作时间超过8个小时。某养老院护理人员上班时间是6：00~12：30，14：30~20：00，每天工作12个小时，晚上还要轮换值班。有特殊情况时，护理人员晚上还要守护在老年人身边。二是工作又脏又累，失能老年人吃饭、洗澡等日常生活全部由护理人员负责。瘫痪的老年人上下床和坐轮椅去室外活动都需要护理人员来回搬动，因此要求护理人员既要有力气，还要有技巧和耐心。三是责任大、风险高。入住养老机构的老年人大多身体不好，通常有比较严重的慢性病，加之情况不同，一不留神就可能发生意外，因此对护理人员要求较高。

（2）护理人员工资低于就业人员平均工资

民办养老机构护理人员工作特别辛苦，但工资不高。笔者对民办养老机构护理人员的工资情况进行了调研。调研结果表明，民办养老机构护理人员的月工资为3000~4000元（见表1）。

表1 民办养老机构护理人员的工资情况

单位：元/月

养老机构	所在位置	最低工资	最高工资	备注
机构A	城市周边	3000	4000	基础工资加补助
机构B	行政村	2000	3000+	基础工资加绩效工资
机构C	矿区	3000	—	基本工资加少许奖励
机构D	郊区	3000	4500	女：3000~4000元/月 男：4000~4800元/月 基础工资加绩效工资
机构E	乡镇	3000	4000+	基本工资加意外险
机构F	县城	3000	3500	有时工作量大了会补贴，但不会超过4000元/月
均值	—	2833	3800	—

案例1

某乡镇养老院护理人员：基本工资为1500元/月，绩效为护理1名自理老年人获得补贴30元/月，护理1名介助级老年人获得补贴90元/月，护理1名介护级老年人获得补贴180元/月，护理1名特护级老年人[①]获得补贴270元/月。工资最高的一位护理人员负责9个介护级、特护级老年人，月收入达3300元。

民办养老机构护理人员工资处于一个什么水平？本文从以下两方面进行分析。

第一，2024年的相近工作岗位招聘工资水平。民办养老机构护理人员的工资与相近岗位的工资水平基本一致，虽然吕梁市某家政服务有限公司的护工月工资最高达到10000元，但这是派往一线城市的一对一高

---

① 自理老年人：日常生活完全自理，不依赖他人护理。介助级老年人：日常生活依赖扶手、拐杖、轮椅和升降等设施帮助。介护级老年人：日常生活依赖他人护理。特护级老年人：身体完全失能，日常活动需要依赖他人才能完成。

端护理服务人员的报酬。因此，民办养老机构护理人员在其工资水平与市场相近工作岗位的工资水平相同的条件下，有机会跳槽到其他行业。这是民办养老机构护理人员长期匮乏且招聘难的主要原因之一。

第二，根据山西省人力资源和社会保障厅、山西省财政厅、国家税务总局山西省税务局、山西省医疗保障局发布的《关于公布2024年缴纳社会保险费基数标准等有关问题的通知》，2023年全口径城镇单位就业人员平均工资（全省城镇非私营单位就业人员平均工资和城镇私营单位就业人员平均工资加权）为82255元，月平均工资为6855元。[①] 月平均工资比民办养老机构护理人员的最高工资高出2000多元。因此，民办养老机构用人难、招聘难的原因就不言而喻了。

（3）护理人员劳动强度大，社会地位低

调研发现，在入住养老机构的老人中能够完全自理的是少数，大多数都是长期卧床、失能、半失能人员。因此，养老护理工作十分繁重，不少老人需要护理人员一对一24小时不间断地提供服务，包括生活照料、医疗护理、心理慰藉等多个方面。省城某养老院护理人员上班时间是早5：30到晚7：30，14个小时，而对失能老年人的照顾要到晚10：30。这种高强度的工作让很多人望而却步。同时，相比其他职业，养老护理人员的社会地位较低，往往得不到应有的尊重和认可。这个因素也影响了人们的从业意愿。

养老机构护理人员的工作职责主要包括以下几个方面。一是负责照顾老年人的生活起居。二是协助维护老年人个人卫生，帮其完成个人清洁，如洗脸、梳头、口腔清洁等。三是协助老年人进食，确保营养健康。四是保障老年人的安全，协助其上下床、坐轮椅、摆放体位及在指导下活动关节。五是关注老年人情绪变化，辅助缓解其焦虑情绪。

为应对护理人员严重匮乏的问题，人力资源和社会保障部、民政部联合

[①]《山西省人力资源和社会保障厅　山西省财政厅　国家税务总局山西省税务局　山西省医疗保障局关于公布2024年缴纳社会保险费基数标准等有关问题的通知》，山西省人力资源和社会保障厅网站，2024年7月23日，http：//rst.shanxi.gov.cn/zwyw/tzgg/202407/t20240723_9615141.shtml。

颁布《养老护理员国家职业技能标准（2019年版）》①，放宽了养老护理员入职条件，将从业人员的"受教育程度"由此前的"初中毕业"调整为"无学历要求"。

（三）"盈利难"让民办养老机构难以生存

就盈利难、用人难和用地难三者的关系而言，盈利难是用人难和用地难的结果，是"三难"的核心，直接影响民办养老机构能否在养老领域站稳脚跟。

1. 民办养老机构亏损面大

目前我国的养老机构按照"居家为基础，社区为依托，机构为补充，医养相结合"的养老模式大致分为机构养老的养老院（敬老院、护理院、老年公寓等）、社区居家养老的社区老年服务中心和社区（农村）老年人日间照料中心等。目前，养老机构的盈利情况并不乐观。山西省民政厅的调查数据表明，在山西的养老机构中有盈利的占比仅为5.41%，而亏损面则达50%以上。从不同性质的养老机构来看，公办养老机构亏损面最小，为18.61%，而民办养老机构和公建民营的养老机构亏损面分别达到61.79%和62.91%。能够实现收支平衡的公办养老机构达到47.62%，而民办养老机构和公建民营养老机构均不足30%（见表2）。可以看出，民办养老机构的生存状况不容乐观。

表2　山西不同性质养老机构的盈亏状况

单位：家，%

机构性质	项目	盈利	亏损	收支持平	不清楚	合计
公办	数量	14	43	110	64	231
	占比	6.06	18.61	47.62	27.71	100
民办	数量	23	262	122	17	424
	占比	5.42	61.79	28.77	4.01	100

---

① 《人力资源社会保障部　民政部　颁布实施〈养老护理员国家职业技能标准（2019年版）〉》，人力资源和社会保障部网站，2019年10月30日，https://www.mohrss.gov.cn/xxgk2020/1_2_x/jd/201910/t20191030_338180.html。

续表

机构性质	项目	盈利	亏损	收支持平	不清楚	合计
公建民营	数量	10	134	58	11	213
	占比	4.69	62.91	27.23	5.16	100
合计	数量	47	439	290	92	868
	占比	5.41	50.58	33.41	10.60	100

资料来源：根据山西省民政厅《山西政府养老机构和社会养老机构情况调查》（2024年7月）数据整理。

2. 民办养老机构收费与老年人养老金之间存在剪刀差

对养老院的经营情况进行分析，民办养老机构的收费标准通常是在保本的基础上，参照入院老年人的护理级别确定的，而不同护理级别的收费标准会受到许多因素影响，如养老机构的性质和医疗、护理、环境、区位等因素。表3是山西省民政厅对868家养老机构照料护理收费情况调查的结果。从表3的数据来看，公办养老机构因以服务特困老年人和优抚对象为主而获得财政支持，收费标准是最低的。民办和公建民营养老机构由于获得的财政支持有限，以经营为主，收费标准比较高。民办养老机构从自理收费标准为1258.72元/（人·月），介护特级收费标准为3461.27元/（人·月）。

表3 山西不同性质养老机构照料护理收费标准

单位：元/（人·月）

机构性质	自理	介助	介护一级	介护二级	介护三级	介护特级
公办	821.71	1217.93	1760.26	2232.18	2350.44	2960.00
民办	1258.72	1731.77	2186.13	2514.25	2927.08	3461.27
公建民营	1258.55	1725.87	2290.14	2570.45	3027.71	3831.80
均值	1213.53	1691.71	2182.22	2512.09	2923.17	3535.89

资料来源：根据山西省民政厅《山西政府养老机构和社会养老机构情况调查》（2024年7月）数据整理。

资料表明，2024年山西离退休人员的月平均养老金与养老机构的月收费标准差别较大。根据收集到的山西省人力资源和社会保障厅网站历年有关数据，结合山西省人力资源和社会保障厅、山西省财政厅发布的《关于2024年调整退休人员基本养老金的通知》[①] 计算，2024年山西省退休职工平均养老金为4016元（全国平均水平为3697元）。这是城镇有工作的退休职工的平均水平，无工作老年人现阶段只能拿到基础养老金。据《吕梁日报》报道，2024年离石区的城乡居民基础养老金为172元[②]。因此，按照现行老年人的收入水平，多数老年人难以承担养老机构的费用。养老机构空床率多年来居高不下，与很多老年人负担不起有直接关系。

3.民办养老机构陷入发展怪圈

民办养老机构定价的基本要求：一要维持运转，二要保证盈利。因此，养老机构收费定价的公式：收费定价=成本+利润+税费。实际上，民办养老机构的现行收费标准是在维持机构运转的同时，确保老年人可承受。民办养老机构的收费标准并不算高，只是与老年人的承受能力存在明显的差距。

案例2

2019年太谷LWT康养中心开始利用工矿的旧房改建养老院，先后投入400多万元，其中消防设施投入100多万元。建成后2022年入住老年人1人，2023年入住6人，2024年入住15人，均为自理老年人，收费标准为每人2000元/月。

案例3

山西HDZF康养中心位于郊区一个空气清新、环境优美的山区村庄，租用一座空置小学，投入500多万元进行改造，设置床位68张。2019年开始运营，现入住老年人17人。由于交通不便，入住的老年人不多。为吸引老

[①] 《山西省人力资源和社会保障厅 山西省财政厅关于2024年调整退休人员基本养老金的通知》，山西省人力资源和社会保障厅网站，2024年6月28日，http://rst.shanxi.gov.cn/zwyw/tzgg/202406/t20240628_9597981.shtml。

[②] 王宏伟：《离石区提高城乡居民基本养老保险基础养老金区级补助标准》，黄河新闻网，2024年7月30日，https://ll.sxgov.cn/content/2024-07/30/content_13272224.htm。

年人入住，HDZF康养中心选择降低收费标准，卧床的老年人收费标准从4000元/（人·月）降至3200元/（人·月）。负责人算了一笔账，每年的成本需要63万元，而收入只有30万元，亏损30多万元，致使工作人员的工资常常无法正常发放。

正是由于利润低、投资回收周期长，养老机构盈利困难。为缓解这个矛盾，养老机构一方面尽量压低工作人员及护理人员的工资，这进一步加剧了用工难的问题。同时由于护理人员严重不足，不得不减少服务内容，降低服务标准。另一方面，为保证机构正常运转，收费标准不能降得太低，而这又与老年人家庭的承受能力相矛盾，从而削弱了老年人入住养老机构的意愿。

正是由于上述原因，民办养老机构实际上陷入了一个发展怪圈：

收费高没人住—收费低难以维持—压低护理人员工资—护理人员不愿干—护理人员匮乏—服务质量下降—没人住现象加剧

三 破解民办养老机构瓶颈的对策建议

民办养老机构的"三难"问题是一个在常规政策、常规经营、常规状态下的固有问题。因此，要有效突破瓶颈，解决问题，必须抓住主要矛盾，用超前的思维，走创新的路子。

（一）创新养老服务用地供给政策，破解"用地难"的问题

解决"用地难"的问题，核心是政策，主动权在政府，所以这一难要由各级政府解决。

1. 创新支持民办养老机构发展

一是扩大公建民营养老机构规模，改革公建民营形式，由政府提供养老用地或场地，加大政府投入力度，放宽公建民营养老机构经营限制，减少民

办养老机构的前期投入；二是制定和落实民办养老机构享受相同土地使用政策的具体措施，安排养老专项用地指标，简化政策落地环节。

2. 积极采取灵活多样的土地供应方式

一是划拨与出让的结合。对非营利性养老机构，可依法使用国有划拨土地；对营利性养老机构，通过招、拍、挂等方式有偿出让土地，并适当降低土地出让金起始价。二是开启土地长期租赁模式，建议地方政府以长期租赁方式供应土地，降低养老机构的初期投入成本。三是允许土地复合利用，在符合规划的前提下，将工业、商业等闲置用地转变为养老服务设施用地。

3. 进一步简化审批流程

一是开展一站式服务，建立养老服务设施用地审批"绿色通道"，实行并优化"一窗受理、并联审批、限时办结"的审批模式。二是取消不必要审批，对不涉及土地用途改变和符合容积率等规划条件的养老服务设施建设项目，可简化或取消部分审批环节。

4. 积极盘活存量土地资源

一是闲置资源再利用。现阶段，经济转型、机构改革、人口流动等因素导致城市厂房、学校、社区用房等闲置设施增多，建议进行清理盘活，积极将其改造成养老服务设施，经有关部门批准后，可暂时不变更土地用途。二是充分利用集体建设用地。允许农村集体经济组织依法盘活集体建设用地，支持本村集体经济组织成员兴办非营利性养老服务机构。

5. 充分发挥政策支持与激励作用

一是针对民办养老机构的税收优惠、财政补贴和金融支持力度要进一步加大，变"杯水车薪"为"雪中送炭"。二是在政策落地上下功夫，在制定办理程序时要考虑养老机构办理的便利性，尽量简化程序；提高政府相关部门的主动性，要主动把优惠政策送到对象手中，并积极帮助他们办理手续，让优惠政策发挥应有的作用。

（二）创新养老人才支持政策，缓解"用人难"的问题

现行条件下，"用人难"的问题仅靠养老机构是很难解决的，还必须得

到政府的政策支持。

1. 优化财政资金投向

一是认真落实山西省民政厅、山西省财政厅发布的《关于建立养老服务从业人员一次性入职奖励制度的通知》等政策文件，有效吸引更多高校毕业生等到养老机构就业。二是建立由财政支持的常规性的养老机构护理人员入职补贴和岗位津贴制度，保证养老机构护理人员工资待遇高于家政服务业等同类岗位50%以上，增强养老机构护理人员的职业吸引力。这是壮大养老机构护理人员队伍的关键所在。

2. 建立养老护理员职业优待制度

一是实行从事养老护理工作年限与工资提升挂钩制度，从事本工作的年限越长，工资水平越高。二是创新社会保障形式，民办养老机构护理人员可以参加城镇职工养老保险。三是鼓励50~65岁的退休人员或无工作人员从事养老机构护理工作。

（三）创新财政、金融、税收支持政策，化解"盈利难"的问题

在民办养老机构陷于发展怪圈且难以自我脱困的现实情况下，财政、金融和税收政策的支持仍然是不可或缺的。

1. 完善涉老政策，优化财政资金投向

一是整合针对个人的各项涉老财政补助，梳理整合财政养老投入事项，分清轻重缓急，优先投资和发展长期照护保险，提高老年人利用长护险对接养老服务的支付能力。二是整合对机构养老、社区养老和居家养老的财政投入，实行养老资金统筹使用，鼓励和支持养老机构与社区组成养老服务联合体，推进和支持机构养老、社区养老、居家养老融合发展、协调发展。

2. 综合施策，降低成本

一是提高社会福利彩票公益金中用于支持民办养老服务业发展的比例，并与一般性公共预算安排的养老服务体系建设资金统筹使用。二是积极解决养老领域的资金难题，建议银行等金融机构为民办养老机构提供专项金融贷款，公募不动产投资信托基金（REITs）可延伸至养老领域。三是优化与健

全养老领域的税收政策，建议对营利性养老机构，采取阶梯式税收或从一定程度上减免企业所得税等，降低民办养老机构的运营成本。四是鼓励社会投资，通过优化投资环境、提供政策优惠等方式吸引社会资本投入民办养老机构。

（四）全面提升民办养老机构的综合能力，增强其市场竞争力

民办养老机构要发展，政府和社会的支持是十分重要的，民办养老机构自身也要发挥主观能动性，全面提升素质和能力。

1. 精准市场定位，推动服务创新

一是主动运用新技术、新模式，根据不同老年群体的需求，开发差异化的养老服务产品，通过提供专业化、个性化的服务，满足老年人的多样化需求。二是引入市场竞争机制。鼓励和支持民办养老机构之间开展公平竞争，通过提高服务质量、降低服务成本等方式吸引更多老年人入住。

2. 注重品牌化、规模化、信息化建设

一是注重品牌建设，打造品牌形象，加大品牌宣传和推广力度，提高品牌知名度和美誉度。二是促进民办养老机构规模化发展，支持优质民办养老机构通过并购、加盟等方式扩大规模，提高市场占有率；加强行业协作，促进信息交流和资源共享，提高整体竞争力。三是推进信息化建设，建立老年人信息管理系统和养老服务信息平台，通过信息化手段提高服务效率和管理水平，为老年人提供更加便捷、高效的服务。

参考文献

《中华人民共和国 2023 年国民经济和社会发展统计公报》，国家统计局网站，2024 年 2 月 29 日，https://www.stats.gov.cn/xxgk/sjfb/tjgb2020/202402/t20240229_1947923.html。

《人力资源社会保障部　民政部　颁布实施〈养老护理员国家职业技能标准（2019 年版）〉》，人力资源和社会保障部网站，2019 年 10 月 30 日，https://www.mohrss.gov.cn/xxgk2020/1_2_x/jd/2019 10/t20191030_338180.html。

《山西省人力资源和社会保障厅　山西省财政厅关于 2024 年调整退休人员基本养老

金的通知》，山西省人力资源和社会保障厅网站，2024年6月28日，http：//rst. shanxi. gov. cn/zwyw/tzgg/202406/t20240628_ 9597981. shtml。

《山西省2023年国民经济和社会发展统计公报》，国家统计局网站，2024年3月21日，http：//tjj. shanxi. gov. cn/tjsj/sjxx/202403/t20240321_ 9523662. shtml。

王宏伟：《离石区提高城乡居民基本养老保险基础养老金区级补助标准》，黄河新闻网，2024年7月30日，https：//ll. sxgov. cn/content/2024-07-30/content_ 13272224. htm。

吴江：《运城市盐湖区养老项目未批先建烂尾，开发商骗走巨款谁之责？》，网易，2023年11月9日，https：//www. 163. com/dy/article/IJ3V34BH05561IRF. html？f=post2020_ dy_ recommends。

《〈养老机构等级划分与评定〉国家标准实施指南（2023版）发布》，民政部网站，2023年7月12日，https：//www. mca. gov. cn/n152/n166/c1662004999979994069/content. html。

《中华人民共和国老年人权益保障法》，民政部网站，2019年1月8日，https：//xxgk. mca. gov. cn：8445/gdnps/pc/content. jsp？mtype=1&id=116030。

B.5
山西社会力量参与养老服务供给研究

赵文江　伊文君[*]

摘　要： 社会力量参与养老服务供给，是积极应对人口老龄化、建立健全多层次养老服务体系的迫切需要，是推进养老服务业改革创新、提升全社会养老服务能力和水平的题中之义。近年来，山西坚持"政府引导、社会参与、两轮驱动"的发展思路，全面放宽养老服务市场准入限制，加快养老服务供给侧结构性改革，有效激发市场活力和民间资本潜力，社会力量正在成为发展养老服务业的重要主体。下一步，山西应当继续坚持以习近平总书记关于养老服务工作的重要论述和重要指示批示精神为指导，围绕推动新时代养老服务高质量发展目标，紧盯当前存在的问题，聚焦养老服务供需适配，多维探索破解之策，使社会力量在养老服务供给中能够真正担重任、挑大梁。

关键词： 社会力量　养老服务　市场化

社会力量参与养老服务供给，是积极应对人口老龄化、推进养老服务业供给侧改革、提升养老服务水平的迫切需要。当前，山西已进入中度老龄化社会。截至2023年底，全省60岁及以上人口占比达到21.64%，65岁及以上人口占比达到15.20%，老龄化、高龄化、失能化程度不断加深，整个社会的养老压力持续加大，社会及老年人自身对老年生活照料、老年医疗护理等多样化的养老服务需求愈加迫切。新的形势、新的背景呼唤社会力量系统

---

[*] 赵文江，山西省社会科学院（山西省政府人民发展研究中心）党组成员、副院长、研究员，主要研究方向为政策研究；伊文君，山西省社会科学院（山西省人民政府发展研究中心）研究四部副部长、副研究员，主要研究方向为社会发展政策。

性、全景式参与养老服务供给。当前,社会力量在山西养老服务体系中发挥着越来越重要的作用,日益成为养老服务供给的主体力量。但是也应看到,在参与养老服务的过程中,社会力量不同程度地存在用地难、融资难、用人难、运营难等问题,活力和潜力难以得到充分释放。为此,必须系统总结山西社会力量参与养老服务供给的主要做法和经验成效,深入剖析存在的问题和堵点难点,以多样化养老服务需求为导向,探索社会力量更好参与养老服务供给的实施路径和政策重点,为构建"供给内容丰富、供给途径多元、运行机制高效"的社会化养老服务体系提供支撑。

一 社会力量参与养老服务供给的研究范围界定

新时期养老服务需求发生巨大变化,养老服务供给也在逐步调整适应。当前政府逐步从养老服务主要提供者的角色转向市场治理者,与市场的分工日益明确,重点鼓励社会力量积极参与养老服务领域,整合各类社会资源,提供多元化的养老服务,社会力量日益成为养老服务供给的主体力量。

(一)社会力量的内涵和范围

社会力量是指政府之外且与政府没有直接隶属关系的组织和个人,包括民间资本、民办社会组织和个人。根据国务院办公厅印发的《国务院办公厅关于政府向社会力量购买服务的指导意见》规定,社会力量包括"依法在民政部门登记成立或经国务院批准免予登记的社会组织,以及依法在工商管理或行业主管部门登记成立的企业、机构等"。[①] 本文涉及的社会力量包括企业、社会组织以及个人等。社会力量的特征:一是非政府性,即社会力量是政府职能部门之外的;二是合法合规,即社会力量必须依法接受国家有关部门的管理和监督;三是自愿自治,即社会力量根据自身发展情况,自主自愿参与相关事务并承担相应民事责任。

---

① 《国务院办公厅关于政府向社会力量购买服务的指导意见》,中国政府网,2013年9月30日,https://www.gov.cn/zhengce/zhengceku/2013-09/30/content_4032.htm。

（二）养老服务的内涵和范围

养老服务有广义和狭义之分，狭义的养老服务是指由政府主导提供，聚焦老年人的失能照护和生命安全等基本需要的养老服务，面向全体老年人，优先保障特殊困难老年人；广义上所有为老服务都可以称为养老服务，即一切有利于老年人更好生活的正式与非正式服务，指国家或个人为满足老年人生活需求而提供的生活照顾和护理等服务，涉及生活照料、医疗护理、文化教育、休闲娱乐、精神慰藉等多方面。本研究中的养老服务采用的是其广义概念。

（三）社会力量参与养老服务供给的要素构成

社会力量参与养老服务供给是指企业、社会组织以及个人等，以满足老年人生活需求为目的，为老年人提供各种养老产品或服务项目的过程，主要由供给主体、供给内容、供给模式和供给运行机制等要素组成。其中，供给主体包括企业、社会组织、社会公众等，供给参与的领域包括居家、社区、机构等；供给内容是指供给主体具体提供的各种养老服务项目，包括基本养老服务、普惠养老服务和个性化养老服务；供给模式是指养老服务具体的实现形式，即供给主体将养老服务提供给老年人的具体手段，包括政社联动、政企合作、市场供给等；供给运行机制指影响养老服务供给各种因素之间相互作用的、保障养老服务供给协调高效运行的各项规章制度，主要包括供给决策机制、供给筹资机制、供给监管机制和供给激励机制等。

二 山西社会力量参与养老服务供给的现状

近年来，山西坚持一手抓政府引导，一手抓社会参与，全面放宽养老服务市场准入，在优政策、强保障、提质量上持续发力，多措并举支持和推进各类社会力量广泛参与养老服务发展，以"多元化主体、多层次模式"提供养老服务。

（一）从支持政策来看，"四梁八柱"的框架日益完善

山西省委、省政府高度重视养老服务工作，先后出台了一系列支持社会力量参与养老服务的政策，为全面开放养老服务市场、推动社会养老服务供给多元化提供了支持和引导。2014年至今，山西陆续出台《山西省人民政府关于加快发展养老服务业的意见》《山西省人民政府关于支持社会力量发展养老服务业若干措施的通知》《山西省人民政府办公厅关于全面放开养老服务市场提升养老服务质量的实施意见》《山西省人民政府办公厅关于推进养老服务发展的实施意见》《关于支持社区居家养老服务发展的意见》《山西省基本养老服务体系建设实施方案》等一系列政策文件，逐步完善社会力量参与养老服务业发展的支持优惠政策，内容涵盖土地、融资、税费、人才支撑等各方面，从准入条件到登记条件、从鼓励领域到主要模式、从要素保障到扶持力度、从价格形成到行业监管，逐步构建起支持社会力量参与养老服务供给的"四梁八柱"。

（二）从参与领域来看，"三位一体"的格局逐步形成

在一系列政策措施的支持引导下，社会力量参与养老服务的领域日益拓展，逐步从参与机构养老建设扩展到居家、社区养老服务，逐步形成了以居家为基础、社区为依托、机构为补充的"三位一体"格局。从参与养老机构建设情况来看，山西鼓励社会力量通过独资、合资、合作、联营、参股、租赁等方式参与公办养老机构改革和机构养老服务，重点面向失能、失智老年人，提供专业性强、标准化程度高的老年照护服务。截至2023年12月底，山西共有养老机构1241家，其中公办养老机构有340家，民办养老机构和公建民营养老机构有901家，民办和公建民营养老机构占比达72.6%。从参与社区养老服务的情况来看，从2020年起，山西连续5年将社区养老服务设施建设列入民生实事，建成190个示范性嵌入式社区养老服务设施，引入第三方专业力量，围绕社区老年人的实际需求，提供价格适中、方便可及、质量良好的养老服务。太原市作为全国第一批居家和社区养老服务改革

试点城市，在各个社区分别探索公建民营、民办公助、合作经营等建设运营模式，为社会力量无偿提供社区养老服务设施，通过降低运营成本、优化发展环境、激活内生动力等途径，建成了一批社会力量嵌入型社区养老服务机构。从参与居家养老服务的情况来看，充分挖掘市场活力和潜力，推动社会力量为经济困难的失能、部分失能老年人建设家庭养老照护床位并提供上门服务。现有家庭养老照护床位建设主要包括适老化产品建设及信息化建设两部分，主要为服务对象提供护理床、适老化扶手、轮椅、睡眠监测带、烟感报警器、水浸报警器、智能手环等一系列适老化、信息化产品及设备，重点提供辅助出行、生命体征监测、防走失等功能与服务。截至2023年底，全省完成特殊困难老年人家庭适老化改造2.9万户。

（三）从城乡区域来看，"双元共进"的布局初步形成

山西积极推进社会力量参与城乡养老服务设施建设。截至2023年12月底，山西城乡社区老年人日间照料中心有9332个，其中城市社区老年人日间照料中心有1245个，农村社区老年人日间照料中心有8087个。在老年人日间照料中心建设过程中，社会力量的参与起到了积极作用。在参与城市社区养老服务中心建设方面，山西采取用地保障、民办公助、政府补贴、购买服务、信贷支持等多种措施，激发各类社会力量的活力，重点引导和鼓励养老企业、社会组织建立社区老年人日间照料中心、老年餐桌、家庭养老院等社区居家养老服务网点，社会力量参与城市社区养老的力度日益加大。以阳泉市为例，在全市12个社区养老服务站中，有8个社区由民营资本运营，25个社区老年餐厅全部由第三方机构运营。在参与农村老年人日间照料中心建设方面，山西鼓励并支持社会组织、农民协会、养老服务机构等参与农村老年人日间照料中心运营管理，多渠道探索长效运行体制和机制，重点扶持以县为区域连片管理、连锁运行的品牌化养老服务机构。怀仁市、垣曲县率先开展委托专业机构连锁运营试点，实现对农村老年人日间照料中心的连锁化、规模化运行。

（四）从供给主体来看，"多方参与"的力量蓬勃发展

山西社会力量参与养老服务的供给主体主要为社会组织和企业，还包括志愿者等，各类社会力量参与的积极性逐步得到提升，在一系列政策支持下呈现蓬勃发展的趋势。社会组织提供养老服务具有不可替代的公共属性优势和灵活性优势，其参与养老服务供给主要体现在为失能老年人、独居老年人、空巢老年人等提供专业的乡村养老或社区居家养老服务等。多数社会组织的发展对政府的依赖度较高，主要表现形式为政府委托社会组织或其他机构完成公共服务事项，由政府承担费用，即政府购买服务；企业参与养老服务主要体现在以专业化、个性化服务为标准，为老年群体提供服务，包括舒适的居住环境、医养融合的照护体系、多学科专业服务团队以及多样化的娱乐设施，并延伸至医疗保健、健康护理、休闲养生、心理咨询和养老金融保险等。

（五）从服务内容来看，"一应俱全"的项目日趋完备

从社会力量参与的各类养老服务内容来看，主要包括医养结合等照护类服务、以"六助"为主的生活类服务以及老年教育等技术类服务。其中，照护类服务包括日常护理服务、特殊照护服务和生命关怀服务。日常护理服务指处理和照护老年群体存在的或潜在的健康问题，或享受专业人士提供的生活照料和医疗服务；特殊照护服务主要针对残障人士、困难家庭等；生命关怀服务指临终关怀、心理健康服务等。生活类服务主要包括助餐、助洁、助行、助浴、助医、助急等服务。生活类服务与照护类服务是社会力量参与养老服务的重点领域。例如，太原市引导社会力量上门为服务对象提供助急、助餐、助行等六大类服务，包括精神慰藉、上门送餐、沐浴、理发、康复理疗等57个项目。技术类服务主要包括线上医疗健康、专业性强的咨询教育等。山西开通老年大学官网，开办"指尖上的老年大学"，开发了舞蹈、钢琴、智能手机应用等线上课程，成为线下教育的有力补充。此外，还着力支持社会力量参与康养服务项目建设。制定《推进康养产业项目建设

行动计划（2023—2025）》，通过政策支持、示范引领，进一步激发市场主体投资康养产业项目的积极性，通过政策赋能、要素保障、"一企一策"、"一事一议"等机制创新，确定示范项目5个、建设项目16个、储备项目22个，重点推动太原森栖谷、大同世家康养基地等20个具有示范性、引领性的康养项目建设。

（六）从典型模式来看，"五彩纷呈"的局面逐步形成

随着养老市场的全面放开，各种社会力量在政府的支持鼓励及引导下有序参与养老服务供给。目前，山西社会力量参与养老服务供给主要有以下几种典型模式。一是城市社区"五社联动"模式。例如，太原、长治等地以党建引领为抓手，以社区为带动，联合社会组织、社会工作者、社区志愿者、社会慈善资源等，为老年人提供特色、专业的养老服务。二是农村养老"三力协同"模式。以朔州市怀仁市等地为例，依靠政策引导，整合民营机构、志愿者团队、乡村资源三大力量为农村老年人提供养老服务，形成"第三方推动、乡村带动、志愿服务助力"的整体格局。三是政企联合"平台助老"模式。例如，大同398智慧养老云平台是政府主导、企业深度参与的助老服务平台，以实现高龄、空巢老年人照护基本覆盖为目标，围绕"善助老人、温暖家庭、服务社会"的服务宗旨，为老年人提供"六助"服务。四是企业"多功能集群"服务模式。例如，大同黄经世家中医康养小镇将健康、养生、养老、休闲、旅游等多种功能融为一体，形成生态环境较好的特色养老区域。山西文旅集团以孟母养生健康城为主体打造全省规模最大的多功能综合性养老园区，为老年人提供营利性、特色化、个性化高端养老服务。五是公益性"互助合作"模式。例如，各地探索实施的互助养老模式，按照"低龄存时间、高龄换服务"思路，赋予互助养老服务交换价值，将养老从单向"服务供给"变为双向"互助合作"，以低成本方式缓解照护资源短缺问题。

（七）从质量效能来看，"四线并行"的机制基本形成

山西从品牌打造、标准引领、等级评定、智慧赋能等方面重点发力，

确保社会力量参与养老服务供给的质量。在品牌打造方面，着力推进"1251"工程，帮助引进的社会组织和企业实现品牌化、连锁化运营，重点引进了北京寸草春晖、南京安康通、青岛颐居等知名养老服务企业，培育了太原易照护、大同398助老、晋城幸福汇、晋中华晟咱家等本土养老品牌，逐步建立起专业化养老生态链。在标准引领方面，印发了《关于全面贯彻执行〈养老机构服务安全基本规范〉强制性国家标准的通知》《山西省养老服务标准体系》等，发布5项社区居家养老服务省级地方标准、4项团体标准，建成1个国家级居家养老服务标准化试点、2个在建省级居家养老服务标准化试点；在等级评定方面，根据民政部有关评定标准，结合实际制定了评定办法和细则。目前，全省共有12家民办养老机构获评五级养老机构、19家民办养老机构获评四级养老机构。在智慧赋能方面，建设"康养山西"智慧平台，为社会力量参与养老服务提供技术支撑。该平台可为老年人提供信息查询及服务定制等快捷便利的线上服务，目前已具备养老机构查询、地图检索、预约咨询、行业交流、政策发布等功能。

尽管山西在推动社会力量参与养老服务供给方面取得了明显成效，但调研发现仍存在一些问题，主要体现在以下几个方面。一是供给与需求不匹配，社会力量参与的养老服务项目虽然多但不均衡，与老年人日益多样化、多层次的养老服务需求不匹配。二是城乡分布不平衡，社会力量参与养老服务总体呈现"城市多、农村少"的现状。三是养老事业与养老产业发展不协调。整体来看，山西养老事业的发展要强于养老产业，显示出"头重脚轻"的不平衡格局，养老产业发展的不足也在一定程度上影响了社会力量参与养老服务的信心。

三 山西社会力量参与养老服务供给的制约因素

积极应对人口老龄化快速发展的趋势，建立高质量的养老服务体系离不开社会力量的参与。但是当前仍存在一系列制约因素，社会力量在参与养老服务中面临不同程度的用地难、融资难、管理难、盈利难等困境,社会力量的动力和潜力尚未得到充分释放。

(一)配套措施尚不完善,优惠政策落地难

社会力量高质量高效率参与养老服务供给,有赖于政府完备的政策措施和良好的政策落地情况。在实践中,还存在部分地方、某些部门未及时细化相关政策、制定配套措施的问题,影响政策措施的执行效果。

1.政策配套措施仍需细化

目前,关于支持社会力量参与养老服务的政策多为指导性意见,配套措施仍需进一步完善。政府针对社会力量参与养老服务供给的支持政策涉及方方面面,仅以财政支持政策为例,其包括养老机构的运营补贴政策、困难老年人入住机构的补贴政策、政府购买居家养老服务的相关政策等。但政策涉及的部分职责主体缺乏相应的配套措施,社会力量在参与养老服务中缺乏明确的指引。例如,部分社会力量在参与养老机构建设的过程中反映,对补贴政策了解较少,由于不明确申请程序等,补贴难以申请。

2.部分政策落实仍有待加强

尽管山西出台了一系列支持社会力量参与养老服务的政策,但有些政策还未得到贯彻执行,已经执行的政策也存在片面、选择性落实的情况。一些部门和地方将服务变为管理、将备案变为审批、将管理变为限制。政府购买养老服务政策落实不到位,调研中多数市、县养老服务政策落实不到位,既难以满足养老服务需求,又难以促进养老产业消费升级。养老机构税收减免、床位补助、运营补助等优惠扶持政策落实不到位。支持康养产业发展的土地优惠政策难以落实,尽管明确了可以采取出租或先租后让、允许办理集体供地手续、实施点状供地试点等方式供地,但目前只有太原市出台了康养用地享受工业地价的政策,少部分设区市尝试了点状供地政策,但还没有在全省范围推广。

3.法律法规支持存在缺位

当前法律制度制定和实施尚未与社会力量良好法治环境的需求同步,无

论是国家层面还是省级层面，均未针对社会力量参与养老服务立法。尽管已出台的《山西省社区居家养老服务条例》中有"通过政府购买服务的方式为老年人提供上门生活照料、康复护理等服务""鼓励志愿服务组织、社会工作者、志愿者参与社区居家养老服务"等相关内容，但是具体内容不明确，地方政府购买养老服务的范围、程序、经费保障、争议解决方法以及关于非营利性组织的法律地位、税收优惠等都没有明确规定，导致执行主体在开展具体服务的过程中缺乏统一规范的法律依据。

（二）市场环境有待优化，主体活力激发难

社会力量参与养老服务供给有着庞大的市场需求和广阔的发展前景，但在山西全面放开养老服务市场的过程中，仍存在市场体系建设不完善等问题，导致社会资本投资养老服务业的积极性被削弱，难以撬动社会力量参与养老服务业。

1. 各类门槛问题

为优化营商环境，山西取消了养老机构设立的许可制，明确实行登记备案制。但由于养老机构具有一定的公益服务性质，各相关职能部门在审核时仍相对严格。调研时发现，尽管政府部门对于社会力量参与居家和社区养老服务逐步简政放权、优化服务，但在具体开办时仍不同程度地存在堵点。对于社会力量兴办的非营利性养老机构来说，主管部门对其认定较难，影响机构土地的使用性质，进而影响机构所需土地的供应方式，提升了运营成本。融资中也面临资质门槛问题，由于融资要求的养老机构的资质条件较高，融资难成为社会力量办养老机构的主要堵点。调研中发现，多数养老机构没有自有产权，年收入较低，难以达到贷款要求，且银行审批一般会很审慎和压低额度。

2. 公平竞争问题

市场竞争环境的透明度有待提升，社会力量参与养老服务的过程中存在信息不对称的问题。类型相近的社会力量之间存在同质化竞争的现象，尚未形成交流合作、差异化发展的良性机制。在财政政策扶持方面，民办养老机

构的补贴项少于公办养老机构，营利性机构和非营利性机构享受的优惠政策也不一致。

3. 综合监管问题

监管政策法规不健全，难以适应养老服务监管的实际需求。例如，有的机构通过办会员卡等方式吸纳老年人的养老金，如果监管不严，就有非法集资的风险。存在监管职责不清、协同机制不完善的问题。在实际监管过程中，各部门协同配合不够，容易导致监管盲区和漏洞。社会力量参与养老服务的监管方式比较传统，缺乏实时、动态的监管手段。监管队伍建设滞后，专业人才短缺，素质参差不齐。社会监督机制不健全，公众参与监管缺乏有效的渠道和手段。

（三）经营管理能力有待提高，长期持续盈利难

从山西社会力量参与养老服务的实际情况来看，普遍存在内生动力不足和经营困难的情况，许多民办养老机构资金投入较高、投资回收期较长且效益低，由此带来供给水平不高、供给效率较低甚至供需错配等问题。

1. 社会组织内生动力不足

社会组织作为参与养老服务的新生力量，制度建设和经营管理还不完善。社会组织参与养老服务形式相对单一，尚未形成完整的生态链。多数社会组织规模较小，对政府依赖性较强，易形成"等、靠、要"的思想，资金来源主要依赖财政补贴和政府购买服务，商业活动较少，缺乏稳定的经营收益，在整体运营发展中缺乏独立性和可持续性。在实践中缺乏相应的内生动力，导致部分地方政府特别是区县级政府缺乏购买社会组织服务的积极性，相应的预算资金不足。

2. 企业自身经营面临一定的困难

从参与养老服务的企业来看，部分存在运营管理经验不足、能力不强的情况。调研中发现，由于缺乏专业的管理培训，部分养老企业负责人在养老机构的运营理念、运营模式、运营规划等方面没有形成系统全面的认知，在实际管理过程中主要凭借自身经验和老年人需求调整管理方式，尚未构建起

一套专业化、科学化和精细化的管理体系，进而影响机构经营理念的形成和造血功能的提升。大部分养老企业规模较小，市场集中度较低，规模效应和品牌效应均未形成，尚未找到成熟的盈利模式。

3. 定位不清

调研中发现，部分社会力量在参与养老服务的过程中存在对自身发展定位不清的问题，在运营中难以完全满足老年人对养老服务的差异化需求。一方面，部分社会力量参与机构养老时，以提供日常照料和基本护理服务为主，对低龄和健康老年群体的吸引力不足。调研中有半数以上的民办养老机构都反映床位使用率不高，这成为制约民办养老机构发展的重要因素。另一方面，社会力量在参与居家社区养老服务方面，其服务项目主要聚焦在助餐、文体娱乐等方面，对失能居家老年人的专业系统性照护不足。

（四）工资待遇有待提升，人才队伍稳定难

当前山西养老服务行业专业人才的缺口较大，社会力量参与养老服务普遍面临人才"引不来""缺认同""待遇低""流失高"等问题，成为养老服务高质量发展的掣肘。

1. 专业人员数量不足

人员队伍不稳定一直是社会力量参与养老服务面临的主要问题，无论是由机构管理人员、运营人员、行政人员等组成的运营团队，还是由护理人员、餐饮人员、后勤人员等组成的服务团队，抑或是医生、护士、康复师等组成的医疗团队，都存在人员供给不足的情况，严重制约了养老服务供给。特别是护理人员匮乏，缺口较大。目前，全省大约有3万名护理人员，按照护理人员与老年人1∶4的国家标准计算，全省大约需要5.5万名护理人员，缺口在40%以上。调研中社会力量办的养老机构普遍反映专业护理人员短缺，护理人员与被护理老人的比例约为1∶6。

2. 现有人员结构失衡

从调研情况来看，目前养老机构中的护理人员队伍普遍存在性别、年龄、技能人才结构失衡的问题。由于职业认可度差、职业上升渠道不畅等因

素，年轻群体从事养老服务行业比例较低。养老服务人员年龄偏大，40岁以上的人员占总人数的80%以上，其中"50后"和"60后"工作人员占比在40%以上。调研发现，由于养老服务人员的工资和社会福利待遇较低，许多民办养老机构招聘的养老服务人员来自农村进城务工人员或城市下岗人员。多数护理人员没有接受过专业培训，仅具备老年人的生活照料这一基本技能，具有医疗康复、营养保健、高级护理、社会工作、心理咨询等技能的人才匮乏。在调研的民办养老机构中，护理人员持证上岗率仅为40%左右，无法满足当代老年人对养老服务质量的需求。

3. 专业人员薪酬待遇较差

养老机构护理人员的社会认可度普遍不高，民办养老机构和公建民营养老机构能够提供给护理人员的薪酬和待遇偏低，与其复杂的工作内容和高工作强度不匹配。云家政平台的统计数据显示，过去10年，月嫂、育儿嫂、住家保姆等的工资涨幅达到4~5倍，护理人员的薪资涨幅只有3~3.5倍。民办养老机构和公建民营养老机构的护理人员职业晋升通道相对有限，当护理人员的职业发展遇到瓶颈且难以突破时，易选择离职或跳槽，"招不来、管不好、留不住"成为常态，不利于养老专业人才队伍的稳定。

四 山西支持社会力量参与养老服务的对策建议

在积极应对人口老龄化的背景下，支持社会力量参与养老服务成为一项系统而长期的任务。当务之急是要聚焦新时代全省养老服务高质量发展目标，下大力气破除社会力量参与养老服务面临的制度瓶颈和政策掣肘，推动社会力量全面进入居家、社区和机构养老领域，积极探索多元主体治理、多重结构优化、多维路径突破的新模式，确保社会力量在未来全省养老事业和养老产业协同发展格局中扮演更加重要的角色。

（一）加强顶层设计，形成社会力量参与养老服务的良好格局

目标任务明晰的顶层设计是社会力量参与养老服务的方向和引领。当

前，应全方位考虑老年人和全社会对养老服务日益多元的需求，对社会力量参与养老服务的布局、定位、模式等进行科学合理的谋划，形成协调互补、错位发展、精准滴灌的养老服务新格局。

1. 合理布局社会养老服务

将社会力量参与养老服务纳入全省老龄事业发展和养老服务体系建设全局中通盘考虑。全面精准掌握发展实际，根据山西老年人口分布和结构变化情况，科学谋划社会力量参与养老服务的体系和布局。对社会力量办养老机构，可根据全省各地人口老龄化程度，分层次加大支持力度。加强跨区域协同合作，鼓励社会力量参与的养老机构规模化、连锁化经营，在多个地区布局。针对城乡基层养老服务供给不平衡的情况，秉持"城市加强高质量、农村力争广覆盖"的理念，积极推广社区、村级党建活动与社会力量合作开展养老服务，强化政企社联动，统筹优势资源，形成党建引领、政府主导、企业和社会组织与志愿者等各类主体参与养老服务的基层养老服务格局。

2. 明确各类主体的权责与定位

社会力量高质量参与养老服务供给，是一个多方主体协同的动态过程，应当进一步明确各主体责任，实现均衡发展。政府应发挥统筹指导作用，以完善的政策体系和良好的制度环境整合多方力量，共同发展高质量养老服务。社会组织应发挥其统筹社会福利资源的优势，精准匹配养老服务需求，积极参与基本养老服务的供给和嵌入式社区服务，利用社区内养老服务资源，为老年人提供满足日常生活基本需求的照护服务。企业要进一步提高养老服务效率和质量，探索多样化经营模式，创新医养结合、智慧养老等服务供给方式，为老年人提供精准化、多样化、个性化服务。同时，要发挥慈善组织在照顾孤寡老人、提供养老服务中的重要作用。

3. 打造多元精准的服务模式

从养老服务对象及水平的差异、养老机构性质、养老服务的支付模式等角度出发，打造不同类型的社会力量参与城市养老服务供给模式，逐步构建以趋同性需求为基础、差异化需求为扩展的供给格局。对普惠型养老服务，可以采用社会力量办公益型养老机构以及政社联动嵌入型供给等模式，为失能老年人和高龄老年人以及中低收入的活力老年人①提供福利性、普惠性的养老服务。对高端养老服务，主要通过"企业+个人支付"提供特色化、个性化养老服务，为高收入的活力老年人、失能老年人、半失能老年人和失智老年人提供更加舒适的居住环境和高水平的软硬件配套设施，满足服务对象多元化、高品质的养老服务需求。

（二）完善支持政策，筑牢社会力量参与养老服务的保障根基

社会力量参与养老服务供给的良好格局不可能自发形成，需要在充分发挥市场配置资源的决定性作用的同时，发挥政府在政策制定和保障方面的作用，通过一系列体制创新和政策突破，破除社会力量在参与养老服务中的障碍，加大政策落实力度，为构建全方位、高质量的社会力量参与养老服务供给体系提供坚实的要素保障。

1. 完善用地资金政策

在用地政策方面，编制养老机构设施布局规划，支持社会力量利用规划地块开办养老机构。消除利用既有房屋开办养老机构障碍，整合辖区社会资源用于养老机构建设。完善养老行业土地租赁合同制度，实行租金优惠、延长租期、优先续租等举措，控制社会力量办养老机构用地的价格涨幅。在资金支持方面，要优先做好养老服务事业资金保障，进一步加大资金筹措力度，在有条件的地区设立专项扶持资金，有效撬动社会资本进入养老服务领域。探索拓展社会力量办养老机构的融资渠道，各级地方政府可联合金融机构、行业协会搭建支持社会力量参与养老服务的融资平台，推动社会力量与银行、保险、证券等金融机构衔接互动。引导和鼓励金融机构创新产品和服务方式，增加对社会力量建设养老服务项目的信贷投入。

2. 扩大税费优惠范围

鼓励民间资本参与养老服务，为公益创投、企业公益活动、非政府慈善捐赠等提供税收优惠。对自然人、法人和其他组织向公益慈善类养老服务机

---

① 本文将"活力老年人"界定为年龄在70岁以下、身体健康状况较好的老年人。

构的捐赠，依法准予税前扣除。进一步落实国家扶持小微企业的相关税收优惠政策，对符合条件的民办养老机构给予增值税、所得税等优惠。对民办非营利性养老机构建设免征有关行政事业性收费，对营利性养老机构实施减半征收政策。无论是非营利性还是营利性养老机构，对于其使用自用房产土地开展养老服务的，免征房产税、城镇土地使用税等。积极推进供水、供气、供热等价格改革，落实对社会力量办养老机构水、电、气、热费用方面的优惠政策。

3. 提高政策执行能力

解决政策落实"最后一公里"问题，对政策实施过程与实施步骤进行分解，以提高政策执行效率，减少政策落实的滞后性。组织有关职能部门出台各项优惠措施，精准施策，促进包括营利性养老企业在内的社会力量规范有序发展。建立并完善各执行部门之间的沟通协调机制，加强各部门之间的协调配合。加强对政策执行者的教育培训，提高他们的组织、管理、沟通协调能力，培养高素质的政策执行者，减少因人员素质问题导致的政策执行偏差。开展政策服务敲门行动，落实养老服务政策信息公开制度，加强对社会力量参与养老服务的政策宣传，公布现行扶持政策清单、投资指南，提高养老服务政策供给的知晓度和可及性。

4. 完善立法支持体系

推动山西养老服务工作走上法治化轨道，加快社会力量参与养老服务供给方面的立法步伐。通过立法赋权明责，明确政府的责任与市场主体、社会力量及个人与家庭的责任，有序整合资源，凝聚共识，在立法中形成推进养老服务高质量发展的合力。通过引导性规范加大相关政策的支持力度，例如，立法明确界定社会力量的范围，对社会力量参与养老服务的领域、程序、具体行为、奖惩等制定更具操作性的细则、规范，以立法推动政策落地，通过法治保驾护航，对社会力量参与养老服务产生积极作用。

（三）优化市场环境，激发社会力量参与养老服务的信心活力

营造高效规范、公平竞争的市场环境，是发挥市场在资源配置中决定性

作用的基础。要按照"社会化、市场化、多元化"的发展理念，全面放开养老服务市场，从准入服务、公平竞争、扩大消费等多个维度出发，持续激发社会力量开办养老机构的活力。

1. 完善准入指导服务

拓展民间资本进入渠道，鼓励企事业单位利用国有资产改扩建为养老机构，支持社会资本通过多元化投融资方式兴办养老机构。切实落实养老机构属地备案制管理，对养老服务企业实行分类登记管理，申请设立养老服务类的社会组织和养老服务企业，符合条件的直接依法申请登记。建立多部门开办手续一站式办理的绿色通道，实现"马上办、网上办、就近办"。对有投资意向的，开展"保姆式"服务，为社会力量开办养老机构等提供全天候、全方位的服务。将为老服务类公益项目纳入政府购买社会组织公益服务资金重点支持范围，引导养老服务类社会组织面向独居、空巢、失能、残疾等特殊困难老年人开展探访、助餐、助浴、助急、助医、助行等服务。

2. 营造公平的市场环境

深入落实"办管分离"的发展思路，大力吸引社会资本投资养老服务，在国家相应法律法规的框架下，进一步全面放开养老市场，充分调动社会力量参与养老服务的积极性。坚持"放管服"改革，制定全省养老政务服务事项清单，推进同一事项无差别受理、同标准办理。建立开放、有序、公平的养老服务市场，破除行业垄断和地方保护，禁止对社会资本进入养老服务领域单独设置附加条件和准入门槛。实施营利性养老机构与非营利性养老机构同等的补贴政策，杜绝对营利性养老机构的歧视现象。破除地方保护主义壁垒，对本地、外地和境外投资者进入养老服务领域实行平等待遇。营造公平合理的市场秩序，杜绝妨碍公平竞争的做法。

3. 激活养老消费市场

塑造新型养老孝老敬老人文环境，改变老年群体的养老观念，通过制定优惠措施鼓励老年人入住民办养老机构。不断提升社会力量参与社区居家养老服务的质量，充分满足老年人及其家庭的多样化、差异化需求，通过政府购买服务、建立智能化平台等途径，加强服务供需对接，逐步扩大社区居家养老服务群体。积极拓展银发经济发展空间，聚焦老年人居家养老、康养照护、医疗等方面，推进养老日用品、居家适老改造设备、康复辅助器具等快速发展。聚焦山西传统文化资源、旅游资源、中医药资源等，积极培育旅居养老、文化养老、健康养老等新型消费业态。

4. 搭建服务对接平台

积极举办和参与老龄产业博览会、养老服务供需对接交流活动、社会组织公益创投活动等，搭建社会力量参与养老服务的高效平台。利用"互联网+"等技术手段，以地级行政区为单位搭建养老服务社会参与的智慧信息平台，平台应包括基本信息库、养老需求监测、健康档案数据库和养老资源共享等功能，汇集并动态监测区域内老年群体和养老机构、服务中心、服务型社会组织、养老从业人员、民政登记志愿者等信息，通过较强的资源整合能力，为社会力量尤其是中小型机构参与养老服务提供支撑。

（四）注重能力建设，提升社会力量参与养老服务的供给质效

自身综合实力的提升是社会力量开办养老机构的基础。要引导各类民办养老机构积极提升管理能力，寻求解决缺人、缺钱、缺资源等难题的办法，利用自身的综合实力解决日常管理中出现的各种问题，将庞大的养老服务需求转化成为高效的现实服务供给。

1. 精准定位服务内容

社会力量参与养老服务供给要精准定位服务内容，尤其是民办养老机构要明确其市场定位，充分利用现有的各级智慧养老平台，聚焦老年人实际需求，提供精准、到位的服务。调研中多数老年人反映对护理服务的需求比较迫切。社会力量在参与社区居家养老服务中要聚焦护理需求，完善相关设备和服务，在此基础上以专业化、标准化的服务满足周边社区居家老年人的助餐、助洁、助行等各项重点服务需求。养老机构要围绕"医养结合机构"或"护理型机构"的定位，为入住机构的失能、半失能老年人提供放心可靠的诊疗护理服务。对于实力较强的社会力量参与养老服务，要聚焦老年群体全生命周期的养老服务需求，围绕多种养老业态，打造服务方式多元、服务质量优异的示范和样板。

2. 提升运营管理能力

适当借鉴养老行业先进的管理理念和制度，提升民办养老机构的运营质量。在资金运用方面，根据实际情况制订养老机构的投资计划，同时需要制订详细的预算和财务计划，以及资金使用的标准和规定。高度重视财务的依据、监督和执行，财务管理人员应根据养老机构的经营情况及时进行财务分析，制定合理的财务预算规划和使用计划。在人力资源管理方面，有针对性地制定人力资源管理政策和实施方案，建立健全人力资源管理制度与绩效考核制度，实现对人力资源的有效管理和运用。在服务质量管理方面，重视服务质量的监测和评估，定期对服务质量进行跟踪，并及时纠正和改进。在市场营销方面，建立完善的市场信息收集体系和市场分析机制，关注老年人对养老服务的评价和反馈，并根据实际情况调整和改进市场营销策略。

3. 提高风险管理能力

社会力量参与养老服务过程中常会遇到经济风险、道德风险、法律风险等，增强应对突发事件的应急管理能力对其长期稳定发展非常关键。应当掌握各种风险的特点，制定相应的应对措施，保护机构和各利益方的安全。开展充分的风险预测和评估，分析风险的类型、程度、可能的影响范围和未来的变化趋势。加强危机预警、应急处理和跟踪研究，力争最大限度地降低风险和损失。建立健全风险控制机制和风险防范体系，维护员工和客户各方的利益。建立完善的应急工作机制、做好应急资源储备，统筹调动应急资源，确保在发生突发事件时，能为老年人提供安全稳定的居住环境。

（五）加强队伍建设，夯实社会力量参与养老服务的人才支撑

加强养老服务人才队伍建设，有利于引领带动队伍整体素质提升，直接关系服务质量的提升和老年人的感受。当前要进一步加强教育和培训，完善政策激励和保障机制，打造一支规模适度、结构合理、德技兼备的养老服务人才队伍，为山西新时代新征程养老服务高质量发展提供有力的人才支撑。

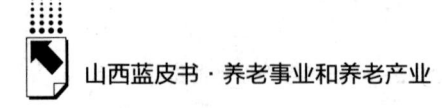

1. 加强养老服务人员技能培训

开展养老专业人才定向委托培养，支持高等院校、中等职业院校结合行业发展需求，尤其是要聚焦失能失智照护等紧缺领域，完善老年学科体系，优化养老专业布局，开设和调整养老护理、养老服务管理、老年康复和营养、老年社会工作等相关专业，并适当扩大招生规模。加强职业院校、普通高校与社会力量办养老服务机构的联系和对接，通过互设实习实训基地、培养培训基地等方式，提升养老专业人才培养能力和质效。实施"养老服务人才素质提升工程"，重点对各类参与养老服务的人员进行职业提升培训，包括养老护理员、管理人员、社会工作者等，采取集中轮训、岗位练兵、网络培训等多种方式，持续提升养老服务人才素质。

2. 提升养老服务人员待遇

引导社会办养老机构建立相对公平合理的工资机制，综合考虑养老服务人员，尤其是护理人员的实际工作年限、劳动强度、技能持证情况和服务能力等，合理确定其工资水平。确保社会力量参与的养老机构中的护理人员同样享有"五险一金"等基本社会保障。按规定落实职业资格认证、职业培训补贴、职业技能鉴定补贴、创业担保贷款等政策，探索建立护理人员入职补贴制度，对持有相关职业技能等级证书的，企业和社会组织要发放养老护理人员岗位补贴。提高养老服务从业者的收入水平和社会地位，建立养老服务激励机制，逐步提高护理人员工资薪酬和社会认同度。

3. 实施养老志愿服务项目

在调研城乡养老服务需求的基础上，引导医护人员、教师、律师、金融从业者等成立专业志愿服务队伍，促进养老志愿服务多元化、精细化发展。鼓励各行业、各部门出台支持养老服务相关专业人才参与志愿服务的政策措施。实施全社会动员机制，完善"社工+志愿者"联动机制，组织实施养老慈善项目，通过链接社会资源，降低机构运营成本。探索志愿服务的有效转换形式，促进互助服务在养老服务中的应用，将志愿服务时长以"储蓄"或积分兑换等激励机制应用于社区和乡村志愿养老服务中。

4. 有效开发老年群体人力资源

老年人口不缺乏生产力，可加大老年教育投入力度，将健康老年人口转变为老年人力资源，将"坐车人"变成"拉车人"，既可以满足老年人自我发展的需要，又可以延长老年人的贡献周期，从根本上实现低成本应对人口老龄化的战略目标。建立健全老年继续教育机制、终身学习机制，加强老年教育设施、师资力量、课程开发等方面的建设，把老年教育纳入教育发展规划，为有再就业意向的老年人提供专业的教育培训，实现老有所用、老有所学。建立老年专业人才库，并向市场公开信息，拓宽老年人力资本利用信息渠道。

（六）强化监管考核，坚守社会力量参与养老服务的质量底线

服务质量是社会力量参与养老服务供给的根本，不仅会影响老年人及其家庭成员的消费信心，还会影响养老服务业发展的规模、效益与效率。为此，要牢固树立养老服务高质量发展理念，多管齐下提升各类社会力量参与养老服务的质量，让老年人在高质量的服务体验中提升获得感、幸福感、安全感。

1. 出台规范运营文件

规范和促进社会力量参与养老服务，出台规范社会力量运营公建养老服务设施指导意见，进一步规范社会开办养老机构。在组织实施中，要按照公平、公正、公开、择优的原则，依法依规确定社会运营方，尤其要吸引具有先进管理理念、专业服务团队和优良服务品质的社会力量运营公建养老机构。同时要明确权责要求，对服务对象的保障范围、服务收费标准、维护发展资金、风险保障金等做出明确规定。各级政府要做好委托社会力量运营公建养老服务设施等相关工作，积极推动民办养老机构参加全省养老机构等级评定。制定社会力量运营异常的风险防控应急预案，确保妥善安置服务对象，并依法启动追责程序。

2. 建立综合监管体制

完善社会力量投资开办养老机构的综合监管制度，每年对养老服务设施

管理、重点服务保障对象、入住率、经费投入、收费标准、人员待遇、服务质量等内容开展监督考核和绩效评估。建立各司其职、各尽其责的跨部门协同联合监管机制，统筹行业主管和监管部门力量，对社会力量办养老机构进行联合监管，并实行监管结果全社会公开制。根据相应的监管和检查结果，建立黑白名单信用制，准确、规范完成相关信用信息的归集，依法在"信用山西"网站以及国家企业信用信息公示系统等平台予以公开。通过对信用数据进行分析，建立有效的激励约束机制，一方面，对社会力量参与养老服务领域失信行为人依法依规实施联合惩戒；另一方面，对等级评定高、服务质量好、社会满意度高的民办养老机构给予资金奖励。

3. 实施高效评估机制

探索第三方评估机制，保证评估的公正性，确保评估工作高质高效完成。可按照国家评估指标，建立"前置评估"与"事后评估"相结合的第三方评估体系。一方面，在事前评估社会力量各项资质，为政府购买养老服务提供依据；另一方面，在事后有效评估社会力量在参与养老服务供给中的财务运营状况、各类服务质效和服务人员行为等。围绕评估目标，有效发挥政府委托方对养老服务的外部监督作用。充分发挥公众的有效监督作用，提高公众参与公共事务管理的自觉性。

参考文献

陈凯丽：《积极人口老龄化背景下养老服务人才队伍建设存在的问题及对策》，《黑龙江人力资源和社会保障》2022年第10期。

邓勇：《社会力量参与居家养老健康服务的破困之道》，《中国医院院长》2023年第11期。

董澎滔：《供给侧结构性改革视角下的养老机构公建民营研究》，《中国物价》2018年第10期。

郭倩、王效俐：《基于政府补贴的养老服务市场供给研究》，《运筹与管理》2020年第2期。

韩烨：《社会力量参与养老服务供给路径与机制》，社会科学文献出版社，2023。

韩烨：《社区居家或入住机构——养老服务 PPP 模式的差异化构建与优化》，《吉林大学社会科学学报》2020 年第 2 期。

韩烨、冀然、付佳平：《民办养老机构可持续发展的困境及对策研究》，《人口学刊》2021 年第 4 期。

龙玉其：《民办非营利性养老机构的发展环境及其优化策略——基于 SWOT-PEST 组合模型的分析》，《首都师范大学学报》（社会科学版）2017 年第 2 期。

伊文君：《社会力量参与养老服务研究——以山西省为例》，《中共山西省委党校学报》2020 年第 1 期。

易鹏、徐永光主编《老龄社会发展报告（2022）》，社会科学文献出版社，2023。

《民政部等 12 部门联合印发〈关于加强养老服务人才队伍建设的意见〉》，中国政府网，2024 年 1 月 30 日，https://www.gov.cn/lianbo/bumen/202401/content_6929132.htm。

健康支撑篇

B.6
山西医养结合的路径选择研究

董海宁*

摘　要： 在人口老龄化程度日益加深的背景下，如何实现老有所养、老有所医的社会愿景已成为全社会共同关注的焦点。老年群体的健康需求离不开及时、便捷、高效的医疗服务，有的失能半失能老年人需要长期临床护理或居家照护。因此，构建一套形式多样的医养结合服务保障体系显得尤为重要。近年来，山西省委、省政府贯彻落实健康中国战略、积极应对人口老龄化国家战略，将医养结合纳入民生实事，全省医养结合服务能力和水平不断提高。但必须看到，山西医养结合存在起步晚、基础弱，政策要素集成度不高，硬件设施建设和软件支撑的配套性不足，医养结合服务潜力尚未被完全激发等问题。当务之急是整合各方资源，积极探索满足不同群体多样化、多层次养老需求的可靠路径，打造全链式医养结合服务模式，在服务设施提标和技术人才提质上持续发力，积极建设医、养、康、护"四位一体"的医养结合服务供给体系。

---

* 董海宁，山西省社会科学院（山西省人民政府发展研究中心）助理研究员，主要研究方向为社会治理、民生改善。

关键词： 医养结合　路径选择　老龄事业　服务体系

"老吾老，以及人之老。"尊老爱老是中华民族的传统美德。习近平总书记指出："积极应对人口老龄化，构建养老、孝老、敬老政策体系和社会环境，推进医养结合，加快老龄事业和产业发展。"①推进医养结合是积极应对人口老龄化的重要途径，是优化老年健康和养老服务供给的重要举措，是增强老年人获得感的重要行动。随着"银发时代"的到来，医养结合已成为一项重要的民生工程与社会建设的重要内容，是对传统养老方式的创新发展，更是未来健康养老的新方向。面对"9073"养老格局下居家养老、就医用药、康养照护等方面的需求，当务之急要加快构建居家社区机构相协调、医养康养相结合的养老服务体系和健康支撑体系，提升居家和社区医养结合服务能力，不断满足老年人健康养老服务需求，努力实现"老有所养""老有所医"，让所有老年人都能有一个幸福美满的晚年。

一　重大举措及成效

近年来，山西省委、省政府贯彻落实健康中国战略，积极应对人口老龄化，将医养结合作为重要的民生工程，着力构建覆盖城乡、功能完善、内容丰富的医养结合服务体系，全省医养结合服务能力和水平不断提高，医养结合事业驶入发展的快车道。

（一）顶层设计不断完善

山西把医养结合工作纳入经济社会中长期发展规划，全省老龄事业和养老服务发展规划与深化医改任务统筹布局、协调推进，医养结合的制度框架

---

① 《新时代新征程新伟业·习近平总书记关切事丨让老年人都有幸福美满的晚年》，新华网，2023年10月21日，http://www.xinhuanet.com/politics/leaders/2023-10/21/c_1129929954.htm。

不断完善。一是宏观政策导向明确。近年来，山西先后印发《中共山西省委　山西省人民政府关于加强新时代老龄工作的实施意见》《关于支持社区居家养老服务发展的意见》《山西省人民政府办公厅关于推进养老服务发展的实施意见》《山西省基本养老服务体系建设实施方案》等引领性政策，全面加强对医养结合服务的引导和支持，进一步明确山西医养结合后续的发展方向。二是具体政策举措细化。山西在医养结合方面制定了一些具体的政策措施，针对居家社区服务、机构服务、医养衔接、服务监管出台了具体政策，如《关于做好医养结合机构审批登记工作的通知》《山西省人民政府办公厅关于深化医养结合促进健康养老服务发展的意见》《山西省卫生健康委员会　山西省民政厅关于推进医疗卫生机构与养老服务机构规范签约合作工作的通知》《山西省人民政府办公厅关于印发山西省进一步深化改革促进乡村医疗卫生体系健康发展若干措施的通知》《山西省基本养老服务清单》等，明确采取"推进医养结合深入发展""提高老年健康服务和管理水平"等具体举措，逐步构建包含健康教育、保健预防、疾病诊疗、中医康复、长期护理、安宁服务等在内的"医—养—护"服务链条，完善覆盖城乡的老年群体健康服务体系。三是配套措施细化完善。针对医养结合政策落地过程中的财税、价格、土地、医保、投融资等方面，山西先后出台《山西省民政厅　山西省财政厅关于建立养老服务业从业人员一次性入职奖励的通知》《山西省民政厅　山西省财政厅关于进一步完善民办养老机构贷款贴息政策的通知》《山西省民政厅　山西省乡村振兴局关于利用农村光伏收益进一步做好农村养老工作的通知》等配套措施，有力推动医养结合政策落地落细。

（二）主体类型不断丰富

以社区卫生服务中心（乡镇卫生院）为主体，以嵌入式养老机构、老年人日间照料中心等社区资源为依托，以家庭养老照护床位、家庭病床、家庭医生签约等机制为抓手，县（市、区）、街道（乡镇）、社区（村）居家的多层次医养结合服务网络初步形成。一是基层服务主体培育壮大。充分利用社区卫生服务中心（乡镇卫生院）等开展基层医养结合试点服务工作，加强对失能老年人的健康评估和健康服务工作，探索多种基层医养结合服务模式，提供康复床位、家庭病床和护理型床位等多种选择，探索机构内医疗床位和养老床位按需规范转换机制，加强专业机构与社区、家庭医养结合服务的衔接。二是医疗卫生机构转型提速。探索在床位使用率低的二级及以上公立医疗卫生机构开展医养结合服务，将部分医疗床位转变为护理型养老床位。鼓励医疗资源丰富的地区通过新建、改建、扩建，支持一批二级及以下医院向康复医院、老年医院、护理院、安宁疗护机构等转型。2023年通过医养结合奖补项目支持4所医疗资源丰富地区的二级公立医疗卫生机构建设康复医院、护理院（中心、站）和安宁疗护机构，积极开展康复、护理以及医养结合服务。三是老年友善机构全面创建。山西组织全省综合型医院、中西医结合医院、中医医院、康复医院、基层医疗机构、护理院等各类医疗组织有效开展老年友善医疗机构的创建工作。推动各类医养机构积极全面落实针对老年群体的医疗服务优惠政策，保障老年群体的合法权益。推动医疗机构完善内部制度，优化老年群体的就医流程，为老年群体提供友善服务，有效解决老年群体在就医、康养等方面的难题。四是多元主体联动机制优化。积极推进医养签约工作，按照方便就近、互惠互利的工作原则，鼓励医疗卫生机构与养老机构开展形式多样的合作项目。山西下发《山西省卫生健康委员会　山西省民政厅关于推进医疗卫生机构与养老服务机构规范签约合作工作的通知》，对养老服务机构和医疗卫生机构的健康服务签约工作做出规范，明确签约医疗卫生机构可在具备条件的养老机构内设医疗卫生机构，建立双向转诊机制。目前，全省不同类型的养老机构基本能以不同形式为入住的老年人提供基本医疗卫生服务。截至2023年底，山西共建成医养结合机构120家、医养结合床位2.4万张，养老机构与医疗机构签约率达99.7%。

（三）服务体系不断健全

山西坚持以人民为中心，精准聚焦老年群体需求，深入推进医养结合服务，老年群体多元化的医养服务需求逐步得到满足。一是居家健康服务项目逐步拓展。采取多种形式面向居家老年群体及家庭照护成员普及营养膳食、心理健康、疾病预防、运动健康、常用药、康复护理、中药保健、应急救助等方面的知识，逐步提升老年群体和家庭照护成员的健康素养。建设老年人心理关爱点，常态化上门开展心理健康状况评估活动，为老年群体特别是有特殊困难的老年群体提供早期识别、心理辅导、情绪疏解等关怀服务。二是社区健康管理持续加强。推动各社区引入医疗卫生机构，为社区失能、慢性病、高龄、残疾等老年人提供以健康教育、预防保健、疾病诊治、康复护理、安宁疗护为主，兼顾日常生活照料的医养结合服务，对老年人群重点慢性病、老年人认知功能障碍等进行早期筛查、干预及分类指导，社区医养服务范围日益拓展、功能逐步健全、能力逐步提升。截至2023年底，山西65岁及以上老年人城乡社区规范健康管理服务率达67.98%。三是机构服务能级不断提升。山西努力推动二级及以上综合性医院老年医学科建设，提升针对老年群体的医疗能力。发挥大型医院的龙头带动作用，积极帮扶中小型医疗机构，以医疗联合体的合作形式，对基层医疗卫生机构的老年健康服务进行帮助和指导。强化医疗机构老年医学科老年综合评估、老年综合征诊治和多学科诊疗能力，带动提升老年常见病、多发病的临床诊疗水平和危急重症的医疗服务能力。

（四）业态模式不断创新

山西立足发展实际，聚焦老百姓的医疗服务需求，各市通过政府推动、机构探寻、社会协同等方式，经过多年实践，形成一批有特色、成效明显且可供复制借鉴的服务模式。一是医办养模式。长治市第二人民医院发挥公立医院资源优势，创建"医养结合护理院"，设置医疗专护区和生活照护区，重点为失能、半失能老年人提供"治疗期住院、康复期护理、稳定期生活照料、临终期安宁疗护"的综合性服务。实行小病、慢病治疗在护理院内部不同区之间双向转诊，危急重症治疗在护理院和医院间双向转诊，形成了急慢分治、双向转诊"公立医院+养老服务"的医养服务模式。二是"两院一体"模式。孝义市中阳楼街道社区卫生服务中心结合自身实际情况，将原街道敬老院纳入一体化管理，实施社区医院、敬老院"两院一体"的发展模式，以标准化为支撑，通过打造专业化照护团队，构建包括入院评估、康复护理、日常照护、安宁疗护在内的服务链条，形成"1815"（18项护理照料和15项生活照料）—床位的医养结合新模式，在服务高龄、失能、五保户等老年群体中的优势逐步显现。三是"三级养老+"模式。洪洞县依托中医医院旧址，通过医院场地改造、空间优化及环境景观改善、设备配置、人员培训，建设一个高质量、高标准的医养结合中心。通过对全县各乡镇卫生院的筛查及评审，在中医医院的支持及帮扶下，洪洞县建设区域康养中心。医养结合中心在县域和各乡镇卫生院发展的基础上，选取符合条件的村卫生室或社区卫生服务中心，建设村级或社区级护养室。创建"'县—乡—村'三级'养老+'"模式，满足当地群众不同层次的养老需求。四是智慧医养模式。大同市平城区委托大同398健保公司建设智慧居家养老服务平台，构建居家和社区养老服务网络，打造没有围墙的"虚拟养老院"。按照"惠及民生、稳妥推进、市场运作、持续发展"的原则，创新居家和社区养老服务模式，依托"大同助老"智能数字体系，推进医养、康养、体养、教养、学养深度融合，构建机构社区居家相协调、医养康养相结合、国内国际相贯通的养老服务新体系。山西通过"山西老龄"微信公众号，《山西老龄工作简报》《智慧生活报·山西老龄专版》，以及培训、交流和医养结合现场会等多种方式，深入推进医养结合示范创建工作，选树宣传推广先进典型。

二 医养结合工作推进过程中存在的问题

山西依托医疗养老服务资源，持续在业态模式创新上下功夫，初步构建起符合省情的医养服务体系。但必须看到，山西医养结合起步晚、基础弱，政策要素集成度不高，硬件设施建设和软件支撑的配套性不足，医养结合服务的潜力尚未被完全激发，难以满足全省老年人日益增长的医养服务需求。

（一）医养结合统筹政策尚不健全

目前，山西已出台一系列支持医养结合发展的优惠政策，但总体来看仍存在一些不足：缺少支撑医养结合服务的细则；未建立协同发力机制，政策呈现碎片化；部分政策实施缺乏后续监督。一是存在部分政策空白。山西尚未出台关于医养结合的地方性法规，现有法规中涉及医养结合的内容较少。目前，山西省级层面尚未出台医养结合服务的地方标准，市级层面只有太原出台了《太原市医养结合标准体系》《机构医养结合服务规范》《居家医养结合服务规范》等，全省服务标准尚不统一，缺乏针对不同主体、不同业态的具体规范。二是部门政策衔接困难。现有的医疗、养老职能分散在多个部门，存在多头管理、职能分散的问题，在一定程度上导致医养结合政策发力不同步、协调统一困难，医养机构布局不尽合理，医养资源融合度不高、利用率低，医养服务的可及性和满意度仍有待提升。三是政策落地有待加强。社区卫生服务机构、乡镇卫生院或社区养老机构、敬老院等资源整合进展缓慢，社区、乡镇医养结合服务设施仍不健全，"两院一体"模式未大规模推广。受制于自身实力和相关规定，养老机构申请开办老年病医院、康复医院、护理院、安宁疗护中心等的积极性不高。对社会力量通过市场化运作方式开设的医养结合机构，存在政策落实不到位的情况。

（二）医养服务供给融合水平不高

山西构建"预防—治疗—康复—护理—长期照护—安宁疗护"的为老服务链，医养结合服务体系的"医""养"通道尚未贯通。一是医养结合中"养"的专业性不足。根据目前对医养机构的调研，从家庭照料的现实来看，普通照料者由于没有经过专业培训，护理技能和医疗知识普遍欠缺。就近的居家上门服务机构在康复、护理服务方面水平较低，提供的服务以助餐、助洁、助急、助行、助浴等日常照料为主。基层医养机构大多由于经费不足、专业照护人员紧张、激励机制欠缺等原因，提供的医养结合服务仅限于基本公共服务范畴。二是医养结合中"医"的支撑力不足。老年群体对医养结合中"医"的需求以慢性疾病的管理和日常身体机能的维护为主，以对突发性疾病的治疗为辅。当前在为老年群体提供治未病和连续性疗养服务方面存在短板，预防性、连续性护理服务价格体系有待健全，医养结合服务市场的良性供需互动格局尚未建立。个别地区老年人健康评估、护理、康复、健康指导等服务项目尚未纳入医保报销目录。三是医养结合资源融合度不高。由于缺乏有力的政策引导和医养转换渠道，存量医疗设施转型开展老年医养服务面临制度性门槛。医养结合机构中为老年人提供健康保健、身体机能恢复的专业化护理设备、高技术护理人员不足，只能满足老年人基本的、常规性的需求。在居家医养结合中，家庭养老床位、照护床位设置仍处于探索阶段，家庭签约医生等服务评估在信息共享、互认方面缺乏常态化的合作机制，为居家老年人提供的医养服务呈现碎片化。

（三）医养机构建设水平参差不齐

山西医养结合在设施建设方面还存在城乡、区域发展不均衡的问题。一是基础设施建设的城乡差距较大。从现有情况来看，专业护理机构多分布在市区和县城，农村护理机构设施简陋、服务差，导致在农村居住的失能老年人很难享受到专业的护理服务。多数农村敬老院等护理机构建于20世纪七八十年代，规划、土地、消防等手续缺失，由于建筑老旧、地方经费保障不足，农村医养结合机构消防安全隐患突出。甚至一些地方受财力制约，没有能力对农村医养结合机构进行消防改造。二是诊疗项目覆盖不全面。护理站、护理院、"养办医"机构诊疗范围和水平参差不齐。目前，由于各地经济发展水平参差不齐，护理院内设置的医务室诊疗内容各不相同，有些护理院诊疗科目仅设内科和外科，而有些护理院诊疗科目多达十几个，除了常见的诊疗内容，还包括康复医学、医学检验等。三是公办与民办养老机构条件差别较大。新建的养老机构多实行公建民营，采取政府和社会组织协同的方式，整体规模普遍较大，设施相对完善，并享受与公办养老机构同等的优惠扶持政策。民办养老机构是企业性质，需要自负盈亏，规模相对较小，服务价格较低，入住率多达不到预期。不同性质养老机构的设施条件存在差异，这在一定程度上造成公办与民办养老机构服务水平参差不齐。

（四）医养结合支撑能力有待增强

医养结合的高质量发展需要由标准来引领，其后续发展需要由人才来支撑，由信息化、数字化等新质生产力来赋能。一是标准化运行乏力。尽管医养结合的概念已经提出并得到了一定的推广，但在实际操作中，由于缺乏统一的标准和规范，医养结合的服务质量参差不齐，服务内容和服务方式各异，难以形成统一的行业标准和行业规范，目前没有形成有序的市场。有关机构尚未制定医养结合等级标准，难以根据机构规模、人才技术力量、医疗硬件设备等指标对医养结合机构的资质等级进行科学评定。医养结合机构评价体系尚未建立。医养结合机构目前尚无科学的考核评价标准、程序和办法，使得整体质量缺乏有效监管，高质量发展的推动力不足。二是专业化人才匮乏。老年护理职业吸引力较小。目前，社会对护理职业存在一定的偏见，很多人将从事护理相关工作作为过渡性的职业选择，护理队伍稳定性较差，从业人员水平参差不齐，高级护理人才极度短缺。养老专业护理人员培养体系不健全。养老护理人员的培养主要由社会培训机构承担，学历教育不足，设置老年护理专业的院校较少。护理队伍存在年龄偏大、学历偏低、人员短缺等问题。公办医疗机构医护人员兼职养老机构受限。公办医疗机构医护人员在养老机构兼职，受所在医院职业范围管理限制，加之时间不灵活等原因，在养老机构兼职的意愿不强。三是智慧化赋能不足。智慧养老设施的建设与改造需要投入大量资源，虽然山西启动了医养结合能力提升奖补项目，但每年只有1000万元资金，申请的基层医疗卫生机构较多，补助单位有限，且多局限于一些原有设备的改造，在信息化建设方面投入不足。智慧医养是建立在完善的医保制度和信息共享基础上的，需要信息、养老、医疗等不同资源的联动，也是对传统养老服务模式的升级与创新。

三 发展路径选择

医养结合是一项长期工程,要坚持扬优势、补短板、强弱项,在服务设施提标和技术人才提质上持续发力,积极探索"双向转诊、双向转养"的医养结合服务模式,丰富医、养、康、护"四位一体"的医养结合服务供给,加快建设居家社区机构相协调、医养康养相结合的养老服务体系和健康支撑体系。

(一)聚焦老年群体健康需求,优化医养服务供给体系

聚焦老年群体健康需求,健全医养服务网络,不断发展和完善医养服务供给体系。

1. 持续推进居家医养结合服务

居家养老是绝大多数老年人的选择,居家医养结合服务的供给影响大部分老年人的生活质量。结合山西实际,逐步完善居家医养服务规范,明确开展居家医养服务的工作流程,提供居家医养服务技术指南。支持就近有条件的医疗机构以需求量大、医疗风险低、适宜居家操作的服务项目为依据,为有需求的老年人提供诊疗、康复护理、中医治疗、安宁疗护等居家服务。探索为高龄、失能、残疾、慢性病等不同需求的老年人提供多元化的家庭医生签约服务。公立医疗卫生机构为居家老年人提供上门医疗服务的,应与本医疗卫生机构执行相同的价格政策。

2. 大力发展社区医养结合服务

社区医养结合服务对老年群体来说,具有就近、方便、专业的优势,通过普及医养结合服务设施和增强社区医养结合能力两个方面促进社区医养服务提质增效。有效利用社区现有的医疗卫生和养老机构,在其内部扩建一批医养结合服务设施。新建的社区卫生服务机构应提前布局医养结合设施,比如护理康复设施、安宁护理病床、养老床位等。社区卫生服务机构(乡镇卫生院)等应根据附近老年群体的医养需求,提供健康管理、状态评估、

中医治疗等常见服务。定期推广普及简单易上手的中医药康复技术和方法。为社区内老年群体建立电子健康档案，持续做好基本公共服务项目。针对行动不便的老年人，稳步扩大社区医生签约覆盖面。

3. 鼓励机构开展医养结合服务

医疗卫生机构和养老机构是开展医养结合服务的主体，是医养结合服务高质量发展的保障，要鼓励两类机构拓展自身的服务项目。鼓励医疗卫生机构开展医养结合服务。在医疗资源丰富的地区出台相关政策，鼓励有意向的医疗卫生机构转型发展，利用自身的医疗设施和场所为老年人提供康复、安宁疗护等医养项目。开展养老机构医养服务能力提升行动。养老机构应根据入住老年群体的服务需求，用好政府的补贴政策，合理设置和采购医养设施。支持养老机构内设的医疗服务机构提升自身诊疗服务质量。打造一批价格适宜、服务过硬、能力突出的专业化、连锁化医养服务机构。

4. 促进居家、社区、机构服务有效衔接

完善居家、社区、机构的服务衔接体制，积极推进医养结合，这有利于优化医养服务供给，也有利于优化医养社会资源配置，切实提升老年人的获得感和满意度。统筹规划各类医养机构布局。推进乡镇卫生院、敬老院和村卫生所等机构建设，有效落实"两院一体"政策。鼓励社区卫生机构和养老服务机构实现资源共享。鼓励医疗卫生机构在法律范围内，通过嵌入式的方式，在养老机构设置医疗站点。鼓励有条件的养老机构用服务外包和委托经营的商业形式承接医疗卫生服务，满足入住老年群体的医疗需求。建立双向转诊机制，为老年人提供一体化、连续性服务，继续深化医养签约合作。

（二）强化数字化应用能力，构建智慧医养服务模式

信息化、数字化是提升医疗服务效率、优化资源配置的重要路径，更是推动医养健康事业高质量发展的"新质生产力"。在医养结合实践过程中，应通过打造数字化服务平台、建设数字化服务设施、加快互联网医院建设等，探索医养结合的新模式。

1. 抓好居家社区智慧健康管理

为提升居家社区老年群体健康管理服务精准度，确保各类健康问题早发现、早治疗，应积极打造健康智慧自助检查设施。加大常见疾病筛查和干预管理力度，优化常见疾病筛查管理模式，加强常见慢性并发症筛查和干预管理。依托居家、社区、机构建设一批"智慧体检屋"，配备配足各种健康检查设备，加强对老年人的健康监测。针对血压、血糖、血脂等多项体征检测数据，充分利用人工智能等技术开展对老年常见疾病的诊疗。通过对个体生理数据进行分析，评估个体的健康状况，为个体提供有针对性的健康建议。相关检测数据被记入居民电子健康档案，如果发现异常数据，平台应第一时间向老年人及其家属发出预警信息，并提出相应的健康管理建议。

2. 打造智慧远程健康数据平台

利用大数据、云计算、物联网等技术打造远程健康管理平台，方便居民、医院、家庭医生等同步监管、跟进服务。促进可穿戴式设备和家庭智能健康检测设备等智能健康管理装置应用于健康管理，利用人工智能、大数据等数字技术加强健康监测，实现对老年人日常生活与体征的24小时远程监护。对山西老年群体的健康和养老数据进行全面掌握，针对老年群体开展分级分类服务。延长老年群体健康数据的监测链条，从点状监测向连续性监测转变。完善老年群体的健康和医养结合数据库，搭建医养结合智慧服务平台。

3. 大力推广"养老院+互联网医院"

用好互联网技术，通过"养老院+互联网医院"的医养结合模式，打通医养结合服务的最终环节，持续推动优质医疗、护理资源下沉。根据养老机构入住老年人的医疗服务需求，推动互联网医院拓展服务项目，完善诊疗费用便捷支付、亲属代付、白名单代付等功能，逐步推动互联网医院按需接入养老机构。鼓励医疗资源丰富的大医院开通网上业务，针对老年群体设置"医养专区"线上就诊渠道，推动医养结合服务实现线上线下协同发展。建立包含消化、心内、神内多个常见老年疾病的综合部门，为养老机构提供24小时便捷、可及的优质资源。为有需要的老年群体提供在线咨询、预约挂号、体征检测、健康普及、上门评估等服务。

（三）锚定服务提质增效目标，打造医养服务质量高地

以老年人满意为中心，推动全省医养结合服务全面提质增效，从标准化建设、规范化监管、示范化引领三个方面入手，完善医养结合各项制度，提升老年人的获得感、幸福感和安全感。

1. 推进医养服务标准化建设

根据医养结合发展的实际情况和需求，制定医养结合服务规范，推动医养结合标准体系建设，打造具有区域影响力的医养结合品牌。加快医养服务领域标准的制定与修订，研究制定一批与全国接轨、体现山西特色、适应本土服务管理需要的医养服务标准。加快建立全省统一的医养服务质量标准、等级评定与认证体系，引导医养服务机构通过养老服务质量认证。鼓励各地因地制宜制定医养服务相关地方标准，鼓励社会组织自主制定高于山西省标准、行业标准要求的养老服务相关团体标准。支持养老服务行业组织和机构进行标准化管理。

2. 推进医养服务规范化监管

为保障医养结合服务质量，维护老年群体的正当权益，应建立健全医养服务监督体系。医疗卫生行业和养老服务行业应及时将医养结合服务纳入自身的综合监管体系，并对其工作质量进行考核。卫生健康行政部门应对医养结合机构的医疗卫生服务质量进行有效监督。按照"双随机、一公开"原则，及时对医养结合机构进行监督。民政、卫健、医保等相关部门需要不断强化信息共享，建立健全相互配合、各司其职、齐抓共管的医养行业监管体系，合力推动解决医养结合行业中的突出问题。

3. 推进医养服务示范化引领

持续巩固医养结合示范创建成果，以需求为导向，坚持新发展理念，立足实际，先行先试，不断健全完善医养服务体系，提升老年人获得感、幸福感、满意度。组织开展全省医养结合示范创建活动，开展全省优质医养结合示范创建行动，通过示范创建，推进医养结合服务质量提升。支持试点市开展全省安宁疗护试点工作，鼓励非试点市医疗机构设立安宁疗护病区。逐步

建立涵盖居家、社区、机构医养结合服务、安宁疗护服务、中医药服务等的标准规范。鼓励有条件的医养结合机构推出药膳调理、预防治未、中西诊治等多种医养服务。支持具备条件的医养结合机构制定相关标准。

（四）加强医养结合队伍建设，强化医养服务人才支撑

医养结合人才需要具备医和养两方面的专业知识和技能，结合医养服务岗位特点拓宽用工渠道，用好现有人才、稳住关键人才、吸引急需人才、储备未来人才，构建多层次的医养人才支撑体系。

1. 强化在职人才培训

现有的老年照护和医疗领域人才是医养结合机构的重要支撑，需要多渠道用好现有人才。开展医养服务队伍职业能力提升行动。开展系统性、连续性、个性化的技能培训。持续开展医养结合机构管理人员与医生、护士等专业技术人才线上理论知识加线下机构实战演练培训。常态化开展对失能、半失能老年人的日常生活照料，针对老年人的常见病护理和用药指导，突发事件的预防与应对等技能培训。对新入职的医护人员培训的课程体系包括医养结合政策解读、基础护理、综合评估、心理健康、营养支持、中医适宜技术、医养结合机构服务与管理、传染病防控、安全生产等内容。鼓励支持在职和退休的医务人员参与医养结合服务。

2. 加强专业人才培养

建立健全医养结合人才培育体系，为医养结合事业发展储备后备人才。推动校企合作，依托山西医科大学、山西中医药大学、山西卫生健康职业学院等，建设一批医养结合领域校企合作实践教育基地、产教融合实训基地。大力发展养老服务管理、健康服务与管理、中医养生相关专业本科教育。引导有条件的高校开设老年学、老年医学、老年护理学、老年心理学、老年社会学、老年营养学、老年服务与管理、老年社会工作等课程。鼓励高校自主培养积极应对人口老龄化相关领域的高水平人才，加大新技术、新应用、新业态的引才力度，并依据行业需求，适度扩大招生规模。加强交叉学科人才培育，为智慧健康养老、适老化产品研发、老龄产业发展储备专业人才。

3. 建立人才激励机制

激励机制对人才成长与发展至关重要，建立健全省级医养结合从业人员激励制度，有利于鼓励更多青年人才参与医养结合事业。全面推行职业技能等级制度，完善医养结合领域职业技能等级评价体系。紧跟医养服务行业发展需求，积极推动开展养老护理员职业技能等级认定，做好养老服务行业相关职业工种鉴定工作，助力行业技能人才不断发展壮大。积极开展老年照护、老年康复指导等"1+X"证书制度试点。完善薪酬、职称评定等激励机制。支持民政部门开展养老护理有关职业技能竞赛，同时按规定给予相关培训补贴。

4. 壮大志愿服务队伍

山西各地应根据老年群体的服务需求变化，不断调整志愿服务重点，创新志愿服务方式，构建精准高效的志愿服务供给体系。推动医养结合志愿服务队伍朝着制度化、专业化、常态化方向发展，打造具有山西特色的老年健康社会工作者、志愿服务队伍。吸引退休医务从业者到医养结合机构开展志愿服务，鼓励低龄老年人、健康老年人参与"银龄互助"志愿活动，为空巢、失独、高龄、失能等老年人提供助餐、探视、应急呼救、生活照料等服务。鼓励志愿服务人员为长期照料家中失能老年人的家属提供常态化的喘息服务。

（五）着眼要素保障，完善医养结合支持政策

聚焦医养结合服务开展的关键要素，强化政策、资金、土地等要素支撑，实现政府和市场的双轮驱动。

1. 加大财税政策支持力度

目前，山西省内的医养结合机构数量还比较少，需要有效落实已出台的各项税收优惠政策，通过减轻医养结合机构的税费负担，鼓励各类社会力量提供多层次的医养结合服务。符合条件的医养结合机构应享受与小微企业同等的财税优惠政策。对在社区和村镇给老年群体提供康复治疗、日间照料等服务的机构，在税收减免、水电气热价格优惠等方面给予扶持。对经过认定

并取得非营利性组织免税资格的医养结合机构，应针对非营利性收入部分免征企业所得税，对其使用的土地和房产等按规定享受税收优惠。对医养结合机构按规定实行行政事业性收费优惠政策。

2. 加大保险支持力度

合理利用各类保险可以减少老年群体医养结合服务支出，并有效推动医养结合服务普及。扩大医保覆盖范围。按法定程序，适时地将医养结合服务中的治疗性、康复性服务纳入医保的支付目录。落实"属地管理、省内互认"政策。将符合条件的"养办医"医养结合机构纳入医保定点管理，探索对医疗康复、安宁疗护等需要长期住院的医养项目，实行按床日付费。进一步扩大长护险试点范围。按照国家统一部署，总结山西临汾、晋城长护险试点经验，应以重度失能人员为重点保障对象，以基本生活照料和与之密切相关的医疗护理为重点保障内容，推动形成适应山西经济发展水平和老龄化发展趋势的长期护理保险制度，逐步扩大长期护理保险制度试点范围。引导商业保险提供医养产品。通过实施积极的引导政策，鼓励商业保险机构针对老年群体的医养需求，加大在老年疾病、护理、康复、医疗和意外险方面的金融产品供给。设计开发与医养结合服务相适应的护理保险、老人意外险、失能康复险等险种。

3. 持续完善价格政策

按照市场化定价原则，综合考虑目前医养结合的市场供求状况和老年群体的支付能力，完善医养市场的价格体系。完善"医药服务价格+上门服务费"的收费方式，充分利用价格杠杆的调节作用，提高公立医疗机构为老年群体提供上门医养服务的积极性。上门服务费应充分考虑机构的服务内容、人力成本、交通费用等。已通过家庭医生签约、长期护理保险等提供经费保障的服务项目，不可以重复收费。公立医疗卫生机构开展医养结合服务项目应单独核算或单列备查账。养老床位、康复服务、养老照护等服务的收费标准应结合供求关系、支付能力、服务成本等多种因素进行定价，由省、市价格主管部门进行监督管理。

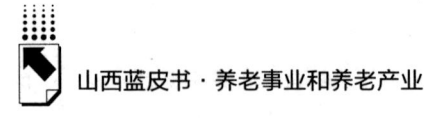

4. 加强规划用地保障

医养结合机构需要同时具备"医"和"养"的活动场所，对建设用地的规划布局提出了要求，需要统筹考虑，切实保障医养结合机构的用地需求。要强化国土空间规划设计。省、市、县自然资源部门应当以自身辖区内的人口结构和老龄化趋势为基础，做好国土空间总体规划，为本地区养老服务、医疗卫生服务公共设施建设留下足够的空间，并合理布局。盘活用好存量的闲置土地。允许医养结合机构利用城区目前闲置的商业用地、厂房、办公场所、培训设施、校舍等开展医养结合服务。完善医养用地的支持政策。指导各地通过处置存量建设用地获取新增建设用地计划指标，满足专门为失能老年人开展医养结合项目的机构的用地需求。允许医养结合项目使用农村集体建设用地开展服务。

参考文献

张颖等：《医养结合背景下老年护理队伍的培养策略》，《中国医学伦理学》2024年7月25日。

《关于进一步推进医养结合发展的指导意见》，中国政府网，2022年7月18日，https：//www.gov.cn/zhengce/zhengceku/2022-07/22/content_5702161.htm。

《关于印发〈关于进一步深化本市养老机构医养结合发展的若干措施〉的通知》，上海市人民政府网站，2024年5月13日，https：//www.shanghai.gov.cn/gwk/search/content/58b166e8e7a7469296d87861590c9907。

《关于印发居家和社区医养结合服务指南（试行）的通知》，中国政府网，2023年11月1日，https：//www.gov.cn/zhengce/zhengceku/202311/content_6914596.htm。

《中华人民共和国2023年国民经济和社会发展统计公报》，中国政府网，2024年2月29日，https：//www.gov.cn/lianbo/bumen/202402/content_6934935.htm。

B.7 山西文旅康养产业发展研究

朱建民 郑鑫 秦军[*]

摘 要: 在实施健康中国战略与加快建设旅游强国等政策的引领下,文旅康养产业作为民生产业、幸福产业及朝阳产业,其重要性日益彰显。山西文化底蕴深厚、康养资源丰富,其文旅康养产业在增进民众健康福祉、优化地方产业结构及驱动区域经济绿色、可持续发展等方面展现出巨大的潜力。本文通过深入剖析山西文旅康养产业的发展前景、当前的发展态势、取得的积极成效及面临的关键问题,从打造文旅康养示范引领项目、强化文旅康养服务供给、增进老年人福祉、培育壮大文旅康养市场主体及加强专业人才培养等方面提出了一系列建议,旨在通过补短板、促提升、增亮点,在丰富产品供给、做长链条、做优品质上发力,全面推进山西文旅康养产业高质量发展。

关键词: 健康中国 旅游强国 文旅康养产业

人民健康是民族昌盛和国家富强的重要标志之一,实施健康中国战略的重大决策,将维护人民健康提升到国家战略的高度。健康产业是健康中国建设的经济基础,健康中国战略也为健康产业提供了广阔的发展空间。而旅游业作为幸福产业之首,是人民群众美好生活和精神文化需求的重要组成部分,是有益身心的健康产业。文旅与康养产业的深度融合成为新时代推动文

---

[*] 朱建民,博士,山西文旅(产业)规划研究院院长、副研究员,山西文旅产业规划设计研究院有限公司执行董事兼总经理,主要研究方向为城乡规划与产业经济、文旅康养产业、乡村振兴与农村可持续发展等;郑鑫,硕士,山西文旅产业规划设计研究院有限公司规划师,主要研究方向为文旅康养产业、乡村振兴与农村可持续发展等;秦军,山西白求恩医院院长办公室主任,主要研究方向为医养结合。

旅产业高质量发展的必然选择，也是实现人民对健康、美好生活向往的重要途径。在新时代新形势下，山西主动适应经济发展新常态，发挥文旅康养资源大省的比较优势，积极探索文旅康养产业融合发展新思路，做出了加快把文旅康养产业打造成战略性支柱产业和民生幸福产业的重大部署。

一 山西文旅康养产业发展背景

（一）政策引领

1. 国家政策

文旅康养产业，作为深度融合文化、旅游、健康等多领域的综合性产业，不仅被誉为幸福产业，更是充满活力的朝阳产业。近年来，国家层面高度重视并连续出台了一系列政策文件，为这一产业的蓬勃发展提供了坚实的政策支撑与保障。

从《"十四五"文化和旅游发展规划》到《"十四五"国家老龄事业发展和养老服务体系规划》，国家不仅明确提出发展康养旅游、推动国家康养旅游示范基地建设，还强调促进养老与旅游的深度融合，引导旅游景区、旅游度假区加强适老化改造，推动文旅康产业成为老年人享受晚年生活、实现身心健康的重要途径。[1] 2024年，中央一号文件更是聚焦乡村的全面振兴，特别提出实施乡村文旅深度融合工程，通过推进乡村旅游集聚区（村）的建设，积极培育生态旅游、森林康养、休闲露营等新业态，为文旅康养产业在乡村地区的蓬勃发展注入新的活力与动力。同年5月17日召开的全国旅游发展大会上，习近平总书记对旅游工作做出重要指示强调"着力完善现代旅游业体系，加快建设旅游强国，推动旅游业高质量发展行稳致远"[2]。党的二十

---

[1] 邓小海：《打造"康养到贵州"品牌对策研究》，《新西部》2023年第10期，第51~55页。
[2] 《习近平对旅游工作作出重要指示：着力完善现代旅游业体系加快建设旅游强国 推动旅游业高质量发展行稳致远》，中国政府网，2024年5月17日，https：//www.gov.cn/yaowen/liebiao/202405/content_ 6951885. htm。

届三中全会对深化医药卫生体制改革、积极应对人口老龄化、发展银发经济等康养相关工作做出部署。这一系列政策举措的密集出台与深入实施，不仅为文旅康养产业的持续健康发展提供了有力保障，也彰显了国家对提升民众生活质量、促进经济社会全面发展的坚定决心。

2. 省级政策

山西省政府紧跟国家发展战略，紧密结合本地特色与优势，制定并实施了一系列精准有力的政策措施。

《山西省"十四五"文化旅游会展康养产业发展规划》提出合理布局康养产业，构建特色康养产品体系，做强载体，完善配套，培育壮大市场主体，打响"康养山西、夏养山西"品牌。[①] 随后山西省政府不仅提出了实施龙头景区"9+13"梯次打造培育计划和建设50个文旅康养示范区的目标，还通过《山西省人民政府办公厅关于支持康养产业发展的意见》等文件，明确了文旅康养产业的发展方向和重点。

2024年，山西省政府继续加大力度，出台《山西省人民政府关于推动文旅产业高质量发展的实施意见》等文件，提出更多具体措施，如打造国际旅游门户城市、夜间文化和旅游消费集聚区、休闲旅游和生态旅游产品等，以进一步推动文旅康养产业高质量发展。同时，还制定了《2024年加快推进文旅康养集聚区、文旅康养示范区建设实施方案》《山西省文旅康养领域建设高标准市场体系2024年行动计划》等文件，明确了文旅康养集聚区和示范区的建设目标与任务，进一步促进文旅康养产业的集聚效应释放。此外《山西省旅游发展促进条例》的公布，为推动山西旅游业高质量发展，加快培育战略性支柱产业，打造国际知名文化旅游目的地提供了有力的法治保障。[②]

（二）资源禀赋

山西具有发展文旅康养产业的天然优势。

[①] 刘业飞:《"十四五"我省推动文化旅游会展康养四大产业融合发展》，《山西经济日报》2022年1月1日，第3版。

[②] 王文华:《〈山西省旅游发展促进条例〉11月实施》，《中国旅游报》2024年8月2日，第2版。

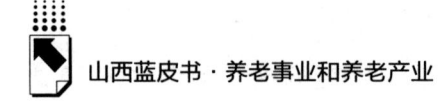

一是气候适宜。山西地处中纬度地带的内陆地区，在气候类型上属于温带大陆性季风气候，大部分地区海拔在1500米左右，夏季平均气温在26℃以下，全年降雨量为400~600毫米，平均湿度为59%，夏无酷暑，冬无严寒，四季宜居。

二是生态优越。2023年末全省森林面积达322.8万公顷，森林覆盖率达20.6%。山西从北到南密集分布着管涔山、太岳山、中条山等九大林区，形成包括国家级自然保护区、国家森林公园、国家湿地公园、国家地质公园等在内的73个国家级自然保护地。此外，全省温泉出露点高达400多个，主要分布于大同、忻州、太原、临汾和运城等地，且大多数温泉地出水量大，矿物质含量丰富，对人体有很好的保健作用。

三是物产丰富。首先，山西面食历史悠久，种类繁多，其中尤以刀削面闻名。其他如剔尖、饸饹、猫耳朵、不烂子、栲栳栳等面食通过擀、拉、拨、削、压、擦、揪、抿等不同制作方法，实现"一面多样、一面百味"。其次，山西杂粮在全国品类最全、品质最好。山西杂粮种植面积占全省粮食作物播种面积的比例近1/3，占全国杂粮种植面积的1/10，谷子、杂豆、莜麦等产量在全国名列前茅，并且山西杂粮产品的营养成分含量普遍高于全国平均水平，山西是名副其实的"小杂粮"王国。最后，山西既酿好酒，又产好醋。山西老陈醋已有4000余年的历史，享有"天下第一醋"的盛誉。而汾酒作为中国白酒产业的奠基者，具有深厚的文化底蕴，被誉为"国酒之源，清香之祖，文化之根"。不仅如此，山西还是大枣、核桃、沙棘的盛产地，以及道地药材的宝库。山西现有中药材1788种，其中道地药材有30多种。这些丰富的物产资源，为山西文旅康养产业的发展提供了支撑。

四是文化深厚。华夏古文明，山西好风光。山西是我国文化旅游资源最为富集的省份之一。截至2023年初，山西现有全国重点文物保护单位531处，总数排名全国第一。其中，古建筑有420处，占比达79%，排名全国第一。云冈石窟、平遥古城、五台山为世界文化遗产。全国保存完好的地面古建筑物70%以上在山西境内，山西享有"中国古代建筑艺术博物馆"的美誉。截至2024年，山西共有中国传统村落619个，数量居全国第五，占全国总数的7.6%；共有中国历史文化名镇名村111个，数量居全国第一，占全国总数的21%。广大的农村腹地，为山西文旅康养产业的发展提供了沃土。

（三）市场前景广阔

当今社会，随着生活节奏的不断加快与人们对生活质量追求的日益提升，文旅康养市场正展现出前所未有的广阔前景。这一市场的繁荣，不仅是大健康产业、文旅产业与银发经济深度融合的必然结果，更是人们健康意识觉醒的直接体现。

1. 旅游方式的深刻变革

随着大众旅游时代的到来，旅游者的消费观念发生了显著变化。游客不再满足于简单的观光游览，而是更加注重旅游过程中的情感体验与心灵触动。文旅康养旅游作为这一变革的产物，正通过提供沉浸式、生活化的旅游体验，满足游客对健康与精神的双重追求。从露营、漂流到徒步、滑雪，户外休闲运动的兴起不仅丰富了旅游业态，也提升了游客的旅游体验。同时，高品质休闲度假类旅游业态的复苏，进一步满足了游客对深度游、慢生活的向往。

2. 银发经济的巨大潜力

我国正步入深度老龄化社会，老年人口的增长为银发经济带来了前所未有的发展机遇。在"候鸟式养老"与"度假式养老"等新型养老模式的推动下，康养与文旅的深度融合已成为市场发展的新趋势。国家层面的战略部署与政策支持，为银发经济的蓬勃发展提供了有力保障。《关于发展银发经济增进老年人福祉的意见》的发布，不仅为养老产业注入了新的活力，也为文旅康养市场的拓展开辟了广阔空间。老年人对旅游的热情与需求，以及他们不断提升的消费能力，为文旅康养产业带来了稳定的客源与持续增长的市场空间。

3.全龄康养时代的全面开启

随着"亚健康"问题的日益凸显，健康养生已不再是老年人的专属话题，而是跨越年龄界限成为全民共识。央视财经发布的《中国美好生活大调查》数据显示，在2023年18~35岁年轻人消费榜单中，健康消费跻身年轻人消费意愿的第3名。另据2022年发布的《Z世代营养消费趋势报告》，年轻人正身体力行地成为当下养生消费主力军，每位城市常住居民年均花费超过1000元用于健康养生，其中18~35岁的年轻消费人群占比高达83.7%。[①] 年轻群体作为时代的弄潮儿，正以积极的态度拥抱养生文化，这一趋势为文旅康养市场注入了新的活力与增长点，将引领文旅康养产业向全龄化、多元化、个性化的方向发展。

二 山西文旅康养产业发展成效

近年来，山西持续深化文旅康养产业供给侧结构性改革，增强文旅康养产业竞争力，成功创建了一批高质量高标准，且具有较强竞争力的文旅康养特色品牌。

（一）全省域大文旅、大康养格局正在加快形成

2021年9月，晋城荣获了联合国国际老龄问题研究所授予的中国首个"世界康养示范城市"称号，成为全国康养产业发展大会的永久会址。2024年晋城市陵川县太行锡崖沟旅游度假区成功创建为国家级旅游度假区，标志着山西在国家级旅游度假区创建上实现了零的突破。2023年山西大同、晋城上榜2023年度"中国康养产业可持续发展能力20强市"；同时沁源县、云州区、陵川县、左权县、垣曲县跻身2023年度"中国康养产业可持续发展能力100强县"，彰显了山西康养产业蓬勃发展的良好态势与广阔前景，全省域大文旅、大康养格局正在加快形成。

[①] 王羡茹、曲欣悦：《"脆皮年轻人"花式养生，有人月均账单超千元》，《工人日报》2024年2月18日，第2版。

（二）文旅康养产业集群正在加速构建

截至2023年12月，经评定山西已确立10个文旅康养集聚区，分别为太原晋源区、浑源县、盂县、壶关县、陵川县、泽州县、右玉县、运城盐湖区、忻州忻府区、忻州五台山。同时，设立了15个文旅康养示范区，分别为第一批入选的森栖小镇、金沙滩健康养生中心、云中河景区、唐河大峡谷旅游度假区、小西沟乡村文旅康养综合体、壶关欢乐太行谷文旅综合体、云丘山景区、白马寺山高端康养度假区、圣天湖小镇；第二批入选的太原古县城、忻州古城、振兴小镇、人祖山景区、皇城相府文旅康养区、芮城黄河金三角文旅康养项目。[①] 这些文旅康养集聚区与示范区将在增强文化特色、活跃市场主体、提升核心竞争力、集聚产业发展等方面发挥积极作用。

（三）多元文旅康养休闲消费场景正在蓬勃兴起

截至2024年1月，文化和旅游部已分别公布3批国家级夜间文化和旅游消费集聚区及国家级旅游休闲街区名单。目前，山西共有8个国家级夜间文化和旅游消费集聚区，分别为晋中市《又见平遥》文化产业园、太原市钟楼步行街、太原古县城、忻州古城、晋中平遥古城、阳泉市阳泉记忆·1947文化园、晋城市"梦回长平"不夜城、运城市岚山根·运城印象。[②] 5个国家级旅游休闲街区分别为忻州忻府区古城文旅休闲生活街区、太原迎泽区钟楼步行街、运城盐湖区岚山根·运城印象步行街、太原晋源区太原古县城十字街、晋中平遥县《又见平遥》文化产业园区印象新街。国家级夜间文化和旅游消费集聚区及国家级旅游休闲街区在促进城市经济发展、丰富市民文化生活、提升城市知名度和影响力、推动文化产业发展以及促进文化传承和保护等方面具有重要意义，同时，其既是城市发展的重要引擎，也是提升城市品质和居民幸福感的重要途径。

---

① 尹俊芳、王占宇：《发展文旅康养产业建设文化旅游强省》，《山西日报》2023年9月5日，第11版。
② 赵卫军：《山西文旅融合发展现状和路径研究》，《西部旅游》2024年第7期，第10~14页。

三 山西文旅康养产业发展存在的问题

尽管山西具有发展文旅康养产业的先天条件，做出了大力发展文旅康养产业的战略部署，但在推动文旅康养产业高质量发展上仍存在一些亟待解决的问题。

一是在示范引领方面，传统旅游景区在文旅康养转型上仍需加强，国家级、世界级的文旅康养示范项目相对较少，缺乏具有国际知名度和影响力的世界级文旅康养品牌，这不仅制约了山西文旅康养产业在全球范围内的吸引力和竞争力，也阻碍了高端文旅康养市场的开拓。

二是在供需对接方面，文旅康养产业面临融合力度不够、产品创新不足等问题，资源禀赋主导的传统门票盈利模式已经难以适应创新发展的需求，文旅康养项目往往过于依赖自然资源和文化遗产等，而忽视了配套服务设施的建设和运营，这导致产业链上的配套环节发展滞后，无法满足游客的多元化需求。

三是在银发经济领域中的市场拓展方面，养老产业处于初级阶段，呈现文旅康养产品供给不足的现状。鉴于老年群体对文旅康养服务需求的不断攀升，这种有限的供给与庞大的市场需求之间存在突出的矛盾，供需缺口日益凸显，显示出市场潜力尚未被充分挖掘与释放。

四是在市场主体培育方面，山西文旅康养企业整体呈现"小、散、弱"的特点，市场主体培育不充分，企业活力和竞争力不强，高质量转型发展能力不足，缺乏支撑力、带动力、引领力强的龙头企业，也缺乏研发能力强的创新型企业，文旅康养产业集群发展体系尚未形成。

五是在人才供给方面，当前文旅康养产业面临跨领域、跨专业、复合型、创新型专业人才匮乏，旅游人才区域分布不均衡，旅游行业人才流失率居高不下、后备人才储备不足等问题，使得旅游人才紧缺的状况日益严峻，成为制约文旅康养产业高质量发展的关键因素。

四 持续推动山西文旅康养产业高质量发展的对策建议

文旅康养产业作为连接经济发展与民生福祉的桥梁，其核心在于通过提供高质量的产品与服务，持续满足人民群众日益增长的对美好生活的向往与追求。当前，山西正处于加快发展文旅康养产业的黄金机遇期，应从以下几个方面持续发力，全面推动文旅康养产业高质量发展。

（一）守正创新，提质增效，打造标杆项目

一是在世界级文旅康养标杆项目上，取得突破。山西用全球的眼光、国际的视野，立足世界知名文化旅游目的地，以世界文化遗产为突破口，打造世界级文旅康养品牌。作为世界文化遗产的五台山，不仅是世界五大佛教圣地之一，还有着清凉胜境之美誉，具有发展为世界级文旅康养胜地的绝佳优势。针对五台山当前以观光游为主，二次消费占比较低、业态单一、高品质度假产品较为匮乏等问题，以"大景区"的发展思路，拓展景区的物理空间，引导游客在核心区域观光旅游，在外围区域消费，构建空间圈层化、功能差异化、景城一体化的发展格局。同时，采取全要素优化策略，精准对接游客多元化需求，从民宿、演艺、商街、活动等方面进行全面提质升级，聚焦游客情绪方面的需求，举办祈福盛会，打造全龄、全时、全季旅游产品，推动景区由观光游向度假游转变，打造世界级文旅康养品牌。

二是促进国家级文旅康养标志性项目的建设与发展。山西已拥有包括国家级旅游度假区、国家级旅游休闲街区、国家中医药健康旅游示范区、中国森林康养基地等一批国家级文旅康养项目。但当前这些项目在品牌影响力和集群效应上仍有待加强。为此，一方面应聚焦提升现有国家级文旅康养品牌。通过持续创新业态、完善基础设施、优化服务体验，不断增强项目的市场竞争力与品牌影响力，提高其在国内外的知名度和美誉度。另一方面应继

续培育新的国家级、世界级文旅康养项目，推动新项目与现有国家级项目之间的联动发展，实现资源共享、优势互补、市场共拓，从而在山西构建起具有强大竞争力的文旅康养产业集群。例如，目前山西仅有一家国家级旅游度假区，度假产品体系还十分薄弱，要继续推进省级旅游度假区升级为国家级旅游度假区，形成一批地域特色鲜明、富有文化底蕴、生态环境优良、服务质量卓越的国家级旅游度假区，以更好地满足人民群众日益增长的美好生活需要，促进山西文旅康养产业高质量发展。

三是打造一批文旅康养热点城市。山西的晋城、长治、太原、大同等，凭借其得天独厚的城市气候、良好的生态环境以及丰富的文旅康养资源，成为全域打造文旅康养热点城市的理想之地。首先，应充分利用这些城市的综合优势，将文旅康养产业发展融入城市更新过程之中，提炼城市文化符号，强化品牌效应，形成城市的独特气质，为游客提供舒适的休闲文化体验。其次，通过树立泛景区发展理念，打破传统景区界限，以"文化、交通、生态"三条廊道串联景区、城市与乡村，推动城景乡一体化融合发展，构建互补共生的文旅康养生态体系。最后，要深入推进城市文化资源的创造性转化，催生新业态、新场景、新消费，增强城市旅游的氛围感、仪式感和体验感。将城市打造为主客共享的沉浸式文化体验地、康养休闲地，形成示范标杆。

（二）从需求端发力，完善服务供给，提升服务质量

树立全域、全龄、全季旅游理念，打造消费新场景、全要素产品、全感官体验，满足游客的多元化需求。

一是深化文旅康融合。充分重视文化、旅游、康养产业间的产业黏性和韧性特征，以创新、融合、集聚为引领，推进文化、旅游、康养产业互联互通、相融相长、耦合共生。坚持以文塑旅、以旅彰文，深入研究在地文化，包括古建筑、历史遗迹、民俗风情、非物质文化遗产等，通过融合现代科技力量与艺术创作灵感，把山西丰富的传统文化元素融入"食、住、行、游、购、娱"各领域、各环节，提高游客在文旅康养体验中的游玩深度、文化

厚度和互动程度，全方位提升游客的文旅康养体验，通过文化赋能，提升康养旅游产品的附加值，打造以文化体验为核心的旅居康养目的地。

二是注重差异化发展。山西虽然已形成田园康养、休闲康养、温泉康养、避暑康养、森林康养、中医药康养遍地开花的局面，但这些产品仍普遍存在多而不精、产业发展路径不清晰、同质化竞争严重等问题。应积极向大健康、大养生延伸发展，依托忻州小杂粮特色，迎合当前消费者健康饮食的需求，推出特色小杂粮健康美食；根据二十四节气提供能够起到预防疾病作用的药膳；开发专门的康养酒店并为入住的游客提供瑜伽、太极拳等活动；提供涵盖预防、诊断、治疗、康复等全流程、深层次的健康管理服务等，为温泉康养拓宽业务线。而晋中崇宁堡温泉应依托大院文化，将温泉与文化、商街相融合，创新推出民俗节庆活动、手工艺制作体验、非遗文化展示等文化体验项目，围绕夜游、夜演、夜秀、夜娱、夜购等核心要素，打造丰富多彩的夜间消费场景，让夜色温泉与夜游消费相碰撞，打造山西的夜温泉首选地。

三是强化服务配套。交通方面，积极推进山西省级文旅康养集散中心项目建设，构建覆盖全省的旅游交通和集散综合服务体系，通过完善交通设施，促进全域联动，提高服务品质，实现共同发展。住宿方面，鼓励发展民宿经济，依托山西丰富的传统村落、历史文化名城名镇名村等资源，打造一批如"晋商大院民宿""窑洞民宿""黄河人家"等具有山西特色的民宿集群。智慧出行方面，以"游山西"App为核心载体，推动景区门票、公共交通、特色餐饮、旅游服务等实现一网通，打造"互联网+旅游"预订、导览、支付等服务新场景。

四是提升服务质量。加强对各行各业从业人员的培训，强化服务意识，提升服务水平，加强服务质量监管，打造便捷、舒适、安全的消费环境。要发挥好旅游对国际关系的促进作用，大力发展国际旅游，邀请国际游客走进山西，了解中国、感知中国，提升山西的国际形象。山西要围绕国际市场，编制国际游客服务提升规划，完善国际游客服务体系。景区景点要增设多语种标识与导览系统，确保国际游客能够轻松获取景点信息。另外，要培养一批精通外语、熟悉山西历史文化及地方特色的导游队伍，为国际游客提供高质量、个性化的讲解服务。同时布局国际化住宿、餐饮配套设施，满足国际游客特定的服务需求，完善支付体系，为国际游客提供消费便利。

（三）深耕健康养老领域，为老年人提供优质的文旅康养服务

银发经济高质量发展目标内含文旅康养产业发展需求。积极发展文旅康养产业，壮大老年文旅产业，增进银发群体的福祉，将"老年负担"变为"长寿红利"。

一是构建多元化养老服务体系，满足个性化养老需求。积极构建涵盖社区养老、机构养老与旅居养老在内的三级养老服务体系，形成互为支撑、优势互补的养老服务网络，全面覆盖老年人多样化养老需求，让每位老年人都能够根据自己的身体状况、兴趣爱好及生活习惯，灵活挑选最适合自己的养老方式。

二是深化旅游企业与医疗机构的战略协同，共筑医养融合新高地。一方面，在现有文旅康养产业的基础上，针对老年人康养需求，进一步"拓圈强链"，开展健康管理、特需医疗、照护康复等特色养老服务，着力提升医养康养旅游的专业化水平。另一方面，依托山西中药材资源优势，携手山西国字号中医药领军企业，深化对中药材资源的精细开发与高效利用，将传统中医药理论与现代营养学相结合，发展中医药膳养生产业，加快推进以"文旅医养一体化"为品牌标识的健康产业体系建设。

三是加大对田园养老项目的支持力度。乡村是"养老、养生、养心"的首选之地，能有效满足老年人的现实需要。在乡村振兴及大健康背景下，文旅康养产业作为新兴产业方兴未艾，将在今后山西乡村振兴过程中成为乡村发展的新引擎及乡村振兴的重要突破口之一。应充分依托乡村气候、生态、农产品、文化资源，利用好山西广大农村地区的闲置房屋，以"共享农屋"模式盘活农村闲置住宅，实现城乡功能互换、生态空间共享的目标，满足康复疗养、旅居养老、休闲度假型"候鸟"养老需求，配套老年体育、老年教育、老年文化活动等业态，满足老年人情感、健康、爱

好、群居等全方位需求,将乡村打造为文旅康养产业、大健康产业发展的绝佳场所。

(四)培育壮大文旅康养产业市场主体,有效激发市场活力

一是打造文旅康养产业旗舰劲旅。加大对文旅康养市场主体的支持力度,推进山西文旅集团专业化改革,优选重点文旅康养资源,通过资产划拨、兼并重组、委托运营等方式,提高山西文旅集团文旅康养主业占比,强化市场主体功能,提升企业在文旅康养赛道上的领跑能力,率先把山西文旅集团打造成文旅康养产业的旗舰劲旅。

二是培育一批文旅康养龙头企业。政府要出台一系列具有可操作性的扶持政策,推动资金、人才、技术、土地等要素进一步向优质企业集中,并营造有利于企业发展的营商环境,培育一批具有较强市场竞争力的文旅康养龙头企业,并鼓励龙头企业通过上下游整合等多种形式,实现资源整合和有效利用,迅速扩大企业规模。

三是鼓励支持中小微企业发展。首先,打造市场化、法治化、国际化营商环境,全面放宽市场准入,鼓励引导各类资本积极参与文旅康养产业发展,打造文化创客空间、创意工坊等,形成富有活力的中小微企业集群。其次,发挥中小微企业贴近市场、机制灵活等优势,引导中小微企业加快产品模式创新和多产业、多业态、多服务融合发展。鼓励中小微企业以专业化分工、服务外包、订单生产等方式与大企业、龙头骨干企业建立稳定的合作关系。打造一批专注于细分市场、主营业务突出、技术和服务出色、市场占有率高、竞争力强的专精特新企业。

(五)加快人才培养,赋能文旅康养产业高质量发展

坚持把人才工作摆在更加突出的位置,不断加大高层次人才引进、培养的力度,构建多层次、全方位的人才保障体系,打造文旅康养产业人才高地。

一是依托高校优质资源,培育高素质旅游专门人才。优化高等教育与职业教育的课程设置,建立以市场需求为导向的旅游人才培养机制,确保教学

内容与文旅康养产业的实际需求紧密对接。通过增设跨学科课程，如文化旅游规划、健康养生管理、智慧旅游技术等，培养具备复合型知识结构和创新能力的高素质人才。同时，加强与行业企业的合作，建立产学研用深度融合的人才培养模式，实现科研与实践的有机结合。

二是深入推进"人才强企"工程，抓好文旅康养专业人才培养。通过举办各类培训班、研讨会和技能大赛等活动，为从业人员提供学习交流的平台，激发其学习热情和创新精神。同时，鼓励和支持企业开展内部培训，建立完善的激励机制，为文旅康养专业人才打通成长通道。

三是积极引进优秀人才，为文旅康养产业发展注入新鲜血液。建立政府、高校、企业"三位一体"的人才引育模式，通过出台人才发展政策、财政政策，形成政策洼地。在落户、住房补贴、生活补贴、子女就学等方面提供优惠政策和全方位的服务保障，营造良好的人才发展氛围，吸引更多高素质、高技能人才投身文旅康养产业。

参考文献

程远曲：《山西省温泉旅游资源研究》，《晋城职业技术学院学报》2011年第1期。

董洁芳、王丽芳、邓椿：《山西省康养旅游资源空间分布特征及其影响因素研究》，《山西师范大学学报》（自然科学版）2023年第2期。

范晓施、杨芳：《大健康背景下对"共享农屋"旅游模式的探究——以浙江省磐安县为例》，《农村经济与科技》2020年第20期。

易慧玲、李志刚：《产业融合视角下康养旅游发展模式及路径探析》，《南宁师范大学学报》（哲学社会科学版）2019年第5期。

赵鹏宇、刘芳、崔嫱：《山西省康养旅游资源空间分布特征及影响因素》，《西北师范大学学报》（自然科学版）2020年第4期。

B.8 山西中医药康养产业发展研究

张云霞 李文钰 张文龙*

摘 要： 中医药学是中华民族的伟大创新，是中国古代科学的瑰宝，也是打开中华文明宝库的钥匙，为中华民族繁衍生息做出了巨大贡献，对世界文明进步产生了积极影响。在健康中国战略背景下，中医药康养产业迎来了前所未有的发展机遇。《中共中央 国务院关于促进中医药传承创新发展的意见》指出，要传承精华、守正创新，继承好、发展好、利用好中医药，助力打造高品质生活。山西被誉为"天然药库""中药材之乡"，拥有深厚的中医药文化底蕴和丰富的中医药康养资源。山西贯彻落实国家有关政策，提出"中医药强省"战略目标，实施中医药医疗服务能力加强、中医药健康服务业拓展、中药资源保护利用、中药材生产和质量提升、中药工业现代化、中医药人才培养和中医药科技创新七大工程。山西发挥资源禀赋的优势，弘扬中医药文化，积极应对人口老龄化，打响"康养山西、夏养山西"品牌，探索"+中医药""中医药+"创新模式，大力支持中医药康养产业发展，推动中医药保护传承创新，以满足新时代大健康市场的旺盛需求，增进人民健康福祉，构建健康和谐社会。

关键词： 健康中国 中医药 康养产业

---

* 张云霞，山西文旅产业规划设计研究院有限公司［山西省文旅（产业）规划研究院］党支部副书记，副总经理，工会主席（副院长），正高级经济师，主要研究方向为文化旅游、文旅康养、中医药康养产业、乡村振兴等；李文钰，山西文旅产业规划设计研究院有限公司［山西省文旅（产业）规划研究院］技术主管，国土空间规划中级工程师，风景园林中级工程师，主要研究方向为文化旅游、中医药康养等；张文龙，山西白求恩医院骨科主治医师，主要研究方向为老年健康。

党的二十届三中全会发布的《中共中央关于进一步全面深化改革　推进中国式现代化的决定》（以下简称《决定》）对深化医药卫生体制改革、积极应对人口老龄化、发展银发经济等相关工作做出部署，指出要完善中医药传承创新发展机制。近年来，在健康中国战略引导下，健康服务新产业、新业态、新模式迅速涌现，大健康产业逐渐成为我国经济发展的新引擎。由于中医药具有独特优势和特别疗效，越来越多的人选择中医保健养生，中医药康养产业迎来前所未有的发展机遇。山西明确提出"中医药强省"、"建设全国山岳型夏季康养重地"和"建设国际知名文化旅游目的地"的战略目标，打响"康养山西、夏养山西"品牌，开发利用独特的中医药文化、良好的自然生态、宜人的气候环境、富集的森林温泉等资源，全力推动山西中医药康养产业高质量发展。

一　山西中医药康养产业发展机遇

（一）政策机遇

2019年10月，习近平总书记对中医药工作做出重要指示，要遵循中医药发展规律，传承精华，守正创新，加快推进中医药现代化、产业化，坚持中西医并重，推动中医药和西医药相互补充、协调发展，推动中医药事业和产业高质量发展，推动中医药走向世界，充分发挥中医药防病治病的独特优势和作用，为建设健康中国、实现中华民族伟大复兴的中国梦贡献力量。[1]这为中医药康养产业创新发展指明了方向、擘画了蓝图、明确了目标任务。党的二十大报告提出："推进健康中国建设，实施积极应对人口老龄化国家战略，促进中医药传承创新发展……"《中医药振兴发展重大工程实施方

---

[1] 《习近平对中医药工作作出重要指示强调　传承精华守正创新　为建设健康中国贡献力量　李克强作出批示》，新华网，2019年10月25日，http://www.qstheory.cn/yaowen/2019-10/25/c_1125152288.html。

案》《"十四五"中医药发展规划》等一系列政策措施，支持鼓励中医药、康养服务模式和服务内容探索创新，鼓励地方结合本地区中医药特色资源，开发更多体验性强、参与度高的中医药康养旅游线路和旅游产品，吸引境内外消费者。[①]

近年来，山西认真贯彻落实国家政策，结合山西省情，出台《"健康山西2030"规划纲要》《关于建设中医药强省的实施方案》《山西省人民政府办公厅关于推进中药材产业高质量发展的意见》《推动全省森林康养产业高质量发展行动计划》等"一揽子"政策，政府、企业、市场联合发力，利用好中医药文化和资源，推进创造性转化、创新性发展，将优质资源转化为特色产业，发展康养产业，带动区域经济发展，以"国家中医药传承创新发展试验区""中医药专业镇"等为示范，建设一批中医药专业镇、康养示范基地、康养旅游度假区、特色康养小镇等，鼓励"中医药+文旅产业""中医药+体育产业""中医药+养老产业"等多业态创新融合发展，努力培育中医药康养全产业链，持续打造中医药康养新业态、新产品、新服务。这一系列利好政策为山西中医药康养产业发展提供了坚实保障。

（二）市场机遇

1.健康消费市场需求旺盛

最新发布的《全球康养经济监测报告（2023版）》显示，康养市场迅速发展，自2020年以来年均增长率达到12%，预计到2027年，康养地产年均增长率为17.4%、康养旅行年均增长率为16.6%、精神健康年增长率为12.8%。此外，2024年康养地产、传统与补充医疗、公共健康和预防、个性化医疗领域的市场规模将超过5万亿美元。2025年，健康饮食、营养和减重将超过美容，成为最大的康养市场。[②]中医药治未病的养生理念以及传

[①] 陈娜等：《文旅融合背景下山东省中医药健康旅游管理人才培养模式研究》，《西部旅游》2024年第11期，第85~88页。

[②] 《全球康养经济监测报告2023版》，全国老年健康教育服务平台，2024年1月6日，https://www.lnjk.org.cn/article/p-649.html。

统疗法和独特的疗效得到越来越多国内外消费者的认可。在大健康时代，中医药康养产业将成为具有巨大发展潜力的产业。

2.人口老龄化加剧促使健康养老需求增加

我国已步入老龄化社会。根据国家统计局人口统计数据，截至2023年底，我国60岁及以上人口为29697万人，占全国总人口的21.14%；其中65岁及以上人口为21676万人，占全国总人口的15.4%，与2022年相比占比上升了0.5个百分点（见图1）。① 第七次全国人口普查数据显示，山西人口老龄化形势日益严峻，2023年65岁及以上人口占总人口的比重为15.20%（见图2）。② 国家统计局数据显示，当下中国养老产业市场消费需求在5万亿元以上，2030年消费需求将达到20万亿元左右。《决定》指出，要健全人口发展支持和服务体系，健全支持创新药和医疗器械发展机制，完

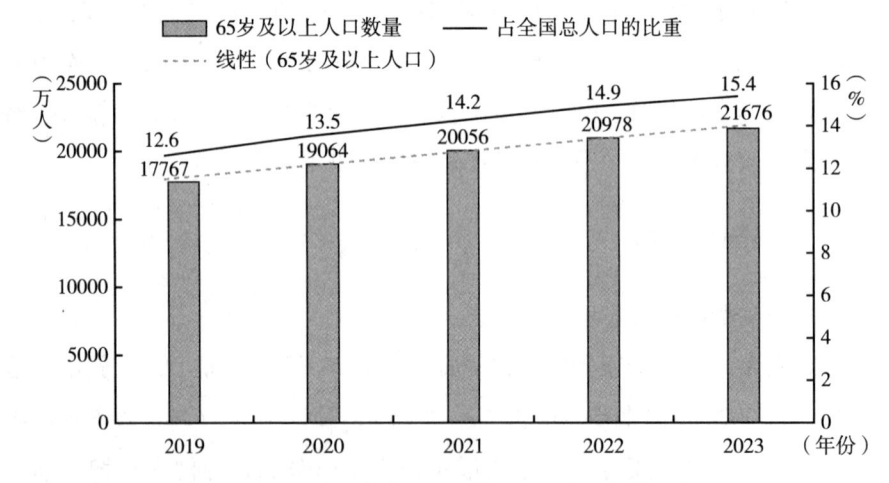

图1　2019~2023年全国65岁及以上人口数量及占比

资料来源：国家统计局。

---

① 王萍萍：《人口总量有所下降人口高质量发展取得成效》，国家统计局网站，2024年1月18日，https://www.stats.gov.cn/sj/sjjd/202401/t20240118_1946701.html。
② 《山西省2023年国民经济和社会发展统计公报》，静乐县人民政府网站，2024年3月20日，https://sxjl.gov.cn/zwyw/szfyw/202403/t20240320_3962492.html#:~:text=%E5%B1%B1%E8%A5%BF%E7%9C%81%E7%BB%9F%E8%AE%A1%E5%B1%80%20%E5%9B%BD%E5%AE%B6%E7%BB%9F%E8%AE%A1%E5%B1%80。

善中医药传承创新发展机制。大力发展"中医药康养产业+医疗机构""中医药康养产业+养老机构""中医药康养产业+疗养基地""中医药康养产业+康复",是落实《决定》要求,积极应对老龄化、少子化,健全覆盖全人群、全生命周期的人口服务体系,促进人口高质量发展的有效措施。①

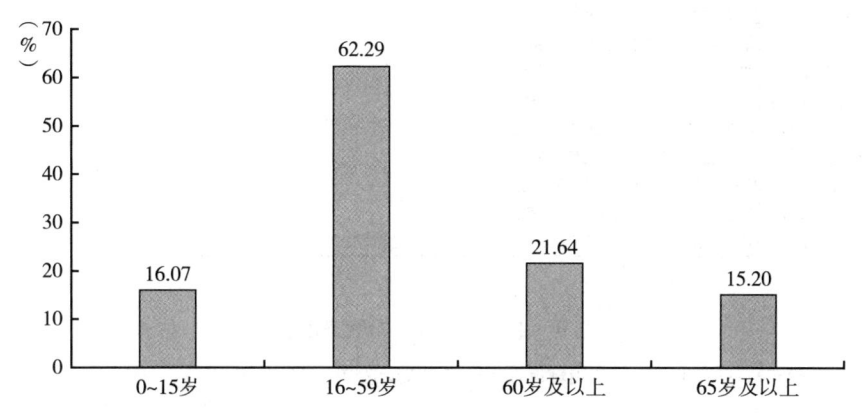

图2　2023年山西人口年龄构成

资料来源:《山西省2023年国民经济和社会发展统计公报》。

3."亚健康"推动消费新业态产生

随着人们生活水平的持续提高和消费结构的不断升级,中国进入"大健康"时代,公众对健康养生的需求日益增长。《中国城市青年群体健康观念调查报告(2022)》显示,43.50%的城市青年有"易疲倦"的症状,"肩颈不适""记忆力下降"的城市青年占比分别高达38.88%和36.25%,"脱发""消化不良""睡眠障碍""免疫力下降"等症状困扰很多城市青年(见图3)。2022年新华网发布的《Z世代营养消费趋势报告》与中华中医药学会发布的《2022年全民中医健康指数研究报告》显示,18~35岁的年轻人已成为养生市场主力军,在养生消费人群中占比高达83.7%。中医药康养结合的新中式养生倡导自然、健康、和谐的生活方式,运用中医理论和

---

① 田晓航、李恒:《健全人口发展支持和服务体系》,新华每日电讯,2024年7月22日,http://www3.xinhuanet.com/politics/20240722/7c11b9ad572c41e7ab6470f4ae51244a/c.html。

特色疗法，既提高免疫力，又拒绝精神内耗，满足当代人追求身心健康、享受美好生活的康养需求。中医药康养产业具有广阔的市场发展空间。

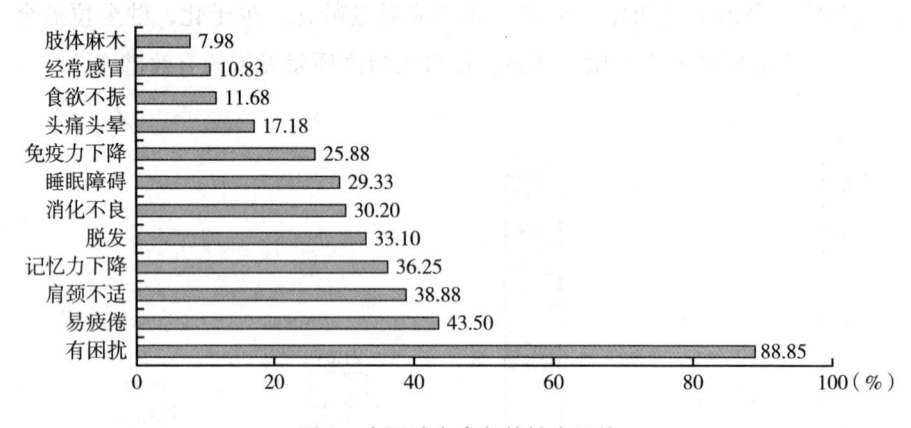

健康困扰	百分比(%)
肢体麻木	7.98
经常感冒	10.83
食欲不振	11.68
头痛头晕	17.18
免疫力下降	25.88
睡眠障碍	29.33
消化不良	30.20
脱发	33.10
记忆力下降	36.25
肩颈不适	38.88
易疲倦	43.50
有困扰	88.85

图 3　中国城市青年的健康困扰

资料来源：新华健康《中国城市青年群体健康观念调查报告（2022）》。

二　山西中医药康养产业发展现状及优势

（一）自然生态环境

山西地处黄河中游东岸、华北平原西端，位于北纬 34°34′~40°44′，东经 110°14′~114°33′，形成了独特、多样的气候类型和生态环境，为中药材种植提供了天然的条件。地形地貌上，山西呈东北高西南低，区域内分布山地、丘陵、高原、盆地、台地等多种地貌形态，80%属山地、丘陵。从北到南密集分布着恒山、五台山、太行山、太岳山和中条山等山脉，平均海拔在1500 米以上，为道地中药材创造了独特的生长环境。气候条件上，山西属温带大陆性季风气候且年平均气温在 4.2~14.2℃，四季分明、光照充足、昼夜温差大、年降水量丰富，为中药材生长提供了良好的气候条件。水资源上，山西拥有黄河、海河两大水系及其千余条大小支流，是海河、永定河、漳卫河等主要支流的发源地，被誉为"华北水塔"，为中药材生长提供了充足的水源。土壤环境上,山西土壤类型多样,有黄绵土、栗褐土、碱化盐土等多样的土壤环境,部分地区的土壤富含有机质和矿物质,是中药材种植的沃土。

山西素有"天然药库""中药材之乡"之称。独特的地理位置、多样的气候条件、良好的生态环境,孕育出高品质的道地药材。中药材品种丰富。据第四次全国中药资源普查统计,山西有1788种中药材,其中道地中药材达30多种[①],占全国的14%。目前,已初步建成恒山、太行山、太岳山、吕梁山、晋南边山丘陵五大中药材种植基地,全省中药材种植面积(含野生抚育)达560万亩。远志、连翘、黄芩、柴胡年产量在该品种全国总产量的占比分别均超70%、50%、40%、30%;山楂、知母、旱半夏、猪苓、瓜蒌、酸枣仁等一批地方特色的中药材品种发展迅速。"十大晋药"中药材种植产量高、品质优。2020年,山西省卫生健康委员会认定黄芪、党参、连翘、远志、柴胡、黄芩、酸枣仁、苦参、山楂、桃仁为山西"十大晋药"中药材。"十大晋药"中药材(不含酸枣仁、桃仁)总种植面积达289万亩,产量约达33万吨。"十大晋药"中药材品质上乘,如恒山黄芪甲苷含量、潞党参"浸出物"含量、陵川连翘酯苷A含量都高于《药典》标准。药食同源产品丰富。目前,山西党参、黄芪、灵芝、山茱萸等被纳入食药物质目录。其中,黄芪作为山西代表性药食同源品种之一,已被开发出黄芪饮品、黄芪饼干等副食产品。山西物产丰富,有七大类120多种杂粮,是著名的"小杂粮王国",有宁化府陈醋、六味斋酱肉、清和元头脑、右玉羊肉等特色美食。

(二)中医药文化资源

中医药文化是中国传统文化的精髓。山西中医药文化源远流长。一是名医名典众多。传说神农炎帝就在上党地区得嘉禾、播五谷、制耒耜、尝百

---

① 黄璐琦等:《第四次全国中药资源普查试点外业调查情况简报》,《中国现代中药》2013年第7期,第535~537页。

草，开启了中华民族的农耕文明、医药文明。据考证，高平炎帝故里有80多块历代碑刻记载了神农炎帝在农业和中医药方面取得的成就。先秦时期，华夏医祖扁鹊提出四诊合参和治未病的思想；晋代，名医王叔和的《脉经》奠定了脉学发展的理论基础；唐代，王勃著有《医语纂要》；清代，傅山学识渊博、医德高尚、医术精湛，是山西"名儒名医"的代表，著有《傅青主女科》《傅青主男科》等。二是老字号守正创新。山西中医药老字号保护传承中医药文化，以其精湛的传统古法制药技艺和疗效独特的产品深入人心。中华老字号广誉远始创于明代，曾与北京同仁堂、广州陈李济、杭州胡庆余堂并称为"四大药店"，其龟龄集、定坤丹等被认定为国家级保密配方，享誉国内外；广盛原对古法技艺守正创新，通过精选道地药材、蜂蜜和严格的工艺控制，研发出"大蜜丸"；因傅山坐堂而闻名的大宁堂，其麝香牛黄丸、小儿葫芦散被列为国家非物质文化遗产。

（三）中医药康养产业发展现状

作为华北道地药材重要的产区，山西实施"中医药强省"战略，开展中医药健康服务业拓展、中药资源保护利用、中药材生产和质量提升等六大工程，中药材康养产业链已初步形成。

一是种植业初具规模。创建五大中药材种植基地。目前，全省已形成以潞党参、黄芩、连翘、苦参等为主的太行山中药材基地，以连翘、柴胡、板蓝根为主的太岳山中药材基地，以黄芪为主的恒山中药材基地，以远志、柴胡、地黄、丹参为主的晋南边山丘陵中药材基地以及以苦参、毛建草等为主的吕梁山中药材基地。截至2022年已建成道地中药材示范基地100万亩，带动野生抚育和大田种植350万亩，实现产值82.8亿元。[1] 获评10个地理标志双认证。平顺潞党参、恒山黄芪、安泽连翘等10余种中药材已取得农产品地理标志产品保护和国家地理标志产品保护认证，培育出安泽连翘、恒

---

[1] 《山西建成道地中药材示范基地100万亩》，山西新闻网，2022年8月30日，http：//www.moa.gov.cn/xw/qg/202208/t20220803_6406231.htm。

山黄芪、平顺潞党参等一批品牌价值10亿元以上的知名区域公用品牌。打造"国家级示范区+中药材重点县+多个专业镇"多级联动发展体系。2023年，长治成功申报中医药传承创新发展示范试点项目；2024年，运城、长治两市被评为首批国家中医药传承创新发展试验区；重点打造陵川、平顺、安泽3个"一县一业"中药材重点县；打造平顺县上党中药材专业镇、晋中太谷中医康养专业镇、大同浑源恒山黄芪专业镇、忻州宁武药茶专业镇、长治上党大健康医药专业镇、晋城陵川中药材文旅康养专业镇等多个中药材专业镇。

二是加工业初见成效。山西依托道地药材资源，中药材产业发展势头迅猛，初步形成中药材种植、粗加工、商贸流通等产业体系，初步建成以太原、大同、晋中、临汾、运城、长治医药工业园为核心的六大医药工业产业集群，构建了门类较为齐全的产业化生产体系和流通体系。据不完全统计，山西产地加工企业有194家，年产量达66万吨，占全国总产量的11.61%，年营业收入达125.5亿元，占全国总营业收入的13.06%。涉中药生产的企业有98家，中成药批准文号有2126个，有保健品批文的企业达87家；药酒文号药字5个、健字13个；药茶生产企业稳定在200多家。"十大晋药"中有8种药材年营业收入超亿元，其中连翘超10亿元，黄芩、柴胡均超7亿元。亚宝药业和广誉远药业上榜2023年中成药工业TOP100，广誉远、复盛公、大宁堂、广盛原入选"中华老字号"品牌，龟龄集、定坤丹、安宫牛黄丸、小儿七珍丸等均为经典名药。

三是中医药康养旅游发展势头强劲。山西康养产业主要分布在大同、忻州、晋中、长治、晋城5个重点城市。已成功创建1个国家中医药健康旅游示范区（山西平顺国家中医药健康旅游示范区）、2个国家中医药健康旅游示范基地（山西红杉药业有限公司、山西广誉远国药有限公司）、1个国家级旅游度假区（太行锡崖沟旅游度假区）、5个中国森林康养试点县、4个中国森林康养试点建设乡、15个康养小镇、15个康养社区等，形成了以中医药"养生、养心、养老"为特色的康养旅游产业带，吸引大批游客来此度假、休闲、养生、养老。山西重点打造"中医药康养+多元业态"的中医药健康综合体。以中医药文化传播和特色疗愈体验为主，发挥资源优势，打造集康复养生、文化展示、观光旅游、研学体验与中医药科考于一体的中医药健康综合体。例如，已建成运营太谷孟母养生健康城、陵川松庙睡眠小镇、高平釜山中医治疗康养基地、安泽本草香泉中医药康养社区、大同黄经世家中医康养愈园、金沙滩健康养生中心等。持续打响"康养山西、夏养山西"品牌。中国·山西（晋城）康养产业发展大会、平顺药旅融合文化节暨太行山中医药健康旅游研讨会、陵川首届全国连翘产业发展大会等陆续召开，山西借助大会的影响力持续提升"康养山西、夏养山西"品牌影响力。全力打造中医药文化产业园区。广誉远中医药文化产业园、山西正和堂中医药文化产业园、振东中医药文化园与卢医山文旅康养产业园区等，均为集中医养生、中药材种植、中药生产、中药科普、田园休闲等功能于一体的中医药文化产业园区。

三 山西中医药康养产业存在的不足

山西中医药康养产业虽已初显成效，且呈现强劲的发展势头，但与中医药强省的战略目标要求相比，仍存在一些短板，还有很大的发展空间，主要集中在以下四个方面。

（一）中医药文化挖掘与转化利用不足

山西中医药资源是一座宝贵的"康养富矿"，但目前未健全其研究体系，仍需进一步加强研究挖掘、传承传播、开发利用。例如，神农尝百草、伏羲制九针、鲍姑艾灸等故事，《黄帝内经》《伤寒杂病论》《伤寒论》等国药名典，九针疗法、沙袋循经拍打疗法、马氏理筋疗法等传统疗法，五台山汉传、藏传特色疗法与永乐宫吕祖道家养生理念等诸多中医药方面的宝贵资源，挖掘得不充分、不深入、不全面、不系统，宣传形式也过于传统、单一，致使很多人对中医药文化知之甚少，特别是年轻一代对中医药的认知度、认可度、接受度、喜爱度也不太高，中医药资源较难转化成新消费、新产业、新业态、新产品，其极具优势的文化价值、康养价值、经济价值、时代价值都难以得到充分体现和利用。

（二）中医药康养产业创新融合不深不广

中医药康养产业创新融合方面还存在产业链不完整、产品体系不健全、产业集群效益发挥不充分，产业链、供应链、价值链三链联动不足等问题。山西在古法秘方新品研发、产学研用结合、科研成果转化、应用领域拓展、电子商务推广等方面仍有待加强，产业的规模化、现代化水平还有待提升；应用中医药古法工艺，将古典方剂创新转化为保健型产品、功能性产品、化妆品等中医药"特""优"拳头产品数量还不多、价值和市场份额还不大，具有市场定价权、话语权的龙头药企还不多；中医药与康养产业融合程度不深，未形成具有引流量、聚人气、有市场的优势产业。旅游业已由观光时代步入休闲度假、康养旅游时代，中医药康养产业应快速响应市场变化，创造更多康养旅居、休闲度假产品。

（三）中医药康养品牌价值和影响力有待提升

虽然山西在中医药康养品牌建设方面做了一些工作，但中医药康养的品牌营销手段创新不够，品牌价值、知名度、影响力、美誉度还有待提高。一是"康养山西、夏养山西"品牌持续传播能力不足，未持续借助新媒体、自媒体创新营销方式，未实现引来流量、引爆市场、引火消费的可持续性。二是中医药康养品牌矩阵未建立。山西虽有广誉远、大宁堂等老字号，以亚宝药业、振东药业、黄河中药为代表的药企，龟龄集、丁桂儿脐贴等名药，"十大晋药"道地药材等，但是知名品牌数量、品牌影响力、品牌价值等方面均需持续提升，未形成集中医药文化品牌、中医药康养品牌、药食同源品牌、特色疗法非遗品牌、道地药材品牌、道地药材产地品牌、中医药康养基地品牌等品牌集群。此外，在道地药材价值评估、古法技艺特色疗法价值开发、名医名家名方价值提升等方面做得还不够，山西古代杰出名医、当代"国医大师""老字号"名典名方、非遗传统技艺等尚未得到充分发掘和利用，且未形成形象化、主题化的品牌故事，难以在更大范围内推广和应用，难以实现更大的品牌效应和品牌价值。

（四）中医药康养产业标准化体系不健全

2024年6月，国家中医药管理局印发《中医药标准化行动计划（2024—2026年）》（以下简称《行动计划》），为推进中医药现代化、产业化，促进中医药高质量发展提出了明确要求。虽然目前山西制定了《文旅康养示范区评定规范》《康养旅游基地服务规范》《山西省2023年第一批食品安全地方标准立项计划》《食品安全地方标准 毛健草代用茶》等。但对标《行动计划》，推进山西中医药康养产业标准化发展，还需在政策引导、专家指导、审批流程、多主体积极参与等方面下大力气，特别是中医药康养产业发展尚处于初期，未出台省级层面的总体规划、指导意见以及配套实施方案等。康养产业标准化是一个系统工程，不仅涉及中医、康养、旅游、农业等多个领域，还包含基础设施、专业管理、特色服务等多个方面，涵盖国家标准、行业标准、地方标准、团体标准、企业标准等多个层次，涉及技术标准、服务标准、管理标准等多个方面，所以还需学习借鉴其他先进省份的经验，突出山西中医药康养产业特色，制定政策性、指导性、落地性强的标准体系。

（五）中医药康养产业复合型专业人才匮乏

中医药康养产业发展需要懂中医、懂康养、懂市场、懂运营、懂管理、有技术、善服务的复合型、实战型专业人才。在人才培养方面，不仅未建立起康养产业学院、中医院校等，还因受专业设置所限，往往侧重某专业人才的培养，中医院校、中医院、中医药企业、康养基地等多方合作不够紧密，产、学、研、用一体化人才培养机制不够健全，加之受区域经济、收入水平、发展机会等多方面影响，育人难、引人难、留人难等问题成为制约山西中医药康养产业发展的一大难题。

四 推动山西中医药康养产业发展的对策建议

基于以上五个方面的问题，结合山西实际，提出发展山西中医药康养产业的对策建议。

（一）加强中医药优秀传统文化研究和创新性转化

为进一步继承好、发展好、利用好中医药优秀传统文化，山西需统筹全省资源，集合多方智慧，调动各方力量，共同做好中医药文化研究和创新利用工作。一要全省"一盘棋"，做好"三个统筹"。统筹人才资源，组建专业研究团队。统筹协调好省内外中医药高校、科研院所、中医院、知名药企、示范县域、名医名家、康养机构等多方力量，建立专家人才库，成立研究专班，制订研究计划，明确研究任务，建立考核评估机制，提供必要的科研经费，促进科研成果落地转化。统筹研究资源，做好课题研究工作。统筹协调中共山西省委宣传部、省科技厅、省卫健委、省社科院、省社科联等课题发布机构，设立中医药文化研究、中医药保护传承创新发展、中医药康养产业高质量发展等专项课题，提供课题经费，调动社会各界力量，推动中医药有关研究与成果转化，加快形成高质量的研究成果，并在省级层面促进山西与全国学术权威认定机构，国际、国内有影响力的核心期刊、出版社、报社等开展深度合作，提升高质量研究成果在学界、专业领域和社会各界的认可度、权威性。统筹社会团体力量，加强交流合作。统筹协调中医药协会、学会、专业委员会等社会团体力量，加大对中医药康养产业细分领域的专业研究和交流力度，加快技术成果的转化利用，同时借助全球中医药发展论坛暨中医药产业博览会、高峰论坛等平台，探索具有山西特色的中医药康养产业发展模式。二要创新思维，实现"三个突破"。山西要努力在中医药文化研究上实现突破。探索出台研究成果与研究人员职称评聘挂钩的激励制度，用科学的机制激励研究人员潜心研究、守正创新，研究出真正有价值、有影响力的高质量科研成果。在成果转化上实现突破。充分发挥好"中医药重点实验室""中医药创新人才团队"等创新平台的作用，激励守正创新，提质增效、融合发展，在中医药文化保护和利用上求新、求变、求突破。推动中医药融入生活变成养生美食、融进景区变成康养新业态，更好地服务人民健康生活。山西在中医药优秀传统文化传播上实现新突破。借助自媒体，让中医天人合一的养生观、阴阳平衡的健康观、身心合一的整体观思想，优秀中医养生文化、中医养生故事、中医药特色养生运动与中医药养生膳食等，转化为现实康养产业、健康生活方式与日常养生习惯，共同构筑中国人健康养生的精神家园，展示阳光健康的中国形象，促进中西医结合。

（二）加强中医药资源共享和创造性开发利用

习近平总书记指出"绿水青山就是金山银山"，通过中药材资源普查与整理、产业链构建与升级、创新产业业态等，推动中医药康养产业持续健康发展。一是搭建全省中医资源共享平台。由山西省卫生健康委员会牵头，在全省范围内开展中医药资源全面普查，建立资源库。集中对山西中医药有关的名医、名典、名企、道地药材、民间特色疗法、中医药非遗项目、中医药博物馆、中医药文化产业园、中医药康养基地、中医养生馆、中医养生药膳、中医药保健产品、消费市场等进行全面、系统的普查，对普查的资源进行分类梳理、整理成册、动态调整，实现全省中医药资源"一个库"，共享交流"一个平台"。二是构建中医药康养产业链。充分发挥山西打造中医药专业镇和中医药链主企业的政策优势，卫健、发改、财政等多部门联合构建中医药产业链，以山西文旅集团文旅康养示范为引领，形成"链主+链上企业"的共建共享模式。建设中医药康养产业融合发展试点项目，选择一批条件和技术相对成熟的中医药机构和企业进行重点培育，着力打造一批中医药健康养生养老示范区（基地），提供自然疗愈、中医治未病、中医药养生、药膳食疗等特色服务，完善供应链，提升价值链，整体推动中医药大健康产业高质量发展。三是打造中医药康养精品供给体系。要依托世界自然文化遗产地、国家级旅游度假区、国家中医药健康旅游示范区（基地）、国家中医药保护传承示范区等，以示范为引领、以创建为手段、以中医药为特色、以提供高品质康养服务为路径，进一步加强现有世界遗产地人文和自然资源的开发利用，现有中医药示范基地的提质增效，现有康养旅游示范区的提档升级，现有文旅康养度假区的创新发展，全力打造一批具有示范性、影响力、高品质的地标性康养度假目的地；要依托中医药重点县、专业镇，发展中医药产业集群或康养产业集聚区，以产业研究院、龙头药企、中医药产业园等为牵引，以"提质扩容、补链强链、融合发展"为路径，实现科研、人才、技术、产业、项目的集聚，构建"道地药材规模种植+仓储冷链物流+精深加工+产品销售"的发展模式，培育壮大中医药"特""优"产业，成为带动乡村振兴的主导产业；围绕中医药康养领域创新推出多元产品，迎合当下"朋克养生""沉浸式养生""场景化消费"等康养新需求，针对不同的客群需求，从神农、傅山等名医，《伤寒论》《神农本草经》等名典，广誉远、颐圣堂等"老字号"中，挖掘文化内涵，提取设计元素，用数字技术、创意艺术赋能，打造体验性、互动性强的中医药消费新场景、新业态、新产品。如沉浸式中医药博物馆、体验式康养旅游度假区、中医疗愈民宿、国潮养生礼、中医文化演艺新空间、中医创世传奇故事等。与疗养机构、研学基地、康复中心、月子中心、美容医院、心理健康辅导站等合作，加强服务环境、服务设施、服务人员的软硬环境建设，应用中医阴阳平衡、五行调和的养生理念，植入中医非药物特色疗法，融入道地药材养生药膳，提供冥想体验、森林运动、音乐疗愈、佛系养生、瑜伽理疗等更加人性化、个性化、特色化的康复辅助疗愈产品。针对脆皮养生、边造边补等新生活方式，开发解忧安眠枕、DIY节气植物等新中式产品。同时，运用数字技术打造"神农尝百草数字艺术IP""十大晋药数字艺术IP"等文化符号，用数字技术激活中医药文化，实现传统文化的现代表达。四是完善高品质服务供给体系。对外通过旅游快捷专线、景观廊道、轨道交通等特色交通方式搭建"交通大网络"，解决到达产业园、示范区、度假区、基地等处的"最后一公里"通行问题；对内提升各产业园、示范区、度假区、基地等康养、疗愈、医疗、膳食、环境、住宿等的质量，打造中医药康养服务品牌。五是加强培育中医药康养产业运营主体。可充分依托振东药业、黄河制药等知名药企，利用山西文旅集团、太原植物园等平台，鼓励非遗技艺基地、康养基地等机构之间的相互联合，打造多元市场主体。通过联合各类资源、深挖中医药康养产品的潜力，优化产品组合，提升服务质量，加强市场营销等，提升附加值，满足多样化需求，从而推动其可持续发展。

（三）完善中医药康养产业基地网络体系

充分挖掘山西独特的自然、生态、气候、温泉、森林、田园等资源，坚持"中医药康养+"的发展理念，以打造不同主题的特色康养示范基地为载体，与农业、文旅、体育等产业创新融合，延伸和拓展产业链条，打造中医药康养产业基地网络体系。一是建设中医药田园康养示范体验基地。依托太行山中药材基地、太岳山中药材基地等种植基地，打造集休闲观光、农事体验、药材采摘、康体疗愈等于一体的基地。策划设计中药材梯田、大地景观，开发中药植物观赏、辨识中药材、制作标本盆景、加工炮制等体验项目，开展中药材农事文化体验、康复治疗、健身疗养等康养活动，提供中药材、药膳、药酒、药饮、药妆、中药保健品等产品。二是建设医养一体的中医药康养示范基地。依托太谷骨科等专科医院的医疗资源和周边孟母养生城等园区资源，推进医养结合，特别是针对术后需要长时间恢复的患者，向其提供更专业的康复训练指导、更贴心的专业护理服务、更适宜的餐饮住宿服务。三是建设中医药森林康养示范体验基地。依托五台山、太行山、中条山等森林康养基地，将禅修文化、红色文化与生态康养相融，建设森林疗愈空间、森林康养游步道、森林生态餐厅、森林天然浴场、森林自然木屋、森林禅修冥想空间等活动场所，开发阳光疗愈、林下中药材种植项目，发展林下经济，开发森林里的纯天然绿色食品，推出森林绿色健康菜系，开展林下中药资源科普、森林自然课堂、帐篷营地服务等，为游客提供生态养生、运动养生、森林食品、森林野奢度假、自然观星等产品。四是建设中医药特色的温泉度假区或温泉康养基地。依托忻州、运城、阳泉等地丰富的温泉资源，打造以药蒸、药浴、足疗等为主的度假康养产品，开发中医药汤浴、中医药水疗、温泉理疗SPA，配套提供中医药理疗、艾灸养生等增值服务。五是建设中医药人文保健康养示范基地。依托中医特色疗法、自然疗法、民族疗法、古方疗法等，以传统养生理念，提供中医治未病、把脉体质辨识、康体养生等咨询服务，并提供中医推拿、艾灸、拔罐、刮痧等体验式中医技法服务，开发三伏贴、三九贴、药浴包等特色产品，教授练习傅山拳、八段锦、穴位按摩等养生技能，突出中医药文化体验、中医药传统疗法等功能。六是建设中医药工业旅游示范基地。依托振东制药、兰花集团、广誉远等，打造集生产、展示、参观、体验、研学教育于一体的中医药工业旅游示范基地。

（四）加强中医药康养产业标准体系建设和宣贯实施

标准是中医药事业高质量发展的重要技术支撑，更是推进中医药康养产业健康、稳步、可持续发展的基本保障。中医药康养产业是推动中医药高质量发展的重要抓手，据此建议山西发挥好长治市国家中医药传承创新发展试验区和运城、长治两地国家中医药试验区的作用，先行先试、示范带动，快速启动中医药康养产业标准体系建设工作。一是建立中医药康养产业标准体系。结合山西实际，强化各专业领域标准的衔接，研究制定涵盖中医药康养产业、产品、技术、服务、管理、基地创建等方面的国家标准、地方标准、行业标准、企业标准、团体标准、技术标准、服务标准等，逐步建立中医药康养产业标准体系。二是完善标准制定机制。由山西省卫生健康委员会、山西省市场监督管理局等部门牵头，组织中医院、中医药大学、山西省社会科学院、康养研究院等相关单位组成标准化技术管理委员会，建立多方参与的标准制定机制，鼓励企业积极参与或主导行业标准制定，将先进技术和经验纳入标准体系，推动中医药康养产业规范化发展。三是加强标准宣贯实施。通过培训、宣传、研讨等方式，加强中医药康养产业从业人员对标准的认识和掌握。同时，加强对标准实施情况的监督检查，加快形成行政监管、行业自律、社会监督、公众参与的综合监管体系，确保标准得到有效执行。

（五）加强中医药康养品牌培育

建议围绕名医、名典、名药、名品、名产地、名药企等方面，全方位、多维度构建中医药康养品牌体系。一是培育打造驰名的"晋药"品牌体系。围绕"十大晋药"保护开发恒山黄芪、安泽连翘、上党党参等区域公用品牌，培育一批领军企业，支持申请国家地理标志保护产品、农产品地理标志，逐步形成"公用品牌+企业品牌+产品品牌"的品牌体系，实现品牌赋能产业升级。二是培育打造驰名的"晋品"康养品牌体系。抓住《山西省晋菜晋味突破提升行动方案》的契机，研究开发"晋养生膳"傅山头脑、黄芪羊肉，"晋保健药"安宫丸、小儿葫芦散，"晋养生酒"竹叶青、龟龄集，"晋茶"连翘茶、毛健茶，"晋养生操"傅山拳法、杨家枪法，"晋野膳品"菌菇火锅、养生鸡汤等。三是构建"三晋老字号"名企品牌体系。在发展大宁堂、广誉远、颐圣堂等老字号的同时，支持打造亚宝药业、振东药业、黄河中药等品牌药企，不断打造"品牌+产品""品牌+企业""品牌+产业""品牌+互联网"新模式，壮大山西中医药康养品牌体系，努力打造一批竞争力强、附加值高、美誉度高的知名品牌，让这些品牌在中医药康养产业享有盛誉，在老百姓心中形成更好口碑。四是培育"夏养山西、康养山西"中医药康养子品牌。深度挖掘山西中医药文化资源，并打造中医药文化品牌，塑造IP形象；或打造中医药地标性网红打卡地，如神农炎帝陵；打造中医药康养精品旅游线路，如太行锡崖沟旅游度假区养生之旅等，吸引更多游客走进山西，享受清凉，体验中医养生，感受博大精深的中医药文化魅力。五是培育知名的"山西名医品牌"。人才是中医药康养产业发展的关键所在。建议建立中医药院校培养、中医院临床实践、中医师承、中医非遗传习、康养基地实训等人才培养模式，加强国医大师、享受国务院政府特殊津贴专家、岐黄学者等名医培养，同时发挥名老中医的师承作用，搭建中医人才引育平台，用高素质人才支撑中医药康养产业高质量发展。六是构建国际化品牌营销体系。在高质量举办中国·山西（晋城）康养产业发展大会、平顺药旅融合文化节、太行山中医药健康旅游研讨会、全国连翘产业发展大会的基础上,举办或协办更多具有国际影响力的道地药材高端峰会、药食同源研讨会、中医药康养旅游专题交流会等;发挥山西卫视等传统媒体的宣传推广作用,并与YouTube、Facebook、中新社、抖音等合作,加强与国内外相关机构的交流;利用入境游、出境游方式,借助粤澳合作中医药科技产业园等对外窗口,推动中医药康养文化走向世界舞台,为人类健康事业贡献更多"中国智慧"与"中国方案"。

(六)加快培养中医药康养产业复合型人才

山西在推动中医药康养产业的进程中,积极构建全面综合的中医药康养人才体系。一是培养专业复合型人才。建议山西各级教育部门、卫生行政部门、文化和旅游部门及相关院校整合现有教育资源,主动进行文化旅游康养人才供给侧结构性改革,做好山西中医药康养产业人才供给的顶层设计。如以山西中医药大学、山西医科大学为代表,率先设立中医康养学、中医药康养产业等学科,在中医学科中开设市场、运营、管理等多方面的课程,培养中医药文化讲师、中医药膳人员、中医康复、保健专业人员及科普工作者。二是建立政校企合作机制。各级各类院校要紧贴产业和行业发展实际,充分发挥各自优势,探索建立政府推动、校企主导、行业指导的人才培养机制,完善人才输出机制,主动对接各地中医药康养重点项目,提高人才的实践能力,构建多层次、全方位和立体化的中医药康养人才供给体系。三是引进用好人才。制定中医药康养领域高端人才的特殊引进政策,完善人才激励机制。通过柔性引进、"候鸟专家"等多种途径,活化人才引进方式,给予经费奖励,鼓励对高层次人才实行灵活多样的分配方式,确保人才"引得进、留得住、干得好"。大力支持企业引才聚才,加强与行业协会、高校等合作,邀请国内权威专家、产业领袖、高层次人才组建专家智库,共同推动中医药康养产业高质量发展。

参考文献

暴锐麟、张源：《山西省康养旅游资源开发研究》，《旅游纵览》2023年第1期。

陈晶：《守中医之正创中医之新》，《人民政协报》2024年6月17日。

陈娜等：《文旅融合背景下山东省中医药健康旅游管理人才培养模式研究》，《西部旅游》2024年第11期。

健康报评论员：《促进中医药传承创新发展》，《健康报》2024年2月27日。

戎涛、彭曦阳、张丹：《新时代中医药康养旅游产业存在的问题及对策研究》，《经济师》2024年第1期。

王波波：《山西省中医药文化旅游的发展策略探析》，《山西大同大学学报》（社会科学版）2024年第2期。

王俊斌等：《山西省中药材种植业现状及战略发展思考》，《中国现代中药》2023年第11期。

周娟：《习近平关于人民健康重要论述的理论与实践之维》，《南京中医药大学学报》（社会科学版）2022年第2期。

邹纯朴：《论中医多学科融合的发展路径——从〈黄帝内经〉谈起》，《中医药文化》2020年第2期。

B.9
山西养老保险体系现状、问题及对策研究

李 鑫 王华梅*

摘 要： 养老保险制度是社会保障制度体系的核心组成部分，是衡量一个国家社会保障水平高低的重要指标。当前，山西的多层次多支柱养老保险体系框架基本形成，但各层次、各支柱之间的规模与发展程度还不均衡，面临基本养老保险支出持续承压、养老年金发展整体规模不足、商业养老保险起步晚发展慢等问题。新形势下，山西必须深刻认识并精准把握"未富先老"的基本省情，本着尽力而为、量力而行的基本原则，着重提升统筹谋划和协调推进能力，对现有体系结构布局进行突破性重构，促进"三支柱"养老保险制度联动改革、形成合力。一是完善基本养老保险制度体系，实现第一支柱可持续发展；二是扩大企业年金覆盖面，促进养老保险第二支柱均衡发展；三是创新商业养老保险产品，推进第三支柱多元化发展。通过"三支柱"养老保险体系的进一步优化，满足老年人多样化和个性化的养老需求，为推动山西经济社会高质量发展提供有力保障。

关键词： 养老保险体系 基本养老保险 年金 个人养老金 商业养老保险

养老保险制度是社会保障制度体系的核心组成部分，是国家和社会为保障老年人基本生活而建立的一种制度。养老保险制度是否健全，是衡量一个

---

* 李鑫，山西省第十四届人民代表大会社会建设委员会副主任委员，主要研究方向为公共服务、社会保障；王华梅，山西省社会科学院（山西省人民政府发展研究中心）副研究员，主要研究方向为地方法治、政府公共政策、民生与社会治理。

国家社会保障水平高低的重要指标，也是体现一个国家经济发展水平和社会文明程度高低的重要标志。党的二十大报告提出，发展多层次、多支柱养老保险体系，通过不同形式的养老制度，分散养老保障的社会风险，实现养老责任国家、企业、个人共担。随着人口老龄化程度的持续加深，山西必须深刻认识并精准把握"未富先老"的基本省情，本着尽力而为、量力而行的基本原则，不断完善以基本养老保险为基础、以企业（职业）年金为补充、与个人养老金和商业养老保险相衔接的"三支柱"养老保险体系，推进老龄社会从"未备先老"走向"边老边备"，满足老年人多样化和个性化的养老需求，为推动山西经济社会高质量发展提供有力保障。

一 山西养老保险体系发展现状

近年来，山西不断加强政策引导、制度建设，不断完善基本养老保障，并通过第二支柱、第三支柱的重要补充，推动养老保险体系呈现积极的发展态势，覆盖人群持续扩大，供给产品日益丰富，人民群众全生命周期养老保障需求得到进一步满足。

（一）基本养老保险广覆盖，养老金支出逐年增加

基本养老保险面向全体老年人，为其退休后的全周期提供基础性经济保障。作为养老保障体系中的"第一支柱"，基本养老保险覆盖面最广、社会参与程度最高，是多层次养老保险体系中规模最大、最为核心的内容。

1. 城镇职工基本养老保险

如表1所示，截至2023年，山西省参加城镇职工基本养老保险的人数为1102.1万人，比上年增加36.3万人，其中在职职工777.9万人、离退休人员324.2万人，分别比上年增加26.7万人和9.5万人。2023年城镇职工基本养老保险基金收入为1680.5亿元，基金支出为1650亿元，累计结余为1552.2亿元。在待遇领取方面，2023年全省符合领取条件的离退休人员月人均养老保险金收入为4241元。

表 1　2019~2023 年山西省城镇职工基本养老保险情况

年份	参加人数合计（万人）	在职职工（万人）	离退休人员（万人）	基金收入（亿元）	基金支出（亿元）	累计结余（亿元）	月人均养老保险金（元）
2019	871.5	597.9	273.6	1232.5	1168.8	1697.6	3560
2020	932.9	654.7	278.2	1111.9	1290.6	1505.4	3866
2021	1002.3	710.5	291.8	1429.2	1400.5	1595.5	3999
2022	1065.8	751.2	314.7	1413.0	1480.9	1525.2	3922
2023	1102.1	777.9	324.2	1680.5	1650.0	1552.2	4241

注：数据四舍五入。
资料来源：除月人均养老保险金为计算所得，其他数据均来源于国家统计局网站。

总体上看，山西省城镇职工基本养老保险参保人数持续增长，参保离退休人员月人均养老保险金收入稳步提高，高于全国平均水平。从全省城镇职工基本养老保险基金收入支出比看，2023 年基金收入支出比为 101.85%，低于全国平均水平（见图1）。结余方面，2023 年全省城镇职工基本养老保险基金支出结余比为 106.3%（见图2），综合负担不太重，但长期来看支出结余比整体呈提升态势，这意味着全省城镇职工基本养老保险基金结余可维持的时间在进一步缩短。

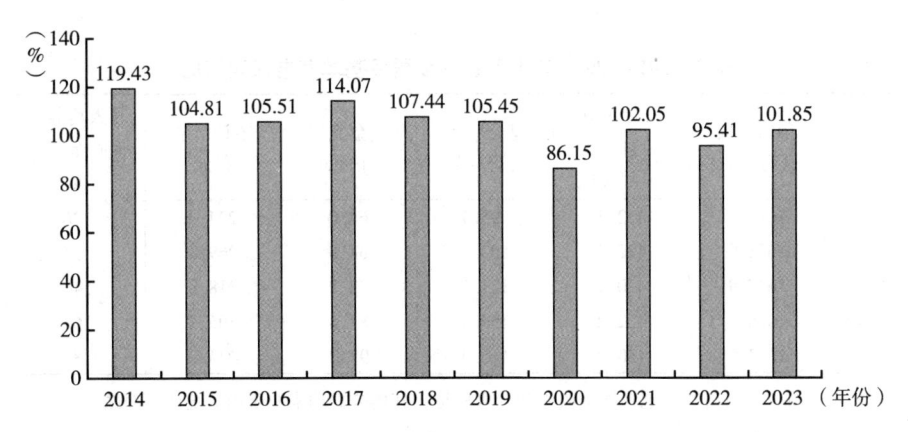

图 1　2014~2023 年山西省城镇职工基本养老保险基金收入支出比

资料来源：根据国家统计局数据整理得出。

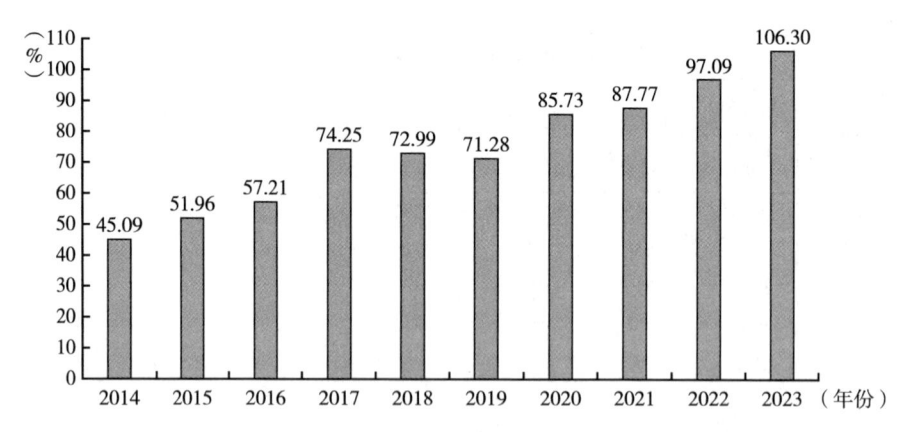

图 2 2014~2023 年山西省城镇职工基本养老保险基金支出结余比

资料来源：根据国家统计局数据整理得出。

2. 城乡居民基本养老保险

如表 2 所示，截至 2023 年，山西省城乡居民参加基本养老保险的人数为 1623.2 万人，比上年减少 5.0 万人，其中实际领取待遇人数为 450.9 万人。全年城乡居民基本养老保险基金收入为 175.3 亿元，基金支出为 97.2 亿元，累计结余为 474.9 亿元。在待遇领取方面，2023 年达到领取条件的参保人员养老保险金收入为 2155 元，月人均养老保险金收入为 180 元。

表 2 2019~2023 年山西省城乡居民基本养老保险情况

年份	参保人数（万人）	实际领取待遇人数（万人）	基金收入（亿元）	基金支出（亿元）	累计结余（亿元）	月人均养老保险金收入（元）
2019	1627.8	422.5	95.7	64.0	234.0	126
2020	1638.0	422.3	103.7	67.8	269.8	134
2021	1637.9	420.9	121.7	72.7	318.8	144
2022	1628.2	422.2	159.4	81.4	396.7	161
2023	1623.2	450.9	175.3	97.2	474.9	180

资料来源：除月人均养老保险金收入为计算所得，其他数据均来源于国家统计局网站。

总体上看，山西省城乡居民基本养老保险虽然数额较少，但已成为城乡居民基本生活的重要保障。2023 年全省城乡居民基本养老保险待遇低于全国平均水平，人均月实际领取金额约为全国平均水平的80%。从全省城乡居民基本养老保险基金收支情况看，2023年基金收入比2019年增加79.6亿元，年均增长率约为16.3%，增速较快。结余方面，2023年全省城乡居民基本养老保险基金支出结余比为21%，有较强的保障能力。

（二）养老年金平稳发展，基金持续增长

企业年金与职业年金是企业和机关事业单位在职工依法参加基本养老保险的基础上自主建立的补充养老保险制度。作为基本养老保险的重要补充，养老年金能够使养老金制度既有统一性和普遍性，又有灵活性和适应性，是我国正在完善的养老保险体系的"第二支柱"。近年来，山西省先后制定出台了《关于贯彻实施〈企业年金办法〉有关问题的意见》《山西省职业年金基金管理实施办法》《关于加快推进企业年金工作的通知》，全省企业年金和职业年金运行良好，重要补充作用开始显现。

1. 企业年金

山西省企业年金近年来在发展规模、企业参与数量、覆盖员工与年金基金积累等方面都有长足的发展。如表3所示，截至2023年，全省参加企业年金的企业数为2177家，相比2022年增加453家；覆盖企业职工76.68万人，相比2022年增加2.89万人，占参加城镇职工基本养老保险人数的7.00%。全省企业年金基金积累规模为617.74亿元，较2022年增长10.15%（见表4）。

表3 2014~2023年山西省企业年金变化情况

指标	2014年	2015年	2016年	2017年	2018年	2019年	2020年	2021年	2022年	2023年
企业数(家)	797	766	800	867	917	1219	1335	1504	1724	2177
同比增长(%)	26.51	-3.89	4.44	8.38	5.77	32.93	9.52	12.66	14.63	26.28
职工数(万人)	56.73	52.04	52.61	55.47	57.00	63.45	66.74	69.16	73.79	76.68
同比增长(%)	6.00	-8.27	1.10	5.44	2.76	11.32	5.19	3.63	6.69	3.92

资料来源：除同比增长为计算所得，其他数据均来源于人力资源和社会保障部发布的《全国企业年金基金业务数据摘要》。

表4 2014~2023年山西省企业年金基金积累规模变化情况

单位：亿元，%

指标	2014年	2015年	2016年	2017年	2018年	2019年	2020年	2021年	2022年	2023年
资产总额	196.95	231.14	243.35	263.87	301.76	364.67	456.46	525.98	560.80	617.74
同比增长	24.97	17.36	5.28	8.43	14.36	20.85	25.17	15.23	6.62	10.15

资料来源：除同比增长为计算所得，其他数据均来源于人力资源和社会保障部发布的《全国企业年金基金业务数据摘要》。

2. 职业年金

2015年，山西省为全省范围内按照《中华人民共和国公务员法》管理的单位（含参照《中华人民共和国公务员法》管理的单位），承担行政职能的事业单位，公益一类、二类事业单位的工作人员建立职业年金，单位按本单位工资总额的8%缴费，个人按本人工资的4%缴费。职业年金账户实行省级统一归集、统一管理。2019年，《山西省职业年金基金管理实施办法》出台，推动职业年金的实质运行向规范化、专业化方向发展。2024年7月，新的《职业年金基金管理实施办法》修订出台，在管理职责方面，成立了山西省职业年金基金管理机构评选委员会，负责选择、更换受托人，进一步提高职业年金基金管理运营效率。职业年金制度覆盖了全省大部分机关事业单位职工，在优化养老待遇结构方面的补充性作用也得到了进一步发挥。

（三）商业养老保险试点起步，发展前景广阔

第三支柱养老保险作为个人自愿参与的养老保障制度，是我国多层次、多支柱养老保险体系的重要组成部分，包括个人养老金和商业养老保险。与第一、第二支柱养老保险相比，第三支柱养老保险更具自发性、灵活性和积累性。为了鼓励个人参与第三支柱养老保险，山西省出台了一系列政策措施，涉及税收优惠、产品创新等，旨在降低个人参与成本，提高养老保险产品的吸引力。全省第三支柱养老保险业务增长迅速，在山西养老保障体系中发挥的作用日益明显。

1. 个人养老金

个人养老金是由政府政策支持、个人自愿参加、市场化运营的补充养老保险制度[1]，是国家关于第三支柱的制度性安排。个人养老金实行个人账户制，费用完全由参加人个人承担，实行完全积累，国家通过税收优惠等政策给予支持，鼓励人民群众广泛参与，并通过市场化运营的方式实现积累资金的保值增值。参加人可自主选择用缴纳的个人养老金在符合规定的金融机构或者其依法合规委托的销售渠道购买银行理财、储蓄存款、商业养老保险、公募基金等金融产品，并承担相应的风险。个人养老金账户实行封闭运行，其权益归参加人所有，除另有规定外不得提前支取。参加个人养老金，有利于参加人在第一、第二支柱养老保险的基础上，再增加一份养老积累，进一步提高老年人收入水平和生活质量[2]。2022年11月，全国36个城市（地区）开始试行个人养老金制度，山西省的唯一试点城市是晋城。为加速推广个人养老金业务，晋城市积极开展宣传工作，确保百姓全面了解。各家银行保险机构从政策宣讲和产品服务两个方面着手，将金融网点打造成个人养老金宣传推广的核心阵地，同时开展外拓营销，推进企业单位开展宣讲活动。此外，积极发挥线上宣传、媒体宣传的作用，多渠道齐发力，利用电视、广播、电话、短信、手机银行、微信公众号、微信朋友圈等方式开展宣传，提升个人养老金曝光率[3]。试点工作开展以来，个人养老金开户规模稳步增长，运行平稳有序，试点工作取得了初步成效。截至2023年，晋城市有12家银行保险机构开办个人养老金业务，共推出41款储蓄存款产品、17款理财产品、13款保险产品和137款基金产品，开立个人养老金账户人数达44万人，累计缴存资金3638.68万元，人均缴存89.70元。

---

[1] 《中国社会保障》编辑部：《解读〈关于推动个人养老金发展的意见〉》，《中国社会保障》2022年第7期。
[2] 《中国社会保障》编辑部：《解读〈关于推动个人养老金发展的意见〉》，《中国社会保障》2022年第7期。
[3] 《晋城市稳步推进个人养老金试点工作》，《山西经济日报》2023年7月24日。

2. 商业养老保险

在税收等政策推动个人养老金加快发展的同时，全省各类金融机构也在养老领域积极发力，通过创新产品和服务，积极推出安全性、保障性强的商业养老保险，满足人们从风险保障到财富管理的全方位需求。2017年12月，山西出台《关于加快发展商业养老保险的实施意见》，发挥政府引导和推动作用，支持商业保险机构依托专业优势和市场机制作用，开发多样化商业养老保险产品，满足不同群体多样化、差异化的养老需求。针对特殊群体如独生子女家庭、无子女家庭、"空巢"家庭等，探索发展涵盖多种保险产品和服务的综合养老保障计划。允许商业养老保险机构依法合规发展具备长期养老功能、符合生命周期管理特点的个人养老保障管理业务，开展老年人住房反向抵押养老保险试点。鼓励商业保险机构面向灵活就业、个体工商户等特殊就业群体，提供适应需求的商业养老保险产品。针对建档立卡贫困户开发商业养老保险产品，适当降低承保条件和保险费率，并开辟理赔绿色通道。自2022年开始，山西省中国人寿、人保寿险、太平洋人寿等多家人身保险公司参与专属商业养老保险试点，推出了各自的专属养老保险产品，为广大群众，特别是新产业、新业态从业人员和各种灵活就业人员提供更灵活的养老保险服务。目前全省基本建立了运营安全稳健、产品形态多样、服务领域较广、专业能力较强、持续适度盈利、经营诚信规范的商业养老保险体系。

二 山西养老保险体系建设中存在的问题

当前，山西省的多层次、多支柱养老保险体系刚刚起步，各层次、各支柱之间的规模与发展程度还不均衡，基本养老保险基金"保基本"的目标达成，但基金潜在缺口导致的可持续发展问题需要引起重视。企业（职业）年金在覆盖面上还存在不足，个人养老金和商业养老保险比例偏低，整体呈现"3—2—1"的梯度格局。

（一）基本养老保险支出持续承压

从山西省的实际情况来看，近年来随着人口结构的变化，老龄人口占比不断提升，制度内抚养比（参保在职职工人数与参保离退休职工人数之比）从2004年的3.04下降到2023年的2.40，预计2050年会降至1.00左右，这进一步加大了第一支柱养老保险可持续发展的压力。全省城镇职工基本养老保险待遇高于全国平均水平，有利于目前已经享受养老待遇的老年人提高生活水平，但全省城镇职工基本养老保险基金收入支出比低于全国平均水平，不利于养老财富的储备和可持续运行管理。从山西省城镇职工基本养老保险结余情况看，一方面，只有基本养老保险的替代率维持在一定水平（目前普遍接受的替代率大概是55%），才能保证对老年人的基本生活影响不会太大。另一方面，支出与结余的比例不断提升，意味着全省基本养老保险资金结余可维持的时间在进一步缩短。城乡居民基本养老保险方面，山西省居民的保险待遇低于全国平均水平，人均月实际领取金额约为全国平均水平的80%。

（二）养老年金发展整体规模不足

近年来，山西省企业年金和职业年金发展速度虽然较快，但参与人数仍然不足，作用未充分发挥，存在年金规模小、发展不平衡、覆盖范围有限、发展动力不足等问题。从山西省企业年金发展总体水平和结构看，2023年省内参加企业年金的职工人数增长率同比有所下降，占参加城镇职工基本养老保险人数的比例约为7.0%，占全省就业人口的比例仅为4.5%。省内参加职业年金的企业多数为经营效益好、工资收入较高的国有企业，而数量占比高、就业人口多的民营企业参与不足，建立企业年金的中小企业仅占1.0%左右，多数没有为员工建立企业年金制度。同时，企业年金投资管理的市场化程度不高、收益率不高，亟须通过专业化的市场管理加强风险管控，提高基金收益。

（三）商业养老保险起步晚发展慢

总体来看，山西个人养老金市场和养老金融服务业目前仍处于起步阶段，个人养老金和商业养老保险参与人群占比不高，发展相对滞后。在个人养老金试点方面，养老金融产品涵盖了养老保险、基金、理财、储蓄等类别，但这些产品多数还处在政策试点和市场探索阶段，不仅产品规模小、种类有限，且取用存在限制，税收优惠等相关制度安排也不够完善，对个人参与的吸引力有限，缴费人数和人均缴费金额不高，难以满足老年群体多元化养老保障需求。相比其他金融产品，山西省个人商业养老金融起步较晚，产品的数量较少，种类也相对单一，导致商业养老保险的渗透率较低。一些金融机构在养老金融产品的设计和推广上未能充分考虑到客户群体差异，导致产品同质化严重，难以满足个性化、多元化的养老金融需求。部分金融机构在养老产品规划上缺乏系统性和前瞻性，未能形成完整的产品线和服务体系，造成产品在市场上竞争力不足的窘境。个人养老金产品的投资范围和种类因受养老保障托底属性的限制，收益率较低，募集规模较小，也在一定程度上降低了吸引力。此外，保险、基金、银行以及信托等金融机构在养老金融产品的设计和开发上相对独立，缺乏统一的规划，导致市场上养老金融产品具有多样性和复杂性，且由于缺乏一个综合性的互联平台，无法将不同金融机构的养老金融产品进行整合和展示，这增加了消费者的选择成本和时间成本，限制了养老金融市场的整体发展。

三 完善山西养老保险体系建设的对策建议

新形势下，我国社会保障制度改革已进入系统集成、协同高效的发展阶段。为进一步优化和完善山西省多层次、多支柱的养老保险体系，要着重提升统筹谋划和协调推进能力，对现有体系结构布局进行突破性重构，促进"三支柱"养老保险制度联动改革、形成合力，实现多层次养老保险体系可持续发展。

（一）完善基本养老保险制度体系，实现第一支柱可持续发展

以全覆盖、保基本、多层次、可持续为目标，深入推进全民参保计划，

落实企业职工基本养老保险全国统筹制度,完善城乡居民养老保险运行机制,促进第一支柱高质量可持续发展。

1. 聚焦全民参保,推动养老保险扩面提质

一是强化基本养老保险政策宣传。深入开展以"全民参保、应保尽保"为主题的宣传活动,针对不同人群提供宣传咨询服务,从"大水漫灌"向"精准滴灌"转变,从"无差别"向"个性化"转变,不断增强群众依法履行社保义务、维护合法权益的意识,营造全民依法参保、积极参保的良好氛围。

二是开展精准到人的基本养老保险扩面行动。扎实推进全民参保计划,充分进行调查研究,积极协调市监、税务、医保、民政等部门调取相关企业数据,筛选符合扩面要求的未参保企业,促进数据比对、靶向施策,由"制度等人"变"制度找人",将"应参未参"人员全部纳入覆盖范围。以非公经济就业人员、新就业形态从业人员、灵活就业人员为重点,开展精准到人的参保扩面行动。针对乡村e镇、楼宇经济、城市"烟火气"等不同集聚平台的特点,实现粗放式扩面向精准化扩面的转变、外延式扩面向提质增效的转变,因势利导提升参保扩面质量[①]。

三是提升基本养老保险管理与服务质效。要实现精准扩面,提升经办服务能力是重要保障。创新构建养老保险全险种、业务全链条、服务全方位下沉的参保经办服务体系,落实综合柜员制,全面推行一窗全险种通办,增开高频时段"潮汐"窗口和专为老年人服务的适老窗口,实现经办服务全面优化。因地制宜在企业集聚区设立基本养老保险经办服务机构或窗口,提供"点对点、一对一"精细化参保经办服务[②]。积极探索养老保险与银行的合作模式,将养老保险服务扩展到合作银行网点,构建覆盖广泛的"就近办"服务网络体系,通过"社银一体化"模式打通参保便民服务的"最后一公里"。创新推动"不见面"服务,通过国家服务平台、省公共服务平台、微

---

① 常建忠:《强化政治引领 夯实民生之基 在高质量发展中展现人社担当》,《前进》2023年第5期。

② 常建忠:《强化政治引领 夯实民生之基 在高质量发展中展现人社担当》,《前进》2023年第5期。

信小程序、微信公众号等办理业务，提高参保网办效率。

2.落实全国统筹制度，统一征收方式

一是进一步规范落实企业职工基本养老保险全国统筹制度。执行国家统一的企业职工基本养老保险政策，现行养老保险政策与国家政策不统一的，及时规范调整到位。执行全国统一的经办服务标准和信息系统建设标准，促进基金管理统一规范。健全省人民政府对各级人民政府的考核机制。

二是压实养老保险地方财政支出责任。落实地方财政补充养老保险基金投入长效机制，确保当期地方财政补助足额上划至省财政专户。加强基金预算管理，推进基金预算绩效管理。

三是统一养老保险费征收方式。统一用人单位社会保险费申报缴费方式，规范申报缴费期限，统一申报缴费流程，引导用人单位依法依规申报缴纳企业职工基本养老保险费。

3.完善城乡居民养老保险运行机制

一是健全城乡居民养老保险筹资机制。进一步缩小城乡居民养老保险保障水平差距，根据全省城乡居民收入等情况，增加全省城乡居民养老保险缴费档次标准。建立与个人选择缴费档次标准相挂钩的统一缴费补贴激励机制，按财政事权和支出责任划分比例给予补助，引导激励城乡居民选择较高档次标准缴费。鼓励有条件的集体经济组织补助城乡居民养老保险缴费。对特殊困难人员实行政府代缴保费。探索延缴政策、规范补缴政策。

二是完善城乡居民基本养老保险待遇调整机制。城乡居民基本养老保险待遇由基础养老金和个人账户养老金构成。统筹考虑城乡居民收入增长、物价变动和职工养老保险等其他社会保障标准调整情况，适时适度提高城乡居民养老保险基础养老金最低标准和缴费补贴标准，引导激励符合条件的城乡居民早参保、多缴费，增加个人账户资金积累，优化养老保险待遇结构，提高待遇水平。充分发挥考核"指挥棒"作用，督促各地加大财政投入力度，确保当地平均养老金水平不低于国家考核要求、全省城乡居民养老金总体水平不低于全国平均水平。

三是规范城乡居民养老保险待遇领取机制。进一步完善待遇领取认证体系，每年核对城乡居民养老保险待遇领取人员情况，确保不重、不漏、不错。健全城乡居民基本养老保险与城镇职工基本养老保险之间的转移条件和程序，确保参保人员的养老保险权益能够得到有效衔接和积累。加强与抚恤救助、最低生活保障、特困救助以及农村计划生育家庭奖励扶助等其他社会保障制度的衔接，确保城乡参保人员在享受基本养老保险待遇的同时，能获得相关政策的扶持，提高社会保障制度的整体效能和公平性。

（二）扩大企业年金覆盖面，促进养老保险第二支柱均衡发展

进一步加大政策支持力度，全面增强企业年金的便利性、激励性及普适性，助力企业年金持续扩面普惠，实现专业化、规范化运行，完善第二支柱功能[①]。

1. 持续扩大企业年金覆盖面

一是加快推动国有企业实现企业年金全覆盖。符合条件的国有企业原则上都应当建立企业年金制度。要充分发挥国有企业的引领示范作用，通过加大宣传力度、优化备案流程、强化自身能力以及鼓励企业根据自身经济效益弹性参保等措施，有效推动国有企业实现企业年金全覆盖。

二是建立机关事业单位编制外人员企业年金制度。鼓励有条件的机关事业单位为本单位编制外人员建立企业年金，提高其退休后待遇水平。

三是推进企业年金集合计划。鼓励在晋开展业务的金融机构深入研究市场需求，结合中小企业特点，设计灵活多样的企业年金产品，使众多达不到单独建立企业年金条件的中小企业能够以较低的成本享受到企业年金带来的福利，破除中小企业参加企业年金的制约，吸引不同行业、不同规模、不同所有制类型的企业积极建立企业年金。鼓励以园区为单位，通过集体协商、自主加入的方式，建立涵盖园区内企业和员工的企业年金制度。

四是建立人才年金制度。为了吸引和留住关键人才，对于那些目前尚不具备为全员或大部分员工建立企业年金的用人单位，鼓励出台人才年金办

---

① 朱艳霞：《多维度挖掘二支柱发展空间》，《中国银行保险报》2024年5月7日。

法，优先为那些对单位发展至关重要的关键岗位核心人才建立人才年金。为激发员工的积极性，支持私营单位为优秀员工和长期服务的老员工先行建立企业年金。

2. 着力提升企业年金执行力

一是强化对企业建立企业年金的政策激励。对于已经建立企业年金的企业，可以指导其根据个税递延政策，调整缴费比例、投资策略等，使企业既能满足员工的养老需求，又能享受税收递延的优惠；对于参加企业年金的职工，政府和企业可以通过政策激励，引导职工合理规划年金领取方式，鼓励职工更多采取按月领取或者投资养老保险产品等方式，以平衡税收负担并稳定收入来源。

二是提高中小企业建立企业年金的能力。政府可以设立专项基金，为有发展潜力的中小企业提供无息、贴息贷款，用于支持其建立企业年金。鼓励商业银行、政策性银行等金融机构参与，通过创新金融产品和服务，为中小企业提供更加灵活和便捷的融资渠道，提升企业盈利能力和职工收入水平，增强企业建立企业年金的意愿和能力。

三是建立公共的企业年金管理服务平台。通过平台帮助有需要的企业年金委托人与受托人精准对接，协助设计既符合政策规定，又联系企业发展实际，兼顾企业盈利能力、财务规划、职工积极性的年金方案，快速办理企业年金备案、变更、终止业务，发挥企业年金在构建多层次养老保险体系、引才聚智、激发企业活力等方面的重要作用。

（三）创新商业养老保险产品，推进第三支柱多元化发展

坚持将政府引导与市场运作相结合，统筹推进个人养老金制度实施，激励金融机构不断创新产品和服务，提高养老金融服务的供给能力，促进山西养老保险第三支柱健康、高效发展。

1. 推进个人养老金制度全面落地实施

一是加强个人养老金政策宣传。按照国家和全省统一工作部署，结合先行试点城市实践经验，大力推动关于个人养老金制度的教育宣传活动，引导居民

树立长期养老储备和养老规划观念，提高社会各界和广大人民群众对个人养老金政策的知晓度，引导人民群众积极参与，促进个人养老金市场的健康发展。

二是加大金融机构宣传推广力度。在个人养老金制度宣传方面，金融机构扮演着关键角色，要综合运用线上线下多种渠道，结合不同群体的特点，开展精准而全面的宣传活动。加强银行网点宣传，通过设立个人养老金专窗、制作摆放个人养老金政策宣传手册以及利用电子屏循环播放个人养老金政策宣传片等方式，让客户快速了解政策要点。加强线上宣传，在金融机构的官方网站和App上开设个人养老金政策专栏，提供在线咨询和预约服务；利用微博、微信公众号、抖音等社交媒体平台，发布政策解读文章、短视频等，增强互动性和传播力。加强专场宣讲，将政策和金融产品宣讲延伸到家门口，为个人养老金政策宣讲和推广注入新活力[1]。

三是以点带面促进个人养老金参保扩面。鼓励并支持一批有代表性的机关企事业单位作为先行者，率先制定并推广个人养老金计划，通过媒体报道、经验分享会等形式，展示这些单位的成功做法和职工的实际受益情况，形成示范效应，激发其他单位的参与热情。探索建立个人养老金参保的激励机制，对于积极参与并持续缴费的职工，给予一定的奖励或补贴，将个人养老金参保情况纳入职工绩效考核体系，进一步激发职工的参与积极性，逐步扩大个人养老金的覆盖范围。

四是推动个人养老金政策落地实施。推动个人养老金政策的落地实施是一项系统工程，涉及多个部门、机构及广大民众的利益，需要精心规划、协同推进。积极建立健全财政、税务、人社、金融监管等部门协调联动机制，共同研究解决政策实施中遇到的问题，确保政策衔接顺畅。金融机构需根据政策要求，细化个人养老金账户的开立、缴费、投资、领取等流程，加强系统对接，确保银行、保险、基金等各类金融机构的系统能够顺畅对接个人养老金信息平台，实现信息共享与业务协同。开展广泛的人

---

[1] 《广东省人民政府办公厅印发关于进一步促进我省养老保险第三支柱高质量发展若干措施的通知》，《广东省人民政府公报》2023年10月8日。

员培训，提升一线工作人员的业务能力和服务水平，确保能够准确解答群众疑问，提供优质服务。暂未实施的地区要深入调研，了解当地实际情况和群众需求，统计分析当前各类参保数据，对金融机构、重点企业进行前期摸排，并有针对性地进行宣传发动，推动个人养老金制度能够在这些地区得到有效宣传推广。

2. 加强个人养老金数据共享和互联互通

一是建设省级个人养老金服务专区。依托"三晋通"移动政务服务平台，创建集成式省级个人养老金服务专区。在专区设置"政策解读"板块，详细介绍个人养老金制度的背景、目的、意义以及相关政策条款，帮助用户全面了解制度内容。专区作为一站式服务平台，为个人养老金账户持有者提供开设账户、便捷缴费、信息查询、金融产品配置与投资建议、专业咨询及安全保障等全方位、便捷高效、安全稳定的个人养老金服务。

二是开发综合性养老金融产品展示交易平台。出台相关政策措施，鼓励金融机构跨集团代销个人养老金产品，拓宽销售渠道，增强产品多样性。推动银行、保险、基金、证券等金融机构之间的系统对接，整合银行、保险、基金、证券等金融机构提供的各类养老金融产品，发挥金融科技优势，探索开发集养老金融全品种产品信息展示、交易、咨询及售后服务于一体的综合性养老金融产品交易平台。利用多维度智能筛选工具，帮助参保人根据个人风险偏好和投资需求快速定位合适的产品。通过账户绑定、资金划转、产品购买等流程的线上化、自动化，实现一键交易。深化人工智能和大数据在平台运营中的应用，增加个性化推荐、风险评估、智能客服等功能，吸引参保人积极缴存资金、参与投资，推动商业养老保险市场的健康发展。

三是建立个人养老金数据监测共享机制。推动人力资源和社会保障部门、金融监管机构、税务部门及相关金融机构之间建立跨部门协作与信息共享机制，构建统一的数据交换平台，共享个人养老金账户开户人数、资金账户开户人数、缴存人数、缴存金额等信息。优化相关部门之间的数据对接流程，实现数据的实时或定时同步，通过自动化、智能化的数据处理和分析，提高个人养老金全流程业务办理效率。建立健全数据应急处理机制，制定详细的数据应急处理预案，确保在数据丢失、泄露等突发情况下能够迅速恢复服务并减少损失。加大对数据共享行为的监管力度，严厉打击数据泄露、滥用等违法行为，维护市场秩序和公众利益。

3. 加强个人商业养老保险运营金融支撑

一是鼓励金融机构积极发展个人商业养老保险。各地要加强政策引导与支持，鼓励全省符合条件的法人金融机构积极争取参与个人养老金业务运营管理的资格，加快提升在养老金产品设计、风险管理、客户服务等方面的专业能力。鼓励金融机构向养老保险第三支柱投入更多资源，不断创新个人商业养老产品和服务，提升全省金融机构在养老保险第三支柱领域的专业运营能力，助力山西养老保险第三支柱发展。

二是鼓励金融机构丰富养老保险金融产品供给。鼓励和支持金融机构积极投入资源，依据自身优势，深入研究全省居民的收入水平、风险偏好、养老需求等特点，创新研发更多基于省情、具有地方特色、贴近群众养老需求的个人养老金融产品。养老金融产品应侧重于标的规范、运作安全和长期保值增值。针对不同年龄段、职业背景、财富状况的参保者，大力开发差异化养老金融产品。比如，为年轻人设计重在积累的投资型产品，为中老年人提供更为保守、注重现金流稳定的养老保障产品，不断提供更加丰富、多元、安全的养老金融产品选择。

三是鼓励探索养老保险金融创新举措。鼓励各地在事权范围内积极探索支持养老保险第三支柱发展的金融创新举措，更好利用社会闲散资金，拓展养老保险第三支柱筹资来源[①]。支持符合条件的养老服务机构、互联网企业等跨界合作，拓宽养老金融服务的边界。加强与外省在养老保险第三支柱建设方面的交流与合作，引进先进理念、技术和管理模式，推动山西养老保险第三支柱的快速发展。

---

① 《广东省人民政府办公厅印发关于进一步促进我省养老保险第三支柱高质量发展若干措施的通知》，《广东省人民政府公报》2023年10月8日。

4. 健全养老保险第三支柱风险防控机制

一是完善养老金融投保人教育制度。各金融机构在养老金融投保人教育工作中承担主体责任，要通过完善和细化涵盖养老金融产品的基本知识、风险特征、投资策略、市场动态等方面的教育制度，切实增强投保人的风险意识。严禁只强调收益而不谈风险或进行选择性告知等可能损害投保人知情权的行为，保护投保人的知情权和利益。

二是严格规范金融营销行为。金融机构应根据养老金融产品的风险特征、投资者的风险承受能力等因素，对产品进行科学合理的风险等级评估，评估结果应作为产品推介、销售的重要依据，确保产品适合投资者的风险承受水平。金融机构应遵循"了解客户""了解产品"的原则，对投资者进行分类管理，在产品推介、销售过程中，充分揭示产品风险，确保投保人充分了解产品特性和潜在风险，进行适当性匹配，确保将合适的产品销售给合适的投保人。金融机构在金融营销活动中应始终将个人信息保护放在首位，优化信息披露渠道和方式，做好产品与服务信息的披露工作。

三是强化投诉管理机制。金融机构应构建以保险消费者满意度为核心的服务评价体系，建立多元化反馈渠道，方便消费者随时随地进行问题反馈。严格落实首问负责制，明确投诉处理机制和流程，确保投诉得到及时、有效的处理。金融监管部门应加强监督检查，规范养老保险销售行为，防范销售误导，对于各类客户投诉问题处理不当、侵害客户权益的金融机构，应依法采取监管措施，强化养老保险消费者权益保护。

参考文献

班娟娟：《个人养老金试点倒逼行业转型》，《经济参考报》2022年8月10日。

李丽丽：《我国第三支柱个人养老金：问题与对策》，《金融市场研究》2023年第2期。

罗纯：《商业保险参与"三支柱"养老保障体系的探索与实践》，《老字号品牌营销》2024 年第 4 期。

马源：《优化我国养老金制度体系：个人养老金制度的发展定位》，《金融教育研究》2024 年第 2 期。

王浩：《全面学习领会党的二十大精神加快完善养老保险体系》，《中国人力资源社会保障》2023 年第 11 期。

尹兆君：《建设多层次多支柱养老保险体系》，《中国金融》2024 年第 12 期。

朱艳霞：《引导民众积极参与个人养老金》，《中国银行保险报》2022 年 6 月 13 日。

热点专题篇

B.10
山西银发经济高质量发展的对策研究

张彦波[*]

摘 要： 发展银发经济是践行积极应对人口老龄化国家战略的重要举措，也是满足人民群众多层次、多样化产品和服务需求的有力保障。当前山西已进入中度人口老龄化社会，发展银发经济既有强烈的现实需求，也有广阔的市场空间。但是面对老年人需求结构由生存型向发展型转变，银发经济无论是在规模、结构、效益等方面，还是在改革、创新、开放等领域仍存在不少短板弱项，亟须出台精准的政策举措，积极稳妥推进市场与政府协同、消费与供给匹配、产品与业态结合、改革与创新同步，实现规模化、标准化、集群化、品牌化发展，更好满足老年人多元化、差异化、个性化的养老需求。

关键词： 银发经济 高质量发展 人口老龄化

---

[*] 张彦波，山西省社会科学院（山西省人民政府发展研究中心）研究员，主要研究方向为民生社会。

银发经济是指向老年人提供产品或服务，以及为老龄阶段做准备等一系列经济活动，涉及面广、产业链长、业态多样、潜力巨大。2024年1月，国务院办公厅印发《国务院办公厅关于发展银发经济增进老年人福祉的意见》，标志着我国已正式进入银发经济时代。调研发现，在人口老龄化背景下，随着养老需求持续增加，山西银发经济不断发展壮大，取得明显的阶段性成果，同时存在总体发展缓慢，滞后于人口老龄化的问题，与巨大的市场需求不相匹配。这就要求山西必须站在发展新质生产力的全局高度，全域、全龄、全链条推动银发经济发展，加速培育新业态、新产品、新服务，深度挖掘银发经济高质量发展潜能和动能，制定积极应对人口老龄化国家战略的"山西方案"。

一 发展背景与基础

发展银发经济是践行积极应对人口老龄化国家战略的重要举措，也是满足人民群众多层次多样化产品和服务需求的有力保障。当前山西已进入中度人口老龄化社会，发展银发经济有强烈的现实需求，同时拥有广阔的市场空间。

（一）老龄人口规模快速扩大，市场需求逐步增加

截至2023年底，山西60岁及以上人口有750.07万人，占总人口的21.64%，比2000年增长115.03%；65岁及以上人口有526.98万人，占总人口的15.20%，比2000年增长119.16%。据预测，到2025年，山西60岁及以上老年人口占总人口的比重将达到23.06%，2033年这一比重将达到30.73%，山西将进入重度老龄化社会。老龄化程度持续加深，给经济社会发展带来严峻挑战，同时为银发经济发展提供新机遇，庞大的老年群体成为山西发展银发经济的重要基础。目前，山西60~69岁的低龄老年人依然在老年群体中占大多数，占比近60%，未来低龄老年人在总人口中的比重将逐步提高，随着"60后""70后"逐步成为人口老龄化的主力军，这部分

人群收入水平不断提升，消费习惯逐步发生变化，在满足基本生活需求的同时，更加注重健康、文化、娱乐、旅游等方面的消费。消费需求结构的转变将进一步推动老年人口消费总量的增长，为山西带来更为强劲的银发经济消费市场。

（二）养老服务体系支撑有力，助推银发经济发展

山西聚焦"兜底供养有保障、普惠养老能满足、多样市场可选择"的目标，着力建设居家、社区、机构相协调，医养康养相结合的养老服务体系，不断加强为老服务基础设施建设和服务保障，养老服务能力持续提升，有效推动老龄事业和银发经济协同发展。在立足做好公办养老机构的基础上，以公建民营、民办公助等方式不断推动养老服务市场开放，支持民营养老机构有序发展。截至2023年底，山西拥有养老机构1241家，其中民办养老机构和公建民营养老机构共901家，占比达72.6%。社区居家养老服务快速发展，2023年山西共有100个城镇社区幸福养老工程项目提速建成并投入运营，全省共建城市社区老年人日间照料中心1245个，农村社区老年人日间照料中心8087个，社区居家养老服务"15分钟服务圈"初步形成，普惠型、多样化的社区养老服务体系逐步完善，带动相关养老产业迅速发展。医疗卫生服务与养老服务加快融合，康养园区建设提速，有力带动了养老产业提质发展。"康养山西"智慧平台建设顺利推进，建成太原、大同、阳泉、晋中、长治、晋城6个市级智慧养老服务大数据平台，在提高供需精准度的同时，为银发经济高质量发展有效赋能。

（三）银发产业体系初步形成，业态创新加速推进

山西积极拓展银发经济发展空间，推进养老用品、健康养老、智慧养老等产业加快发展，初步形成了以养老服务为核心的产业体系，主要包括以保健食品、保健药品、医疗器械、康复辅具等老年用品生产研发等为主的上游产业，以智能养老App和各类养老服务为主的中游产业，以老年消费群体营销、老年培训等为主的下游产业。山西持续推动银发经济相关产业与医疗

大健康、房地产、文化旅游、教育培训等业态融合发展，银发经济业态不断创新，"智慧+养老"、旅居养老、健康养老、文化养老、森林康养等"养老+"融合发展新业态、新模式不断涌现。老龄金融产业在探索中起步，各家银行主动探寻在社区养老、康养项目、老年大学、网点适老化改造、养老宣传等各类养老金融场景中的切入点和有效路径，设立养老金融特色网点，积极引入多层次多品种投资理财产品，为不同收入和风险偏好的群体提供养老金保值增值服务，有效助力山西银发经济快速发展。

（四）经营主体数量不断增加，品牌建设示范效应显现

随着银发经济逐渐成为"新蓝海"，一些企业积极捕捉银发经济发展的新机遇，开始逐步进入银发经济领域。山西积极出台优惠政策，从规划、用地、财政补贴、税费减免等方面大力支持社会力量投资，相关企业数量不断增加。爱企查专业版数据显示，山西现有9349家企业名称或经营范围含"养老、老人、老年"。同时，山西积极引进培育市场竞争力强和带动作用大的骨干企业，先后引进北京智慧华川、北京寸草春晖、南京安康通、青岛颐居等国内知名养老服务企业，培育出太原易照护、凯森养老、大同398助老、晋城幸福汇、晋中华晟咱家等诸多本土养老企业品牌，"晋老"品牌效应日益显现，极大地激活了山西银发经济市场。

二 存在的困难与堵点

随着山西人口老龄化程度进一步加深，老年人需求结构正逐步从生存型转向发展型，银发经济无论是在规模、结构、效益等方面，还是在改革、创新、开放等领域仍存在不少短板弱项，亟须着力破解。

（一）市场发展水平滞后于老龄化进程

山西人口老龄化具有规模大、增速快的显著特点，庞大的老年消费群体对各类产品和服务的需求持续增长、要求不断增多。但山西银发经济供给侧

创新有待加强，尚不能契合老年人日益增长的消费需求。一是服务偏重福利性事业供给。从山西银发经济发展情况来看，其更侧重福利性养老事业发展，养老产业发展仍滞后于养老事业，当前市场提供的一般性生活服务类项目较多，但老年人急需的整合式、一站式服务较少，长期照护、康复护理、心理慰藉等方面的服务供给不足，对老年人文化、娱乐和社交方面的需求关注度不高。二是老年用品的适老化、个性化程度不高。山西老年用品种类匮乏，缺乏对老年市场的详细划分，以及对消费需求的深度挖掘，单价低、利润少的基础产品较多，针对老年人生理特点和生活需要研发生产的养老产品种类较少，适老化、个性化、智能化产品欠缺。三是银发产品和服务质量有待提升。随着生活水平的提升，山西银发群体对产品和服务的质量要求越来越高。目前，山西各领域产品和服务标准主要聚焦于年轻消费者，针对老年康养、文化生活等的银发产品和服务质量普遍不高。受传统观念影响，市场普遍认为老年人倾向于购买廉价的商品和服务，导致商家提供的产品在质量上有所欠缺、在服务上也不够耐心与周到，客观上抑制了老年群体消费潜力的释放。

（二）银发经济发展尚未形成集聚态势

银发经济涉及面广、产业链长、业态多元、潜力巨大，但目前山西银发经济发展尚处于起步阶段，总体规模较小，各行业之间协同不足，产业集群尚未形成。一是企业数量少、规模小。由于银发经济前期投入大、回报周期长、品牌塑造慢，很难在短期内形成规模、收回投资，企业参与银发经济的意愿仍有待提高。山西养老产业经营主体数量仍较少，在中部六省中排名靠后。具备行业引领作用的龙头企业较少，尤其在智慧养老、适老化改造、老年用品生产等进入门槛相对较高的高端养老产业，经营主体往往规模小且分散，无法带动银发经济形成规模优势。二是产业发展链条仍不完整。山西银发经济各行业发展不均衡，存在一定的跟风模仿现象，产业发展模式相对粗放和单一，产品同质化现象较为严重。现有企业以分散生产经营为主，上下游合作空间狭窄，合作水平较低，支持产业融合、并购重组、产业链协同的产业组织政策缺失。三是尚未形成有竞争力的产业集群。目前，广东、四川、云南、河北等地为引导和培育可持续发展的银发经济产业体系，陆续建立起银发经济产业园。与先进省份相比，山西尚缺乏银发经济布局规划，银发经济主体集聚区、产业资源链接平台等建设相对滞后，银发经济尚未形成规模发展态势，难以形成集聚效应。

（三）科技创新迭代支撑能力亟待提升

银发经济的蓬勃发展需要持续不断的科技创新，以满足老年人多样化、个性化的需求。虽然目前山西为推动银发经济发展开展了众多项目，但科技创新项目不多，技术创新能力不足，对银发消费的拉动作用不强，难以持续推动产业发展。一是银发科技发展水平滞后。山西的银发科技创新多停留在对项目的征集、遴选、资助层面，联合技术攻关、联合试验不充分，缺乏项目成果的推广、转化和市场应用，具有自主知识产权的产品和服务严重不足。二是企业创新研发能力较弱。受制于成本，以及对涉老科技产品扶持力度有限，山西银发企业缺乏对创新资源的系统化整合，尤其是老年日用品、健康用品、出行辅助产品的创新研发较少，创新能力亟待提升。三是银发科技人才引育不足。山西银发经济快速发展的同时，人才紧缺问题日渐凸显，除护理人员、康复师等技能人才外，银发科技人才更为短缺，科技人才培养和引进机制尚不完善，缺乏专业的人才集聚和交流平台，银发科研力量不足且较为分散。

（四）政策体系和市场规范需加快完善

为全面贯彻落实国家相关精神，山西出台《山西省发展银发经济增进老年人福祉的实施方案》，对强化要素保障、优化发展环境提出明确要求。但总体来看，仍需在政策落实落细与市场秩序规范上持续发力。一是政策体系仍需进一步完善。目前，山西对银发经济的发展目标、空间布局、业态结构、重点领域和时序安排等还没有系统的规划。由于银发经济涉及产业众多，现有的消费、养老、医疗等方面的政策较为分散，山西仍需做好各方面的政策协同。在各地实际操作中，对已出台的土地供应、财政补贴及税收优惠等政策的配套措施不完善。金融产品和金融工具创新不足，企业融资渠道狭窄、融资规模较小。针对老年人的金融产品较少，产品特色不鲜明。二是标准建设仍需进一步加强。当前山西对银发经济的主要内容、行业类型、统计规则等缺乏深入系统的研究，既有银发经济分类不统一、不明确、不全面、不具体，不利于精准制定产业发展政策。银发经济标准化建设不足，关键领域和产品的标准仍不完善，导致产品质量参差不齐。三是市场规范仍需进一步完善。由于银发经济链条长，涉及领域多，目前山西对银发市场发展缺乏有效引导、监管和规范，经营主体之间存在无序竞争的情况。银发市场各类虚假宣传、侵权现象时有发生，一些不法分子通过销售老年产品、打着健康宣传讲座的旗号，假借金融养老、新型投资等概念进行金融诈骗活动，或诱骗老年人购买"三无"保健品，对老年人合法权益的保障亟待加强。

（五）多重因素制约银发消费潜力充分释放

尽管山西中老年人的消费潜力很大，但在实际消费过程中仍面临很多制约因素。一是不同人群收入水平存在差距。据近期针对山西不同老年人群的问卷调查，不同职业的老年人年退休金或年养老金数额差异较大，最高的是国家机关/事业/企业单位职工（24050.43元），其次是自营生意人员（6548.9元），收入最低的是务农人员，只有2153.4元。二是消费环境适老改造有待加强。老年人由于身体机能衰退、学习能力下降，面临"数字鸿沟"等问题。老年消费者活动范围有限，以社区为主，很多老年消费者很难前往专卖店购买需要的商品。网上购物常遇到技术问题，阿里巴巴发布的《老年人数字生活报告》显示，老年人在网上购物遇到问题后，50%的人会选择放弃。目前，山西针对老年人消费的软硬件环境适老化改造不足，这在一定程度上制约了老年人消费水平的提升。三是消费观念调整仍相对滞后。尽管山西老年人的消费观念正在发生变化，但受到生活时代、家庭条件等因素的影响，消费行为和习惯的调整仍相对缓慢。部分老年人身心功能不断退化，独立的经济能力、自主的消费意识和理性的判断能力逐步减弱。如何在老龄化加速的背景下，充分挖掘老年人的消费潜力，成为银发经济实现快速发展要解决的关键问题。

三 对策建议

银发经济既是民生实事的"新要求"，也是经济发展的"新赛道"。当前山西银发经济正处于强基固本、提质升级的关键时期，当务之急是要坚持以人民为中心的发展理念，充分考虑全省发展的阶段性特征和财政承受能力，积极稳妥推进市场和政府协同、消费和供给匹配、产品和业态结合、改革和创新同步，实现规模化、标准化、集群化、品牌化发展，更好满足老年人多元化、差异化、个性化的养老需求，努力实现"幸福老龄化"的美好愿景。

（一）聚焦重点领域，精准把握银发经济发展的"爆破点"

银发经济涵盖老龄事业和老龄产业全领域，涉及部门多、行业广，在做好老龄事业、保障基本养老服务的基础上，要积极对接市场需求，聚焦金融、健康、文化等重点领域，加快推进老龄产业发展，夯实银发经济发展的基础。

大力发展社会养老服务业。进一步完善居家养老服务体系，在老年助餐、老年助浴、老年助洁、老年助医、适老化改造等方面提供高质量服务。探索"物业服务+居家社区养老服务"模式，引导养老机构、家政企业、物业服务企业开展居家养老上门服务。积极打造"一刻钟便民生活圈"，加强普惠型生活服务机构（网点）建设。支持医疗机构将康复服务延伸至社区和家庭，推进失能护理服务设施和能力建设，大力发展老年病、慢性病防治等中医药服务。鼓励养老机构与邻近的医疗卫生机构共同建设、共享资源，逐步完善居家、社区、机构衔接顺畅的医养服务体系。推动老年教育、文化资源向乡村倾斜，逐步构建起覆盖城乡的老年教育体系，组织适合老年人参与的群众文化活动。

做强老年产品制造业。依托山西制造业基础雄厚、发展态势良好的优势，瞄准《老年用品产品推广目录》，引导省内生产企业开展老年产品研发与制造，在产品开发、外观设计、产品包装等方面加大适老化创新力度。加快推进社区公共空间和家庭内部适老化改造项目，通过施工改造、设施配备、辅具适配等方式改善老年人的生活环境。积极推进老年日用生活器具、电子电器的智能化更新，并在社区、养老机构、家庭等不同场景中推广应用。

培育发展抗衰老产业。依托山西独特的资源条件和气候特点，加快发展绿色健康食品产业，开发特色品牌，立足"优质安全、平衡膳食、营养保健"的产品特质，积极推进适老保健食品提品质、增品种、创品牌。积极培育涵盖从护肤品、营养补充剂到细胞疗法和基因编辑技术的抗衰老产品和服务，鼓励探索通过调节特定基因或代谢途径逆转衰老迹象的新科技、新方法。推进更加个性化和精准化的抗衰医学发展，开发老年病早期筛查产品和服务。加快人工智能和大数据分析技术在个体衰老进程中的运用，指导个性化的生活方式和采取干预措施。

（二）激发市场活力，全力培育银发经济发展的"领头雁"

坚持供给侧结构性改革，培育一批优势产业、龙头企业、产业园区，加快营造有利于银发经济规模化、集群化发展的环境。

补齐建强银发链条。瞄准产业链高端环节，打造一批特色企业，充分发挥关键企业在推动银发经济发展中的"催化作用"。聚焦养老产品，构建并完善银发经济产业链。适应高品质银发经济发展需求，积极打造银发经济集聚区，培育具有较强竞争力的银发经济产业集群。打破养老、医疗、家政、餐饮、健康、体育、文化、旅游、科技、教育行业边界，链式推进多行业横向融合发展，为老年人提供复合型产品和服务与综合性消费体验。

壮大银发市场主体。鼓励国有企业通过整合链上资源，探索连锁化经营模式，谋划布局一批战略性、牵引性强的项目。瞄准银发经济领域，鼓励传统产业转型升级，孵化一批高端制造企业、专精特新中小企业。推动建立各级政府与民营经济经营主体常态化沟通机制，鼓励民间资本进入可市场化运作的领域，支持民营企业参与银发经济的投资运营，为民营企业投资项目降门槛、拓领域、优环境、增活力。

助力集聚集群发展。依托独特的资源禀赋，山西进一步优化银发经济区域布局，鼓励太原、大同、晋城等地打造银发经济生态圈。鼓励有条件的开发区因地制宜建设一批细分行业示范园区，积极打造一批产业链条长、覆盖领域广、经济社会效益好的产业集群和集聚区。积极对接京津冀、长三角、粤港澳、中原、关中、呼包鄂城市群和黄河经济带，引进一批品牌化、规模化、有影响力的新型养老服务集团落户山西，推进全省银发经济向服务专业化、产业规模化、运营连锁化、发展集团化方向迈进。

（三）紧盯目标需求，深度挖掘老年群体潜在消费的"蓄水池"

聚焦银发经济需求侧培育，实施标准和品牌双轮驱动，充分激发重点人群的消费活力、动力和潜力，走出一条规范化、标准化、品牌化的银发经济发展道路。

千方百计促进银发消费。瞄准银发人群跨越数字鸿沟、关注消费投资、追求建立健康社交关系、期待个人价值提升、积极享受生活的新需求，充分挖掘银发群体消费潜力。将老年产品和服务纳入各级促消费政策范围，采取发放银发消费券、开展线下体验等促消费举措。结合春节、重阳节等传统节日以及"敬老月"等活动，引导电商平台、大型商超、老年日用产品实体店设立银发消费专区、举办主题购物节，打造一批银发消费特色活动品牌。依托各类线上线下购物平台，加快打造数字惠民消费新场景。

开展银发标准认证工作。聚焦老年产品、服务和技术，构建全省银发经济发展标准和认证体系。持续开展养老服务、文化和旅游、老年用品、智能技术应用等领域标准化试点工作，积极制定养老用品和服务目录、质量标准。对自主研发、技术领先、市场认可的产品，将其纳入升级和创新消费品指南。建设高水平、专业化的第三方质量测试平台，开展质量测评、验证、认证工作。

着力打造本土品牌。进一步明确品牌定位，集中力量做大、做精、做强重点养老品牌，培育养老领域的"山西精品"。养老服务企业要充分发挥竞争优势，在附加值更高的研发与品牌营销上发力，提升品牌核心价值，加快打造晋系养老品牌。各部门要加快编制具有区域特色的产品目录，打造一系列智慧健康养老应用场景，策划专题展会，开展"质量月""知识产权宣传周"等活动，推选出一批信誉度高、实力强的优质企业，充分提升企业的知名度、美誉度和影响力。

（四）坚持创新驱动，系统打造产业发展迭代的"发动机"

坚持创新引领，推动银发经济科技创新、组织创新、业态创新，开发智能化、功能化、场景化产品和服务，培育银发经济新产业、新优势、新动能，以新质生产力赋能银发经济发展。

着力培育银发新质生产力。加强基础研究、原始创新、技术攻关，打造一批集技术转移、成果转化、技术研发、资源共享、企业孵化等于一体的银发经济科技创新平台。重点围绕智慧健康养老、康复辅助器具、生活辅助用品、养老服务、保健品等，开展技术攻关，支持科研成果转化和推广。加快新技术、新材料、新工艺在老年产品和养老服务领域的应用，满足老年人多层次、多样化、高品质需求。

着力提升银发企业自主创新能力。结合市场需求，依托龙头企业建设一批高水平研发创新平台，构建并完善以企业为主体的技术创新体系，实现产学研的深度融合。围绕老年人衣、食、住、行、医等方面的需求，运用高新技术不断推出健康产品、用品，利用新一代信息技术推动养老服务的数智化升级。聚焦养老服务创新成果的转化运用，着力培育一批核心技术突出、集成创新能力强的领军企业，进一步激发银发经济相关企业创新活力。

着力夯实银发人才支撑力。鼓励高等院校开设与银发经济和养老服务相关的学科，支持职业院校增设适老、为老等专业，加大养老服务、健康服务、医药保健等领域人才培养力度。深化银发经济专业领域产教融合，支持龙头企业、产业园区和高等院校共建产教融合实训基地、现代产业学院。鼓励各类企业、培训机构开展养老护理等职业技能培训，推进养老护理等相关专业"1+X"证书培训和取证工作，打造一批具有地方特色的银发经济劳务品牌。

（五）优化资源配置，稳步增强符合省情的"支撑力"

对山西而言，银发经济发展正处于强基固本的关键阶段。要以积极有效的政策措施和科学合理的要素支撑，推动银发经济逐步实现规模化、标准化、集群化、品牌化发展，提升老年人的生活质量，让老年人"老有所养、老有所依、老有所乐、老有所安"。

根据发展需要合理安排银发经济财政投入，鼓励社会力量积极参与银发经济，确保符合条件的相关主体应享尽享财税支持政策。完善银发经济多渠道筹资机制，统筹一般公共预算和政府债券等多渠道资金，积极支持山西银发经济发展。科学编制供地计划，依据国土空间规划分级做好养老服务设施和银发经济产业项目用地保障。

落地一批特色化重点项目。举办银发经济项目合作交流（招商）会，引进一批老年用品制造、智慧健康养老等银发经济相关项目。大力发展银发产业重点项目，助力市场主体做大做强，打造银发经济"山西品牌"。发挥养老服务"431"工程和社区养老服务"1251"工程的引领作用，壮大社区居家养老服务业态，推动全省银发经济高质量发展。

开发一批针对性强的金融产品。创新信贷担保方式，提高企业授信额度，建立投资与信贷互认机制，引导支持金融机构创设长短结合的多元化金融服务产品。支持符合条件的银发企业依照法定程序发行企业债券。聚焦银发企业融资需求，积极探索"晋服贷""晋信贷""晋贸贷"等金融产品，支持符合条件的银发企业多渠道融资。

因地制宜运用互联网、大数据、人工智能等技术，根据银发企业自身发展实际和生产需求，完善数字化基础设施，以数字技术重塑管理流程，有效推进银发企业效率提升、集约经营、科学决策。探索"互联网+银发经济"

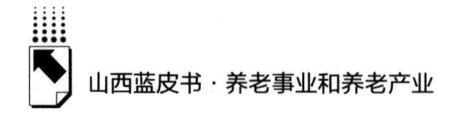

"AI+银发经济"等应用场景,打造一批数字化管理和服务平台,更好地服务老年群体。

参考文献

《国务院办公厅关于发展银发经济增进老年人福祉的意见》,中国政府网,2024年1月15日,https://www.gov.cn/zhengce/zhengceku/202401/content_ 6926088.htm。

寇佳丽:《银发服务要"向阳"而生》,《经济》2022年第10期。

徐莺、刘含笑:《中国"银发经济"的现状、问题与前景》,《北京航空航天大学学报》(社会科学版)2023年第1期。

B.11
山西农村老年人日间照料中心现状和发展对策研究

薛明月*

摘　要： 农村老年人日间照料中心是解决农村地区养老问题的重要途径，是构建城乡养老服务体系的关键环节。经过十余年的探索和发展，山西在全省范围内已经建成8087家农村老年人日间照料中心，其数量规模、服务模式和运营机制都迈上了新台阶。面对广大农村老年人日益增长的幸福养老需求，需要正确处理顶层设计和实际运行、数量增加和质量提升、动力支撑和要素保障的关系，通过构建部门联动的运营管理体制、完善配套设施、强化创新赋能、加强试点示范和优化资源配置等措施，实现农村老年人日间照料中心服务质量提升和可持续发展。

关键词： 农村老年人日间照料中心　养老服务　山西省

党的二十大报告中明确提出实施积极应对人口老龄化国家战略，发展养老事业和养老产业，优化孤寡老人服务，推动实现全体老年人享有基本养老服务。近年来，山西省委、省政府聚焦进一步完善农村养老服务体系建设、增强农村养老服务供给能力，连续多年将建设农村老年人日间照料中心列入年度民生实事推进，有效解决了农村留守、空巢、高龄老年人实际生活困难，基本实现"养老不离村"目标。截至2023年12月，山西已建成农村

---

* 薛明月，山西省社会科学院（山西省人民政府发展研究中心）研究四部研究实习员，主要研究方向为民生社会。

老年人日间照料中心8087个，惠及40多万名农村老年人，全省农村养老步入一个全新的发展阶段。但必须看到，农村老年人日间照料中心点多面广分布散，在实际运营过程中仍存在体制不顺、动力不足、活力不够、支撑缺位等一系列问题。为此，必须在系统反思近年来农村老年人日间照料中心建设、运营得与失的基础上，进一步优化农村老年人日间照料中心长效运营机制，确保农村老年人享有基本养老服务。

一 农村老年人日间照料中心建设及运营现状

山西省委、省政府始终坚持以人民为中心的发展思想，高度重视农村老年人日间照料中心建设，聚焦满足农村老年人日常生活照料等基本需求，充分发挥政府、企业、社会三方主体力量，构建建设、管理、运营一体化推进机制，打造新时代农村养老的幸福家园。

（一）政策制度落实落细

2012年，山西开始试点探索农村老年人日间照料中心的建设和运营之路，以解决农村养老中的实际问题。随之相关政策文件出台，从启动、建设、运营、管理等方面提出了一系列接地气、可操作性强的举措，为全省农村老年人日间照料中心发展提供了强有力的政策支撑。一是战略起步阶段。2013年10月，《关于做好全省农村老年人日间照料中心建设工作的通知》提出农村老年人日间照料中心要以解决农村70岁以上空巢和高龄老人基本生活为目的，以满足老年人的吃饭、日间照料为基本要求，坚持村级主办、自主参与、互帮互助、量力而行、政策扶持，将农村老年人日间照料中心建设作为社会养老服务体系建设的重点工作来抓，确保连续3年全省每年完成1000个建设任务。二是建设运营方面。2017年8月，《山西省民政厅、山西省财政厅关于进一步规范农村社区老年人日间照料中心建设的通知》《山西省民政厅关于印发〈2019年新建500个农村老年人日间照料中心行动方案〉的通知》《山西省民政厅　山西省乡村振兴局关于利用农村光伏收益进一步做好农村养老工作的通知》《山西省民政厅　山西省财政厅　关于进一步落实社区居家养老服务扶持政策的通知》进一步明确，2017~2020年，全省每年新建600个农村老年人日间照料中心，到2020年，符合标准的农村老年人日间照料中心、老年人活动中心等养老服务设施覆盖60%以上的农村社区。每个日间照料中心一次性补助建设资金10万元，其中，省级财政6万元（其中，福利彩票公益金1万元），市级财政4万元（其中，福利彩票公益金1万元）。三是示范奖励方面。《关于开展山西省农村老年人日间照料示范县、示范村创建活动的通知》提出依据创建条件，公开评选10个农村老年人日间照料示范县和100个示范村，分别给予30万元和1万元奖励。

（二）运营模式多元推进

山西在推进农村老年人日间照料中心建设的同时，积极探索并形成了多样化的运营机制。这些机制的创新和实践，为农村老年人日间照料中心的可持续发展奠定了坚实的基础。一是政府主导型稳步做实。政府在农村老年人日间照料中心的建设和运营中发挥了主导作用，通过提供资金支持、政策指导和监督管理，确保服务的质量和效率。如大同市在云州区开展颐养工作试点，通过试点先行、典型引领、逐步覆盖，探索县、乡、村三级养老服务网络，推进农村养老服务高质量发展。二是村集体运营型持续做强。依托村集体经济，由村委会或村民自治组织负责农村老年人日间照料中心的日常运营，形成了具有地方特色的养老服务模式。如太原市刘家堡村非遗文化传承项目入驻，融合民俗文化、农业观光，建成集游览、研学、体验、美食于一体的乡村文化旅游综合体，增加村集体经济收益，将收益用于农村老年人日间照料中心的日常运营。三是社会参与型不断做精。鼓励和引导社会组织、企业和个人参与农村老年人日间照料中心建设，形成了政府、市场和社会三方共同参与的运营格局。如怀仁市依托幸福老年之家专业机构，转让经营权，保留所有权，实现对全市99个农村老年人日间照料中心连锁化、品牌化运营。

（三）数量大幅增加

近年来，随着政策的不断优化和运营资金的持续投入，全省农村老年人日间照料中心的数量和规模均实现了显著增长。截至2023年12月，山西已建成农村老年人日间照料中心8087个，在全国名列前茅。随着城镇化的发展和村庄合并、搬迁，农村老年人日间照料中心的数量发生变动，即每年有新建，也有关停（见表1）。

表1 2012~2022年山西各城市农村老年人日间照料中心建成情况

单位：个

地区	2012年	2013年	2014年	2015年	2016年	2017年	2018年	2019年	2020年	2021年	2022年
太原市	24	43	49	46	40	24	27	20	3	0	2
晋中市	3	34	67	95	143	75	67	67	22	31	7
吕梁市	5	3	25	38	68	77	76	80	63	71	24
阳泉市	4	27	60	68	94	58	26	16	1	1	0
忻州市	4	52	85	76	86	68	92	57	5	3	4
朔州市	1	23	10	30	30	55	132	41	4	15	0
大同市	1	50	72	64	72	39	32	17	0	0	0
临汾市	3	26	55	57	74	50	51	49	17	5	376
运城市	52	137	152	147	141	260	209	98	48	24	8
晋城市	24	198	177	116	102	83	94	10	18	5	3
长治市	10	34	35	46	51	84	97	75	4	3	0
总计	131	627	787	783	901	873	903	530	185	158	424

注：因当年有停止运营的日间照料中心，因此存在当年总数小于当年各市数量之和的情况。
资料来源：课题组调研所得。

如图1所示，2012~2019年，全省农村老年人日间照料中心总体呈正态分布，即各城市新建农村老年人日间照料中心数量从2012年开始增加，2015~2018年先后达到峰值，从2018年开始新建数量逐渐下降。

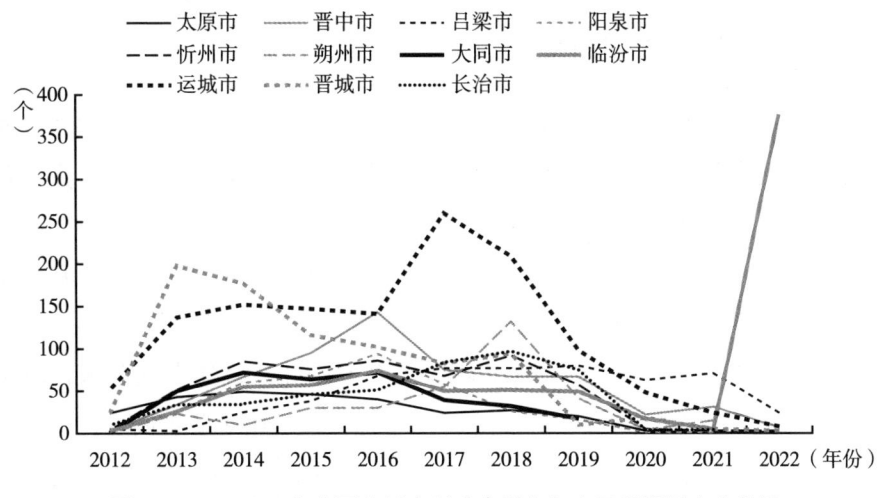

图 1　2012~2022 年山西各城市新建农村老年人日间照料中心数量

资料来源：课题组调研所得。

（四）基础设施更加完善

根据《山西省鼓励投资政策（2017年版）》要求，农村老年人日间照料中心的总建筑面积不低于150平方米，且设立日间休息室、休闲娱乐室、图书阅览室、健身康复室、厨房和餐厅。一是基础设施基本配备。据调研，老年餐厅、休闲娱乐室、日间休息室、图书阅览室、健身康复室已经成为农村老年人日间照料中心建设的标准配置，"四室一厅"的设施布局初步形成。二是共建设施日趋完善。通过与现有资源进行整合，积极探索农村老年人日间照料中心"一中心多用途"的服务模式，在提供基本的生活照料服务的同时，进一步丰富文化娱乐、健康咨询、医疗诊断、心理慰藉等多元化服务。三是配套设施不断升级。全省危房改造与房屋设施维护工作不断推进，浴室、理发室、洗衣房、取暖设施、娱乐设施等配套设施建设稳步推进，服务功能不断升级完善。如洪洞县对32个农村日间照料中心进行提档升级改造，扩大服务面积，增加服务功能，在原有"四室一厅"的基础上增加洗衣室、洗澡室、理发室、医务室，配置老年用餐桌椅，增设食品留样柜。

（五）管理方式不断创新

山西农村老年人日间照料中心在管理方式上积极创新，以适应老年人多样化的养老服务需求，并提高服务效率与质量。一是管理体系日益健全。农村老年人日间照料中心在村委会的指导下，成立管理委员会，管理委员会由本村村干部或在本村德高望重、热衷老年公益事业的老年人组成。中心主任一般由村干部或村老年协会领导兼任，负责本村老年人日间照料中心的日常运行管理工作。二是管理制度更加完善。调研发现，多数农村老年人日间照料中心建立了全面的管理制度，包括中心管理制度、财务管理制度、食堂管理制度、卫生管理制度、安全管理制度、老人守则等，并上墙公示。完善入住服务协议、老人花名册、就餐登记和开展活动记录等资料，做到制度健全、管理到位。比如霍州市责成各农村老年人日间照料中心每日上报用餐情况，通过微信工作群进行监督，并将其作为年底考核评估依据。三是奖惩手段趋于严格。各地因地制宜制定了奖惩制度，如临汾市对运营正常的农村老年人日间照料中心，年底根据每日用餐情况和每季度随时检查结果进行评估，根据评估结果分为五档，每年分别奖励服务补助资金 1000～5000 元不等。对于运营不正常的，如人数太少、运营时间太短，提出整改措施，责令整改，整改仍达不到要求的，建议其申请变更为活动中心。

（六）社会认同度持续提升

在全省农村老年人日间照料中心的建设运营过程中，老年人作为服务的直接受益者，其认同度和满意度是衡量服务成效的重要指标。一是对政策制度实施的肯定。在调研中，多数农村老年人认为，农村老年人日间照料中心的建设坚持以人民为中心的发展思想，充分考虑了农村留守、空巢、高龄老年人的实际生活需求，是一项将改革发展成果更多更公平惠及人民群众的实事好事。二是对运营管理模式的认可。目前，各级政府对已建成及今后要建设的农村老年人日间照料中心实行分类管理，因地制宜、因村施策，创建特色鲜明、操作性强的管理体制，选择与当地实际情况相适应的运营模式，努力破解"重建设、轻运行"和"重数量、轻质量"等实际问题,农村老年人日间照料中心的长效运行和规范管理正是广大人民群众所期盼的。三是对照料服务内容的满意。调研发现,农村老年人日间照料中心切实解决了留守老人、独居老人、空巢老人养老管护问题,尤其是满足了老年人的用餐、社会交往和娱乐服务需求,打造了一个安全、舒适、便利的养老环境,广大老年人对服务内容、服务质量以及服务环境等方面普遍表示满意。

二 农村老年人日间照料中心存在的主要问题

近年来,山西农村老年人日间照料中心全面铺开,在模式创新、运营提质等方面都积累了一定的经验,但从具体运行情况来看,顶层设计与实际运行之间仍存在偏差,常态化运行的动力支撑和要素保障仍有短板,与广大农村老年人日益增长的养老需求仍不相适应。

(一)运营制度仍不健全

在当前的运营实践中,部分农村老年人日间照料中心还存在管理与运营制度缺位的问题,这不仅影响了服务能力和质量的提升,也制约了农村老年人日间照料中心的可持续发展。一是在导向上追求数量指标。部分地区强调数量的扩张,忽视了质量的提升,农村老年人日间照料中心呈现低水平、广覆盖的特点,这在一定程度上导致服务功能不健全,无法满足老年人日益多样化的需求。二是在管理上尚未形成部门合力。农村老年人日间照料中心的建设和日常监管主要由各级民政部门负责,而与其他相关部门的联动机制仍不健全,政策落地和要素支撑的实际效果不尽如人意。日常管理主要依靠村集体,这对村干部的管理能力和村集体的财力支撑都是很大的考验。三是运营长效机制尚未建立。由于各地乡规民约不同,加之农村老年人日间照料中心建设布局分散,运营模式与特点也各有千秋,相对成熟的运行经验和模式难以复制推广,相对稳定的财力保障和要素支撑仍有短板,各具特色的长效运行机制仍是当前需要突破的重点和难点。

（二）多元主体支撑不足

农村老年人日间照料中心可持续运行需要多元化的资金支持，仅依靠政府补助恐难以为继，只有"村集体补一点、社会捐一点、个人出一点"才是合理的筹资模式。但由于缺少村集体收入以及社会捐助，部分农村老年人日间照料中心正常运行举步维艰。一是政府补贴不足。全省农村老年人日间照料中心的政府补贴由启动建设经费和运营经费两部分构成。根据相关政策规定，农村老年人日间照料中心的启动建设经费为10万元，之后再根据每年提供用餐与否给予1万~3万元运营经费。经测算，建设一家符合基本要求的农村老年人日间照料中心需要10万~15万元，维持一家提供餐饮服务的农村老年人日间照料中心需要6万~8万元。但从2019年开始，省级财政建设补贴减少，个别市县还存在政府补贴未按政策要求发放及到位不及时的问题。二是村集体经济难以支撑。调研发现，目前运营良好的农村老年人日间照料中心，主要依靠村集体经济的强力支撑，也离不开村"两委"的筹资和管理能力。反观，一些难以为继的农村老年人日间照料中心，由于村集体经济基础薄弱，主要依靠政府补贴运营，基本是"上级给多少，集体供多少"。三是社会参与不足。当前各地农村老年人日间照料中心存在分布散、规模小、盈利少的情况，服务模式和业态单一，难以发掘可观的盈利点，缺乏有效的参与激励机制，社会资本参与农村老年人日间照料中心建设和运营的积极性不高。

（三）服务质量有待提升

随着老年人对日间照料服务需求的不断增长，服务质量与内容已成为衡量农村老年人日间照料中心能否满足老年人需求的重要标准。然而，当前服务质量与内容与老年人的期望仍存在一定差距。一是照料服务模式单一。许多农村老年人日间照料中心提供的服务主要集中在基本生活照料上，如餐饮、棋牌、健身与聊天，缺乏针对老年人需求的专业服务与定制服务。那些地理位置偏远且经济不发达的村庄周边医疗设施欠缺、缺乏专业的医护人员,这些地区的老年人十分期待农村老年人日间照料中心能够提供医疗类服务。二是服务对象有局限性。政府原本计划农村老年人日间照料中心的服务对象是失能半失能老年人,但实际上农村老年人日间照料中心的主要服务对象是能够自理的老年人。这就造成了服务对象的错位,农村中最为困难的老年人反而由于自身原因无法享受农村老年人日间照料中心提供的服务,而得不到应有的照料。三是缺乏服务规范标准。许多农村老年人日间照料中心缺乏统一的服务标准和规范,服务内容和质量难以衡量,导致服务效果难以保证,缺乏有效的监管和评估机制,使得服务质量难以得到持续改进和提升。

(四)基础设施亟须完善

基础设施是农村老年人日间照料中心提供高质量服务的基石。然而,当前许多农村老年人日间照料中心的基础设施建设仍不完善,这不仅影响了老年人的体验,也制约了农村老年人日间照料中心的长远发展。一是布局不合理。各地正常运营的农村老年人日间照料中心使用率最高的设施是餐厅与老年人活动室,依托这两个设施开展供餐和文娱、健身等活动,而其他基础设施闲置率较高,如图书室、康复室和日间休息室。二是适老化建设水平较低。农村老年人日间照料中心多为改造用房,原有的规划布局不符合老年人的活动特点,室内建筑和设施未充分考虑老年人的特殊需求,缺乏必要的无障碍设计和适老化改造。三是改造用房存在安全隐患。农村老年人日间照料中心用房多由其他用途的房屋改造而来,由于经费和专业性等一系列问题,改造用房存在使用功能和安全等方面的问题。从使用情况来看,存在漏雨、墙皮脱落、地面坑洼、电线裸露、电磁灶漏电等安全问题。

(五)专业队伍建设滞后

专业人才是提升农村老年人日间照料中心服务质量的关键。然而,当前专业队伍建设存在明显的滞后现象,这不仅影响了服务的专业性和有效性,也制约了农村老年人日间照料中心的可持续发展。一是管理人员兼职现象较为普遍。受农村老年人日间照料中心普惠性与兜底性的影响，其建设和管理主体是农村基层群众自治组织，管理人员多为村"两委"干部，由村民选举产生，多为兼职或临时聘用，缺乏长期从事养老服务事业的稳定性和专业性。部分农村基层干部没有充分认识到农村老龄化趋势带来的严重影响，对农村老年人日间照料中心宣传的积极性不高。二是从业人员专业化程度较低。农村老年人日间照料中心的服务人员基本从村内招募，普遍存在年龄偏大、文化程度偏低问题，没有接受过相关的专业教育或有关老年服务知识的培训，管理和护理水平不高。三是服务人员缺口较大。从实践来看，一些条件好的地方积极探索拓展服务内容，但受限于地理位置和服务提供频次，难以招募到医生、社会工作者、心理咨询师等专业人才，导致难以为农村老年人提供专业性服务。

三 农村老年人日间照料中心的先进经验

在山西农村老年人日间照料中心建设的过程中，部分地区积极创新管理模式，千方百计丰富服务供给，持续加快基础设施的适老化改造，形成了一批可借鉴、可复制、可推广的成熟经验和经典范式，对进一步推动全省农村老年人日间照料中心高质量发展起到了示范带动作用。

（一）政府支撑模式的有益探索

平陆县坚持把农村老年人日间照料中心建设作为乡村振兴的重要抓手，按照"以政府主导为核心，以村级主办为重点，以质量评估为关键"的"三位一体"运营思路，在有条件的行政村，通过财政资金补助，对农村集体闲置房屋、学校等场所进行改造，建设各具特色的农村老年人日间照料中心，保障农村老年人"吃饭有地方、娱乐有场所、关爱有保障"。由农村老年人日间照料中心提供老年食堂、生活照料、护理陪护、娱乐活动等一体化服务，使农村老年人得到基本生活照料和关爱。坚持多条腿走路、多渠道投入，村集体根据实际情况给土地、给资金、给政策，初步建立了"村里筹一点、老人交一点、县财政扶一点、社会上帮一点"的运营经费保障机制。

吕梁市孝义市基本实现农村老年人日间照料中心全覆盖。对已建成运营的农村老年人日间照料中心，严格按照"四室一厅"标准建设，同时建立完善的管理制度，明确管理职责、服务内容、服务标准、工作流程等，建立财务台账，为服务对象建立档案，签订服务合同，规范服务。充分利用光伏扶贫收益和就业基金，分级分类为农村养老服务设施配备照料护理员等公益性岗位，并纳入"吕梁山护工培训"。孝义市财政局按照农村老年人日间照料中心提供用餐的每年不低于3万元，不提供用餐的每年不低于1万元，幸福小院每年不低于2万元的标准配套运营经费。

大同市农村"颐养工程"通过试点先行、典型引领、逐步覆盖，探索县、乡、村三级养老服务网络。以云州区为试点，其他县（区）选取3~5个村试点，全市共51个村建设"颐养之家"。通过整合社会力量，充分调动政府、市场、社会、家庭的积极性，围绕家庭养老是基础、居家服务要普惠、机构照护有保证、邻里互助倡新风的目标，有效满足事实上无人照料的困难特殊老年人需求，全方位提升农村养老服务水平。市级财政为每个村"颐养之家"补助30万元作为建设经费，积极探索将农村养老服务体系建设融入乡村振兴战略。

（二）村集体经济支撑模式的有益探索

太原市刘家堡村紧抓国家乡村振兴的发展机遇，进行全面乡村改造，以非遗带动文旅产业发展，振兴乡村文化。将土地、房屋流转到村委会，重新建设装修成非遗小院，增加村民收入。邀请非遗文化传承项目入驻，融合民俗文化、农业观光，建成集游览、研学、体验、美食于一体的乡村文化旅游综合体，以壮大集体经济，为全村70岁以上的老年人免费提供一日三餐，确保其基本生活需求得到满足，体现了老有所养、老有所依的社会关怀。

运城市雷家坡村坚持把传承德孝文化、践行社会主义核心价值观落实到农村老年人日间照料中心的运营中。村集体经济伴随村里德孝氛围的形成而不断发展壮大，雷家坡村美名远扬，先后有13家企业被吸引前来落户，不仅解决了村里200余名富余劳动力就近就业的问题，而且为集体经济做出了突出贡献。雷家坡村的集体经济每年保持在20万元左右，村民人均年收入达2万元。为维持农村老年人日间照料中心的日常运营，老年人每人每月交100元，社会爱心人士、爱心企业捐赠一部分，剩余均由村委会兜底保障。

阳曲县西郭湫村以"党建+养老服务"为抓手，提档升级农村老年人日间照料中心，完善"爱心食堂"，新建"爱心理发室"，免费为75周岁以上的老年人提供午餐、理发、休息照护、精神慰藉等服务。形成"日间照料+志愿服务"的养老新模式，积极组织新时代文明实践志愿服务、村巾帼志愿活动，助力为老服务，设定义务敬老岗和帮办代办岗，以"月月有安排，周周有活动"的模式，为老年人提供志愿服务，把西郭湫村老年人日间照料中心打造成集家、爱、关怀、和谐、健康于一体的幸福驿站。

（三）社会力量与政府合作模式的有益探索

怀仁市建立以居家养老为基础、社区服务为依托、机构养老为辅助的多层次养老体系。创新"机构+社区+居家"综合养老服务新模式。通过全盘统筹，大力整合养老服务资源，建立统一的社区居家养老管理体系，整体形成了城市、农村两大板块，省、市、县三级财政资金投入保障的建设局面。鼓励社会参与，公开招投标，借助社会力量运营农村老年人日间照料中心。鼓励多模式开展农村居家养老服务，倡导邻里互助、结对帮扶、组建流动服务队等形式，推进乡村居家养老服务。打破公建公营的单一体制，以政府购买服务的方式，通过公开招标，引入第三方社会机构怀仁市幸福老年之家连锁运营99家农村老年人日间照料中心。

临汾市翼城县坚持"政府主导、社会参与、规范运营、创优服务"的原则，积极推广"公建民营""民建公助"等模式，大力发展区域性养老，实现了乡镇全覆盖、监管全覆盖、运营全覆盖。聚焦"服务谁"，优先保障低保低收入家庭老年人、经济困难家庭中的孤寡、失能、重残、高龄等老年人服务需求，大力开展养老服务提质增效行动，聚焦"养得起"，助力公办、民办养老机构充分发挥托底作用，先后投资400万元用于适老化改造和照料服务补贴,不断满足老年人多层次的服务需求,聚焦"怎么管",开展常态化联合检查,落实养老机构服务质量、安全基本规范等标准,利用信息化手段加强综合监管。有效破解了农村养老服务内容单一、持续运营能力弱等难题,打通了农村养老服务最后一公里。

河曲县为解决农村困难老年人普遍存在的"做饭难""吃饭难"问题,全面推行"幸福老年餐厅"和"好邻居助老餐桌"项目。充分整合盘活原有村卫生室、学校、农村老年人日间照料中心和红白理事会等公共服务设施与存量资源,积极探索"老人交一点、政府扶一点、村里补一点、爱心人士帮一点"模式,设立"河曲县农村幸福老年餐厅"慈善捐赠项目,引导村内爱心群众、社会爱心企业积极参与,多渠道探索老年餐厅长效运营机制。建立全县统一的监管平台,对各村"幸福老年餐厅"运营情况进行实时监管,强化信息公开,主动接受群众监督,确保老年餐厅规范化运作、高质量服务。

(四)互助养老模式的有益探索

闻喜县薛店镇沟渠头村老年人日间照料中心,将红白理事会与日间照料中心相结合,实施村委牵头负总责、村干部轮值抓运行、老人分组做服务的运营机制,每年村红白理事会根据实际的经费差额进行补贴,经费来源稳定且充足。以2022年为例,补贴运营经费8万元,使得当年收支可以平衡,保证村老年人日间照料中心的可持续发展。

灵丘县武灵镇黑龙河村"颐养之家",老年人们自发形成互助养老模式。除雇佣必要的厨师外,入住在"颐养之家"的老年人自我管理、自我决策、自我服务。管理人员由入住在"颐养之家"的老年人们共同推举一位具有一定领导能力,且身体素质较好的老年人当领头人,对所有费用统一支配、统一管理。入住老年人全部参与"服务他人、照料自己"的工作,每周由老年人共同讨论制定餐食表,领头人统一买菜,雇用的厨师负责做饭,老年人轮流值班帮厨、清理卫生;在日常生活中,老年人互帮互助,彼此照料。

古交市出台了关于运营服务、质量控制、运行考核等一系列政策举措，对农村老年人日间照料中心建设、考核标准、运行、经费拨付等方面加以明确。签订老年人就餐协议、工作人员聘用协议，上墙公示收费凭证、从业健康证等，制作老年人健康档案、就餐花名册，变粗放式指导为精准化保障。采取分值评定和年终考核相结合的方法，采取以奖代补的形式，将补贴款发放至各村老年人日间照料中心。建立子女或村民共同监督的模式，通过实施社会监督职能，形成村民共同参与、共同治理的局面。

四 加强农村老年人日间照料中心建设的对策建议

聚焦满足新时期农村老年人多样化的养老服务需求，充分发挥农村老年人日间照料中心在提供农村养老服务方面的重要作用，构建更加完善、高效的长效运营机制，加强智慧赋能、先行先试、要素支持，致力于走出一条保基本、广覆盖、均等化、可持续的农村养老服务新路子。

（一）落实属地管理，构建部门联动的运营管理体制

面对农村老年人日间照料中心在运营中遇到的诸多挑战，构建长效运营管理机制显得尤为迫切。这不仅能提高服务质量，确保可持续发展，还关系到增进老年人福祉。一是加强多级联动、部门协同的顶层设计。以农村老年人日间照料中心"五级联动机制"为核心，省、市、县、乡、村层层压实责任，明确各级政府在农村老年人日间照料中心建设中的职责和任务，推动民政、财政、卫健、住建等部门各司其职、通力合作，形成推动农村老年人日间照料中心发展的强大合力。二是探索多元特色的运营模式。构建以农村老年人日间照料中心为主要载体、助餐助医助养助乐为服务重点、互助合作运营为基本特色的农村多元养老服务体系，加强对村民自治、市场化经营等运营机制的探索。借鉴临汾市翼城县的经验，将农村老年人日间照料中心纳入敬老院建设，通过挂牌竞标的方式，引入市场化运营机制，整合社会力量实现共建共管共享。三是完善村级组织建设与考核的体制机制。各乡镇要切

实履行好监督管理职责，制定本乡镇老年人日间照料中心考核办法，定期开展全方位检查，对老年人日间照料中心建设运营成绩突出的村大力进行表彰，对停止运营的老年人日间照料中心进行专题研究，制定整改方案，限期投入运营，确保农村老年人日间照料中心惠民项目造福人民。

（二）完善设施配套，丰富便利可及的照料服务功能

为满足老年人对高质量照料服务的需求，山西农村老年人日间照料中心亟须在设施配套和服务功能上进行系统性的完善和创新。这不仅涉及基础设施的升级改造，也包括服务内容的拓展和优化，以确保照料服务的便利性、可及性和有效性。一是做好布局规划。山西农村地域广阔，应根据经济发展情况和地理资源条件，因地制宜建设符合地方需求的农村老年人日间照料中心。例如，经济条件较好的平原地区可根据老年人实际需求适当提高设施标准，经济欠发达的山区要突出老年人餐饮服务的需求，适当放宽对图书室、日间休息床位的硬性要求。二是完善硬件配套。对现有设施进行升级改造，提高其安全性、无障碍性和舒适性，满足老年人的基本需求。配备必要的就餐、娱乐、健身、食品安全、消防等基础设施，安装取暖、降温设备。运营较好的农村老年人日间照料中心进一步加配洗衣房、理发室、浴室等设施。三是拓展服务功能。多方鼓励、调动社会力量参与农村养老服务事业，发展互助式养老服务，提供包括日间照料、卫生服务等多种养老服务，实现从基本生活照料向医疗康复、专业护理、精神慰藉、心理疏导等方面延伸，最大限度地满足广大农村老年人的养老需求。

（三）强化创新赋能，拓展高效智能的多元应用场景

随着科技的快速发展，智慧养老已成为提升养老服务质量和效率的重要手段。通过智慧养老改造，可充分利用信息技术，实现对农村老年人生活的全方位关怀和照料，提高生活质量，同时实现农村老年人日间照料中心的高效运营管理。一是搭建智慧养老平台。将"互联网+智慧养老"平

台应用到全省农村老年人日间照料中心管理中，整合线上线下资源，精准对接需求和供给，为农村老年人提供"点菜式"服务。建立一键呼叫等远程智能安防监控系统，实现24小时安全自动值守、健康管理、紧急救援、亲情关爱等服务，提高照护服务效率，降低意外风险。二是推动智慧养老改造。对现有农村老年人日间照料中心进行智能化改造，包括安装智能监控设备、智能健康检测设备、自动化生活辅助设备等，如在卫生间、走廊等易摔场所安装紧急呼叫器，一旦遇到问题可随时呼救，配置智能家电，通过语音交互、识别动作、自动感应识别老年人需求，降低老年群体使用的难度。三是推广智慧养老产品。鼓励有条件的地方通过补贴等形式支持老年人购买使用智慧健康养老产品和服务，如可穿戴健康监测手表，防跌倒、防走失、紧急呼叫、室内外定位等智能设备，远程会诊、远程康复指导等医疗服务。

（四）加强试点示范，打造先行先试的区域助老样板

经过十余年的探索与实践，山西各地涌现出一批管理好、服务好、运营好的农村老年人日间照料中心，充分发挥了示范引领带动作用。为进一步推进全省农村老年人日间照料中心高质量发展，应深化试点示范，铸就区域助老新典范。一是打造一批建设运营标准化试点。积极探索农村老年人日间照料中心建设运营标准，选取条件较好的地区开展标准化试点工作，围绕农村老年人日间照料中心选址、建设、基础设施、规范章程、监督管理、资金筹措机制等方面构建一套科学完善的标准体系，并通过培训、宣传等方式，推动标准广泛应用，为农村老年人提供更加规范化、多元化、个性化的养老服务。二是打造一批应用场景智能化试点。围绕智慧养老重点应用场景，创建一批智能化农村老年人日间照料中心试点。面向养老助餐场景，充分利用互联网、人工智能等技术，打造一批智慧助老餐厅，提供线上订餐、刷脸支付、精准补贴、膳食管理、食品安全监管等服务。三是打造一批公共服务协同化试点。将农村老年人日间照料中心建设纳入乡村振兴和新农村建设规划，与乡村振兴和新农村建设共同推进，与文化科技卫生"三下乡"、农村

医疗卫生设施建设等共同进行,做好普惠性、基础性、兜底性民生建设,全面提高公共服务共建能力和共享水平。

(五)优化资源配置,提升多元支撑的为老保障能力

强有力的人、财、物保障机制,是农村老年人日间照料中心能否长效运营、助推乡村振兴战略实施的关键所在。加强构建政策引导、政府主导、民政督导、村级主办、社会参与的养老保障体制建设,是应对老龄化社会发展的客观要求。一是构建多元资金保障体系。农村老年人日间照料中心作为民生项目,其自身没有"造血"功能,财政要担负起对农村老年人日间照料中心"输血"的责任,进一步加大对农村老年人日间照料中心运营经费的补贴力度。设立养老专项资金,利用重大活动组织募捐等方式引导社会资本流向农村老年人日间照料中心。对于光伏产业帮扶项目惠及的行政村,村级光伏电站收益可按小型公益性事业给予村老年人日间照料中心运行适当支持。二是建立服务人员保障机制。建立健全农村老年人日间照料中心服务人员岗位职责和监管办法,确保长效运行,鼓励支持村"两委"班子积极参与农村老年人日间照料中心工作,坚持从公益性岗位工作人员中选拔干部充实到农村。坚持每年从专业社工队伍中,选拔一定数量的工作人员,进入农村养老为老领域,逐步形成一整套农村老年人日间照料中心管理人员和服务人员的培养、录用和使用机制,不断壮大农村基层专业服务人员队伍。定期深入各农村老年人日间照料中心巡回举办专业培训,提升服务技能和管理质量。三是盘活闲置土地资源。立足实际、量入为出,按照新时期为老、助老、适老等要求,适当降低对存量土地资源活化利用门槛,引导新增建设用地指标向农村老年人日间照料中心提质升级倾斜。进一步盘活闲置的学校、卫生院等原国有或集体所有资产,通过推动村集体低成本改扩建,促进农村老年人日间照料中心的规模扩大和功能优化。

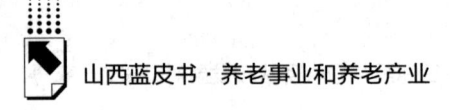

参考文献

甘炳光、梁祖彬：《社区工作理论与实践》，香港中文大学出版社，1988。

栾文敬、信焱文、刘静娴：《我国社区老年日间照料中心发展的反思与展望》，《华北电力大学学报》（社会科学版）2019年第4期。

荣增举：《社区老年日间照料中心存在的问题与对策——以青海西宁市为例》，《北京工业大学学报》（社会科学版）2013年第2期。

张欣毅：《农村智慧养老发展路径探索》，《中国人口报理论版》2022年10月28日。

中华人民共和国国家质量监督检验检疫总局、中国国家标准化管理委员会：《社区老年人日间照料中心服务基本要求》（GB/T 33168—2016），2016年10月13日，https://www.mca.gov.cn/n2623/n2687/n2696/n2747/c117030/part/16054.pdf。

《民政部〈社区老年人日间照料中心建设标准〉》，商洛市民政局网站，2023年8月14日，https://www.shangluo.gov.cn/mzj/info/1072/2087.htm。

B.12
山西创新老年教育提质机制研究

陈红爱*

摘　要： 我国老年教育开始于20世纪80年代初期。山西老年教育与全国老年教育事业发展基本同步。经过几十年的发展，全省初步形成了办学主体多元、教育形式多样、以老年大学和老年开放大学两大系统为主的老年教育发展格局。老年教育资源供给不断扩大，老年教育内容不断丰富，参与老年教育的人数持续增多，老年教育在丰富老年人文化生活、增进老年人身心健康等方面发挥了重要作用。但是，总体来看，与其他类型的教育相比，与广大老年人的需求相比，山西老年教育还存在管理体制不健全，教育经费较为匮乏，教育资源供给不足，城乡、区域之间差距较大，社会力量参与不足等问题。今后一个时期，山西要以扩大老年教育资源供给为重点，以创新老年教育体制机制为关键，以提高老年人生活质量、丰富老年人文化生活、扩大老年人社会参与为目的，整合社会资源、激发社会活力，提升老年教育现代化水平，在办好现有老年教育的基础上，将老年教育的增量重点放在基层和农村，形成以基层需求为导向的老年教育供给结构，优化城乡老年教育布局，促进老年教育与经济社会协调发展。

关键词： 老年教育资源　老年大学　老年开放大学

国际上老年教育兴起于20世纪70年代，其发展背景是人口老龄化社会的出现及终身教育思潮的影响。我国老年教育事业开始于20世纪80年代初

---

* 陈红爱，山西省社会科学院（山西省人民政府发展研究中心）社会学研究所所长、研究员，主要研究方向为社会保障、社会评价、老龄社会治理与养老服务。

期,几十年来,随着全国老龄化形势的变化以及老年人口与社会发展需求的变化,我国老年教育事业在国家法规政策的规范、引导、支持下,不断取得进步,初步形成一个全方位、多形式、多层次、多学科、多功能、开放式的教育教学体系。山西老年教育与全国老年教育事业发展基本同步。经过20世纪80年代后期到90年代中期的探索阶段,90年代中后期到2010年左右的法规政策强力推进阶段,2011年至今的加强领导、统一规划阶段,全省初步形成了办学主体多元、教育形式多样、以老年大学和老年开放大学两大系统为主的老年教育发展格局。老年教育资源供给不断扩大,老年教育内容不断丰富,参与老年教育的人数持续增多,老年教育在丰富老年人文化生活、增进老年人身心健康等方面发挥了重要作用。但是,总体来看,与其他类型的教育相比,与广大老年人的需求相比,山西老年教育还存在管理体制不健全,教育经费较为匮乏,教育资源供给不足,城乡、区域之间差距较大,社会力量参与不足等问题。

一 山西老年教育发展历程

山西老年教育始于1986年4月成立的太钢老年大学和1986年11月成立的山西老年大学。老年大学开办的初衷是为了妥善安置离退休老干部。各地老年大学在创办之初,得到了党和政府的大力支持,为老年教育事业的发展壮大提供了良好的条件。1987年9月,太原市老年大学成立,为山西老年教育事业增添了力量。总的来看,这一阶段老年大学办学范围受限,形式较为单一,教育对象范围较窄,教育目的主要是休闲娱乐,带有较强的福利性质。

山西认真贯彻落实党中央、国务院对老龄工作的各项要求,将老年教育作为一项重要工作进行安排与部署,完善并落实相关政策规定,采取各类具体举措,推进老年教育事业高质量发展。2002年1月,山西省老龄工作委员会成立,其办事机构——山西省老龄工作委员会办公室设立在山西省民政厅,机构性质为参照公务员管理的事业单位。山西省老龄工作委员会的成立，推动山西老龄工作迈向常态化、规范化，也直接推进了全省各地市老年教育事业的发展。这段时间，长治、晋城、吕梁、阳泉、晋中、临汾、大同等地市和一些县区纷纷成立老年大学，教育资源不断丰富，老年教育面向全社会老年人，教育性质由以康乐福利型为主向以教育型为主转变。2017年12月4日发布的《山西省人民政府办公厅关于贯彻落实国家老年教育发展规划（2016—2020年）的实施意见》提出，到2020年基本实现县级老年大学全覆盖。各地市也纷纷出台相应文件推动老年教育工作，推动院校教育资源向基层和社区辐射，提升教育服务社会发展的能力。2018年6月，太原印发《关于全面推进太原市老年教育的实施意见》，要求在全市建立健全社区老年学院、发展社区老年教育。2018年2月，阳泉市教育局印发《阳泉市老年开放大学实施方案》，筹建老年开放大学，建成覆盖城乡的老年远程教育网络。

早在2016年3月，太原开放大学就正式成立老年学院，并建立了杏花岭、迎泽、小店等6家"学养结合老年教育研究培训中心"和滨河社区等8家"学养结合老年教育研究培训基地"，太原开放大学成为国家开放大学首批社区教育实践基地。2018年山西大学建设老年大学，中北大学加强与山西老年大学的合作，成为山西老年大学校外教学指导基地。山西广播电视大学充分利用教育教学资源，组织送资源、送教育进社区活动，搭建老年人学习平台。鼓励支持有条件的院校开设老年服务与管理、护理（老年护理方向、社区护理方向）等专业，通过项目合作等方式参与老年教育。2019年，长治职业技术学院等13所院校开设老年服务与管理专业，山西卫生健康职业学院等3所院校增设老年保健与管理专业。2020年，山西广播电视大学更名为山西开放大学。按照开放大学新的职能定位，省、市、县三级开放大学同时加挂省、市、县三级老年开放大学的牌子，服务全省老年大学和各级老年教育机构，以"线上+线下"相结合的方式承担当地老年教育的主要任务，满足老年人学习需求。这些举措极大地丰富了全省老年教育资源的供给，丰富了老年教学资源和教学手段，为老年人接受丰富多彩的教育提供了极大的便利。

2023年3月《中共山西省委　山西省人民政府关于加强新时代老龄工

作的实施意见》，明确提出扩大老年教育资源供给。依托开放大学体系，构建覆盖城乡的山西老年开放大学办学体系，支持社会力量开办老年大学（学校），推动教育资源面向社会开放。鼓励有条件的高校、职业院校、开放大学利用自身资源开设老年教育相关专业，编写老年教育相关教材，开发基础性、综合性、通用性课程。开展"智慧助老"教育培训项目和课程资源共享行动。充分利用各类公共服务平台，为老年人提供更广泛、更便利的教育资源和学习支持服务。山西不断扩大老年教育资源供给，促进老年教育事业快速发展。截至2021年底，全省共有各级政府办老年教育机构797所（家），其中省级老年大学2所、市级老年大学15所、县（市、区）级老年大学68所、乡镇（街道）老年教育机构241家、村居（社区）老年教育机构471家，在校学员共21.7万人，相关从业人员有4270人。共有系统、行业办老年大学42所，其中部门办31所、行业企业办9所、高校办2所，社会力量办老年教育机构45家，参与老年教育的院校有24所。有老年教育学习团队、讲座、游学、体验等各类老年教育组织形式363个，参与人数达326211人次。全省初步形成以省级和市级老年大学为龙头，县（区、市）级老年大学为骨干，村居（社区）老年教育机构为基础，企业老年学院和其他教育、培训机构为补充的老年教育服务体系。

二 山西老年教育事业发展现状

山西老年教育发展的过程及属性决定了其有别于传统教育，对自身发展现状产生了深远的影响。

（一）老年教育体系不断健全

目前，山西老年教育主要包括两大体系，一大体系是山西老年大学，以及各市、县（市、区）老年大学。在全省事业单位改革中，市级老年大学有4所得到保留，6所与活动中心合并。山西老年大学由山西省委老干部局管理，主要职能是贯彻执行党的老年教育方针，以老年人为重点，为他们的继续教育学习提供服务，对省直单位和各市老年大学的教学业务活动提供指导。另一大体系是山西老年开放大学，以及市、县（市、区）开办的老年开放大学，延伸至乡镇（街道）、社区、行政村开设的老年开放大学学习点，初步建立覆盖全省的老年开放教育网络。截至2021年底，全省已成立9所市级社区大学（社区教育指导服务中心）、9所市级老年开放大学和16所县级老年开放大学；太原和临汾实现了市、县、乡、村四级社区教育机构全覆盖。此外，还有政府部门、行业企业和部分高校建立的老年大学或老年教育机构，如太钢老年大学是全省成立最早的老年大学，现有总校、5个地区分校，开设22个专业、105个班级。还有社团、非公企业、民办培训机构开办的老年教育机构，部分普通高校、高职院校、中职学校也参与了老年教育。无论哪个体系，在教育对象上都呈现开门办学之势，即对教育对象的身份不再设限。如山西老年大学招生简章明确规定：凡身体健康、能坚持正常学习，能遵守学校规章制度的50周岁（含）以上、80周岁（不含）以下的老年人（除所报课程有特别要求外），均可报名参加学习。太钢老年大学现在除了接受太钢离退休职工，也招收附近的居民。太原市老年大学规定，50岁以上的退休人员都可以报名。

（二）老年教育资源覆盖面不断扩大

在老年教育事业发展的过程中，长期存在"一座难求"的现象。为让高质量的老年教育惠及更多老年人，山西老年教育事业发展呈现资源整合之势。山西老年大学发挥示范、引领、辐射作用，不断拓展办学空间和办学规模，依托学校教学管理和教学资源优势，采取合作办学的方式，整合社会资源、借助社会力量，采取联合办学、多渠道办学的方法，创办分校或教学点，让优质的老年教育资源为广大老年人共享。自2017年以来，该校围绕就近、就便、小型、社会化的思路，先后创办了太原城市学院分校、水利分校、税务分校、杏花岭分校、西岸社区教学点、山西财经大学教学指导基地和中北大学教学指导基地，为5000余名老年人提供了就近学习的机会，目前已初步形成"主校+分校+教学点+教学指导基地"的办学模式。阳泉市老年大学针对"一座难求"和老学员"只进不出"的问题，探索出"学制+学会""主校+分校"模式。"学制+学会"模式，规范"学制"，推行课程结业制，在"学制"终端引入专业"学会"，通过提供场地、搭建平台、引入专家等手段，组织开设各类"学会"，毕业的学员以参加"学会"的形式，交流学习、参加活动、发挥余热，既解决了"只进不出"的问题，又为毕业的学员搭建起新的平台，有力推动老年教育可持续发展。2019年9月，阳泉市老年大学成立了德胜街社区分校；2022年11月，阳泉市老年大学税务分校开班。"主校+分校"模式的推行，进一步扩大了老年教育的覆盖面，提高了老年教育的可及性和便利性，促进优质教育资源共享。推动院校教育资源向基层和社区延伸。山西老年开放大学、晋中学院等院校充分利用学校教育资源，组织教师开展"社区教育大讲堂"等送教进社区活动，搭建老年人学习平台，共计培训老年人3万余人次。运城护理职业学院组织力量进社区、公园、养老院等老年人集中的地方，开展了210场老年医学健康等方面的知识宣讲。山西同文职业技术学院开设了老年人常见病预防和治疗知识讲座，开展了针对老年人日常照护的护工技能公益培训。山西不断夯实老年教育基础，扩大老年教育覆盖面。太原市杏花岭区依托已建成的党群服务中心，为老年人设立图书室、老年学校等，有效利用了闲置资源。运城同时采取集中办学和分散办学的办法，在集中力量建设县（市、区）级老年大学的基础上，多渠道创办老年学校，使老年教育不断向社区、乡镇（街道）延伸。

（三）老年教育形式灵活多样

鉴于教育对象特点，灵活多样的教育形式方能适应老年群体的要求。教育机构根据老年人的文化程度、学习需求、学习目的、学习能力，在老年大学开设基础班、提高班、研修班，分层次设班，阶梯式教学；每个层次实行统一教材、统一大纲和统一教学计划。在社区为老年人提供现场教学、在线学习、远程学习、体验式学习，以及"学养结合"新模式。教学场地和活动范围，主要选择老年人群居或易于集中的地方，如图书馆、公园等。老年教育机构搭建了广覆盖、多层次、多终端的免费公共学习平台，以数字化赋能老年教育，打造线上线下相结合的立体教学格局。山西老年大学依托"互联网+"平台，在学校网站上开办了"指尖上的老年大学"，让更多的老年人在手机上就能参与学校的精品课程。开展老年人智能技术应用培训。近年来，随着信息技术的快速发展，老年人面临的"数字鸿沟"问题日益凸显。根据2021年3月山西省人民政府办公厅印发的《山西省人民政府办公厅关于印发山西省切实解决老年人运用智能技术困难工作方案的通知》，山西省教育厅制定了《关于开展老年人智能技术日常应用普及工作的实施方案》，印发《关于报送开展老年人智能技术日常应用普及工作落实台账的通知》。各市、高等院校、中等职业学校、社区教育机构、老年教育机构、开放大学（老年开放大学）围绕老年人应用智能技术高频事项和应用场景，广泛开展了有针对性的线上、线下教育培训。引导和鼓励在校学生进基层社区、养老机构等，发放有关学习资料，面向身边老年人提供智能技术应用志愿服务活动，帮助老年人学会使用智能技术，积极融入智慧社会。太原市开放大学在开展老年人智能技术应用培训方面卓有成效。2016年太原市开放大学率先在全国开设智能手机课程，学校在山西率先开设老年智能手机班。自2021年以来，根据国务院"解决老年人运用智能技术困难"的相关工作要求，将"智慧助老"作为山西老年教育的重点和特色内容，通过体验学习、经验交流，不断探索新的教学模式和方法，研发针对老年人的全媒体课程体系，营造智慧助老文化氛围，引导老年人积极融入智慧社会。太原市开放大学开设抖音号，为老年人传授使用手机的技巧，受到广大老年人的欢迎，拥有粉丝4000多人。其中最火的一堂课，抖音点击量达到842.2万次，有17万点赞、6.1万条评论，3次登上抖音、微博同城热搜榜，中国新闻网、中央财经、腾讯新闻、山西卫视、《山西日报》、《太原日报》、《太原晚报》等来自全国各地的50多家媒体对此进行了报道。近年来，老年教育融合健康、养老、文化、旅游等产业，探索"康养学游"一体化融合发展的新模式，让老年人拥有更多幸福感和获得感。

（四）老年教育内容与时俱进

各级老年大学和老年教育机构坚持把思想政治教育放在首位，将社会主义核心价值观内容写入课程教学大纲和教学计划，作为重点教学内容与课程有机结合，融入课堂教学，用实际行动践行社会主义核心价值观，传递向上向善的精神力量。老年教育强调丰富老年人的精神生活，如山西老年大学开设了书法、绘画、摄影、英语、声乐、民间艺术、智能生活、器乐、文体、文史、保健、烹饪12个专业，学校组建了1500余人的山西老年大学艺术团，有民乐、民舞、模特、葫芦丝、交响乐、朗诵、合唱等10余支活动团队。太原市老年大学设有14个专业，开设课程27门，还有1个艺术总团和14个分团。阳泉市老年大学拥有10个专业，开设了38门课程，为多专业、多层次、多学制的综合性、示范性老年学府，拥有书画、声乐、舞蹈、摄影、太极拳5个专业学会。老年教育适应时代发展变化，不断开发满足老年人新需求的新课程。如隔代教育、老年保险、老年理财、老年再婚、老年心理调适等课程。山西老年大学围绕老年人精神文化需求和社会发展需要，开发反映山西历史、人文资源、建筑文化、民俗民风等具有地域特色的课程。太原市开放大学不断加强老年教育理论研究，探索学养结合老年教育模式，开发了具有太原特色的老年教育实用系列教材《轻松学手机（初级）》《轻松学太极（初级）》《轻松学书法（行书初级）》《轻松学电脑》《轻松学摄影（初级）》等，填补了山西老年教育教材编写的空白。

（五）技能人才培养取得新进展

针对养老服务人才短缺这一制约养老服务业发展的短板，教育部门通过调整院校专业设置、推进职业技能培训等，大力培养养老服务及相关领域人才。一是对普通高校和职业院校养老服务领域及相关专业设置进行了调整，以加快专业服务人才培养的步伐。以本科专业调整优化为契机，健全专业设置随养老服务和康养产业发展的动态调整机制，将养老服务管理、健康服务与管理、运动康复、中医康复学、中医养生学、康复物理治疗6个专业纳入《山西省普通高等学校新增专业建议目录（2021~2023年）》。新增运动康复、健康服务与管理2个养老服务和康养产业相关专业；优化调整高职高专专业布局，健全专业随产业发展的动态调整机制，指导职业院校加强对山西养老服务和康养产业的人才需求调研，及时增设相关专业。全省有7所本科院校开设老年教育相关专业，16所职业院校开设老年服务管理、老年保健管理、康复治疗技术、中医康复技术、中医养生保健和智慧健康养老服务管理等专业，有32个相关专业点，在校生数达到2481人，毕业生数达503人，就业人数达348人，就业率为69.18%。二是推进终身职业技能培训。根据《关于在院校实施"学历证书+若干职业技能等级证书"制度试点方案》，按照相关试点证书目录，积极推进职业院校老年医学、康复、护理等专业开展老年医学、康复老年服务1+X证书试点。2020年全省有7所院校开展1+X证书老年照护等养老服务领域职业技能等级证书试点及考核工作，460名学生参与了该项工作。三是加强医疗养老相关行业人才培养，积极开展产学协同育人。2020年《山西省普通高等学校新增专业建议目录（2018~2020年）》，鼓励有条件的高校主动增设智能感知工程、智能无人系统技术、区块链工程等专业。2020年太原理工大学和山西医科大学新增智能医学工程专业，加强医疗养老相关行业人才培养。同时深入推进协同育人，鼓励高校师生积极参与申报教育部产学研协同育人项目，印发《山西省教育厅关于申报2020年山西省高等学校大学生创新创业训练计划项目的通知》，遴选立项省级大学生创新创业训练计划项目982项，持续推进人口老龄化相关领域创新创业教育，加大相关专业人才培养力度。山西老年大学组建了艺术团，有民乐、民舞、模特、葫芦丝、交响乐、朗诵、合唱等10余支活动团队，在山西大剧院排演了《风景这边独好》《初心》《从这里出发》《身边的故事》《礼赞新中国奋进新时代——民族交响音乐会》等大型公益类剧目，赢得社会各界广泛好评。

三 山西老年教育事业发展中存在的问题

按照党中央、国务院和省委、省政府的要求，山西老年教育相关部门采取有效举措，努力推动老年教育事业取得巨大成效。但是，总的来看，山西老年教育事业发展在宏观定位、战略布局上尚存缺陷，一些地方政府没有把发展老年教育纳入其经济社会发展总体规划、教育规划和民生工程，老年教育体制机制不健全，社会办老年大学缺乏相应的政策扶持及管理制度等，致使老年教育事业发展中还存在一些问题，面临一些困难，老年教育资源供给与广大老年人口的迫切需求还有较大差距，亟待采取有效措施加以破解。

（一）老年大学经费不充足

老年教育是非营利性公益事业，目前尚没有全国层面的、明确的、与老年教育相关的经费保障措施。《中华人民共和国老年人权益保障法》规定："老年人有继续受教育的权利。国家发展老年教育，把老年教育纳入终身教育体系，鼓励社会办好各类老年学校。各级人民政府对老年教育应当加强领导，统一规划，加大投入。"但在实际工作中，由于规定过于笼统，缺乏操作细则和保障机制，老年教育经费难以落实到位。缺乏持续稳定的经费投入成为山西老年教育事业发展的最大制约因素，老年教育往往陷入"讲起来重要、做起来次要、忙起来不要"的窘境。从教育部门的角度来看，教育事业经费中没有老年教育科目，省里安排部署老年教育方面的工作时，相关院校、机构都没有专项经费做支撑，部分老年大学仅靠学员学费和募集资金办学。老年教育虽然可以收取一定学费，作为公益二类学校也可以自定收费标准，但是一方面老年教育是公益性事业，另一方面老年人的教育支付意愿偏低，因此收取学费一般是每次10元，一年大约300元，不足以补偿成本。现有的老年大学普遍存在办学条件简陋、场地不足、设施不完善、规模不大等问题，制约老年教育事业的进一步发展。市级、县级老年教育的投入主要是地方财政划拨经费，目前除太原市在《太原市终身教育促进条例》中规定了终身教育经费来源与标准外，其余市、县均没有终身教育经费的明确规定，但实际划拨经费往往与客观需求相去甚远。非教育部门管理的山西老年大学为公益一类事业单位，一方面财政拨款有限，另一方面老年教育收费标准有限制，学费收入有限，因此也存在经费不足、办学规模不大、办学场地有限等问题，远远不能满足老年人的学习需求，制约了老年教育事业的发展。

(二)教育资源供给不均衡

2017年12月山西发布的《山西省人民政府办公厅关于贯彻落实国家老年教育发展规划(2016—2020年)的实施意见》与2018年9月山西发布的《关于开展老年人照顾服务工作的实施意见》,都对老年教育事业发展目标做出安排:到2020年,基本实现县级老年大学全覆盖;全省50%的乡镇(街道)建有老年学校,30%的行政村(居委会)建有老年学习点。从目前全省各类老年教育资源供给状况来看,尚未实现上述两个文件提出的发展目标。目前全省有117个县(市、区),但是县级老年大学只有68所,只有58.1%的县(市、区)建立了老年大学;全省辖215个街道、631个镇、430个乡,但是乡镇(街道)老年教育机构只有241所,仅有18.9%的乡镇(街道)建有老年学习点。全省行政村(居委会)老年教育机构仅有471所,与30%的行政村(居委会)建有老年学习点的目标相比还有一定的距离。并且全省老年教育机构分布不均衡,乡镇(街道)和行政村(居委会)老年教育机构主要分布在太原等少数城市。现有的老年教育资源严重不足,远远不能满足老年人的学习需求,全省老年教育从业人员有4000余人,这些人员主要分布在省、市、县老年大学,老年教育机构教师多数是临时聘请的,一般没有编制,缺少稳定的、高素质的教师队伍。老年大学只考虑课程需要,没有考虑教师具备的综合素质,从而影响了教学效果。同时,由于教学对象复杂、教学难度大,师资队伍流动性较大,基层老年教育机构师资短缺的问题较为严重。在教育机构和师资严重短缺的情况下,居住在乡镇、村庄的老年人缺少继续学习的机会,城乡老年教育事业发展差距明显。

(三)教育管理体制不完善

山西老年教育工作分头管理,涉及组织、文化、教育、民政等多个部门。老年大学系统归党委老干部工作部门管理,老年开放大学系统归教育部门管理,尚未建立起统一的老年教育管理体系,在一定程度上制约了老年教育的规范化发展。老年教育资源整合力度不够,缺乏资源、信息共享平台。

此外，由于老年大学性质特殊，既不属于公办大学，也不属于民办大学，因此在学费收取、教师资格认定、学校评价等方面都缺少依据。老年大学的教师、管理人员待遇无法像普通教育一样有坚实的保障，多属临时聘用人员，教师水平参差不齐，人员流动性较大。

四 促进山西老年教育事业健康稳定发展的对策建议

为进一步落实党中央、国务院对新时代发展老年教育事业的要求，山西应以进一步扩大老年教育资源供给为重点，以持续创新老年教育体制机制为关键，以稳步提升老年人生活质量、丰富老年人文化生活、扩大老年人社会参与为目的，加强社会资源整合、激发社会活力，推动老年教育水平有效提升，构建层次合理、结构均衡的老年教育发展格局。

（一）加大经费保障力度，助力老年教育事业持续稳定发展

由各级教育行政部门主管老年教育，以提高行政效率，整合各种资源，更好地解决师资队伍、专业、教材等方面的问题，促进老年教育科学化、规范化、现代化发展。明确老年大学和其他老年教育机构的法律地位、规划、编制、经费预算等，促进老年教育事业稳定发展。目前，我国还没有老年教育方面的专门法规，不过近年来已经有一些省市，如天津、福建、上海、成都、安徽等先后对老年教育进行了专门立法，都将老年教育经费来源作为法规的重要内容。《安徽省老年教育条例》明确规定"将政府举办的老年教育机构经费纳入同级财政预算，并拓宽老年教育经费投入渠道"。学习借鉴其他省市以地方立法形式保障老年人受教育权利的成功经验，尽快在山西开展老年教育立法工作，建立老年教育经费投入制度，将老年教育经费列入教育事业经费预算，按照常住人口每年人均不少于1元的标准落实老年教育经费，纳入公共财政预算并逐年增长。鼓励和支持民办学校举办不以营利为目的的老年教育培训活动，鼓励社会团体、企事业单位和公民个人等以捐赠、投资等方式参与老年教育。逐步形成以政府投入为主、社会捐赠

为辅、学习者合理分担等多种渠道筹措经费的制度，保证老年教育工作的正常开展。

（二）完善老年大学建设标准，打造老年教育事业梯次发展格局

依托开放大学体系，构建覆盖城乡的山西老年开放大学办学体系，开展线上线下相结合的老年教育。依托市级、县级开放大学或县级职教中心，全省各市、县（市、区）至少建有一所老年大学，负责课程开发、教育示范、业务指导、理论研究等方面的工作；充分利用乡镇（街道）成人文化技术学校、农业广播电视学校、社区科普学校等教育、文化机构，建设一批能发挥示范作用的乡镇（街道）老年大学，负责组织开展社区老年教育活动，指导行政村（居委会）教学站（点）的工作。利用社区（村）党群服务中心建设教育教学站（点），为老年人提供灵活便捷的教育服务，加强对农村散居、独居老人的教育服务，基本形成覆盖广泛、多元参与、灵活便捷、特色鲜明的老年教育服务体系。建立统一规范的老年大学办学标准。探索建立省、市、县（市、区）、乡镇（街道）、行政村（居委会）五级老年大学办学标准。在软硬件方面就学校位置、场所面积、设施设备配置、教学人员等方面制定标准。由政府牵头，组织成立第三方评估机构，采取准入准出制度与激励处罚制度，不断完善老年教育体制，规范运行机制。

（三）积极整合教育资源，推动老年教育事业扩面、提标、增效

鼓励和支持各级各类学校利用自身资源开展老年教育活动，向区域内老年人开放场地、图书馆、设施设备等资源；推动普通高校和职业院校结合学校特色向老年人提供对口课程。整合利用现有的社区教育机构、群众艺术馆、文化活动中心、社区科普学校等资源开展老年教育活动。引导扶持社会力量发展养教结合产业。鼓励和支持城镇住宅小区配套建设老年养教结合基础设施；加强老年大学与社会教育机构的合作，组建老年教育联盟。鼓励自然人、法人或者其他组织捐助老年教育事业、开办老年教育机构和设立老年教育发展基金，企业和个人对老年教育的公益性捐赠支出按照税收法律法规

规定享受所得税税前扣除政策。充分发挥山西老年大学、太原市老年大学的示范引领作用，面向社会、面向基层办学，以办学模式示范、教学人才输出、教学业务指导、助教志愿服务、课程资源开发、学习成果展示、教学资源配置等方式，持续扩大基层老年教育资源供给，提升基层老年教育质量和水平。充分利用现代信息技术，通过互联网、数字电视等渠道将优质老年学习资源输送到基层、社区，使广大农村、边远、欠发达地区老年人共享教育资源。

（四）加强师资队伍建设，促进老年教育事业高质量发展

加强老年大学教师评聘管理制度、考核制度、奖惩制度、培训制度建设，提高教师队伍的稳定性。组织专职为主、兼职和志愿者为辅的师资团队。积极引导普通高校、职业院校相关专业的优秀毕业生投身老年教育事业，有效激励高校师生参加社区老年教育志愿服务。各地应充分挖掘、利用社区内现有的教育资源，鼓励社区内的科技人才、专家和离退休的专业技术人员发挥他们的一技之长，组成结构合理、素质优秀、数量丰富，以专职人员为主体、以兼职和志愿者队伍为补充、专兼结合的社区老年教育教学团队。建立社区教育、老年教育师资库，提升社区教育、老年教育教学与管理队伍水平。

（五）坚持终身学习导向，营造老年人参与学习的良好氛围

大力倡导终身学习理念，充分调动老年人参与学习的积极性和主动性，增强老年人的参与意识。老年教育要让老年人自觉自愿而来，为学而来，为乐而来。要从老年人的实际需求出发，不断丰富内容、创新形式，使学习风尚融入老年人生活，使老年教育成为增进老年人福祉的重要内容。要始终以活动为载体，以活动吸引人、以活动娱乐人、以活动感化人，让老年人在活动中潜移默化地树立社会主义核心价值观，弘扬正能量，再做新贡献。

参考文献

陈红爱：《推进老年教育事业发展研究》，《中共山西省委党校学报》2022年第5期。

刘逸楠：《老年教育的功能定位与发展路径》，《光明日报》2021年12月24日，第6版。

刘峥、郁静、俊英：《打造老年文化乐园增添幸福生活底色——阳泉市老年大学大力发展老年教育助力实现文化养老纪实》，《阳泉日报》2023年11月23日。

穆薪宇：《让老年教育跟上发展快车道》，《健康报》2021年10月26日，第8版。

齐志明：《政策引路标准护航形式突围深入推进城乡社区老年教育》，《人民日报》2021年9月22日，第19版。

孙雅楠：《山西省太原市老年大学教师培训体系研究》，云南师范大学，硕士学位论文，2018。

易鹏、梁春晓主编《老龄社会研究报告（2019）》，社会科学文献出版社，2019。

岳瑛：《中国老年教育发展的背景和历史回顾》，《天津市教科院学报》2016年第2期。

张慧：《我市出台推进老年教育的实施意见》，《太原日报》2018年6月23日。

总报告起草组：《国家应对人口老龄化战略研究总报告》，《老龄科学研究》2015年第3期。

《中华人民共和国老年人权益保障法》，中国人大网，2019年1月7日，http：//www.npc.gov.cn/zgrdw/npc/xinwen/2019-01/07/content_2070262.htm。

《中共中央、国务院关于加强老龄工作的决定》，计划生育家庭发展司网站，2000年8月21日，http：//www.nhc.gov.cn/jtfzs/s3581c/201307/e9f0bbfea6c742ec9b832e2021a02eac.shtml。

《关于进一步加强老年文化建设的意见》（全国老龄办发〔2012〕60号），文化和旅游部网站，2014年11月6日，https：//www.mct.gov.cn/whzx/bnsj/ggwhs/201411/t20141106_764493.htm。

B.13
山西智慧养老发展路径研究

吴 蔚*

摘　要： 随着人口老龄化程度不断加深，高龄化、空巢化趋势日益加剧，传统的养老模式已无法满足当前的养老服务需求，借助互联网、大数据、5G等现代科技，智慧养老应运而生，为社区、机构、家庭等服务主体提供了更便捷、更安全的解决方案。近年来，山西主动应对人口老龄化趋势，在智慧养老领域进行了有益探索，构建了以信息技术为支撑的居家社区机构相协调、医养康养相结合的养老服务体系，但是依然存在"重技术、轻需求""重产品、轻服务""重概念、轻场景""重展示、轻推广"等问题。下一步，需要紧盯产品、业态、模式、场景、平台、要素等关键环节，加速智慧养老要素资源有效对接融合，进一步推动制度创新、模式创新和业态更新，从而满足更高品质、更加多元、更为个性的养老服务需求。

关键词： 智慧　养老　信息技术

习近平总书记强调，满足数量庞大的老年群众多方面需求、妥善解决人口老龄化带来的社会问题，事关国家发展全局，事关百姓福祉，需要我们下大气力来应对。① 近年来，以互联网、人工智能、5G等技术为基础的智慧养老迅速发展，"可思考"的健康智慧终端开始走入老年人的日常生活，

---

* 吴蔚，山西省社会科学院（山西省政府发展研究中心）助理研究员，主要研究方向为经济及民生社会。
① 《推动养老服务高质量发展的三个关键点》，人民网，2022年4月27日，http://theory.people.com.cn/n1/2022/0427/c40531-32410302.html。

"AI+养老"的新型养老模式正在成为现实,养老服务业与"互联网+"深度融合的趋势越发明显,这为山西破解人口老龄化、高龄化、失能化和空巢化"四化叠加"问题带来难得的发展机遇,也逐渐成为满足广大老年人多样化、高层次需求的必然选择。

一 发展智慧养老的背景及意义

大力发展智慧养老是践行新发展理念和健康中国战略的迫切需求,是积极应对人口老龄化的必然选择,是加快经济转型和实现高质量发展的重要举措。近年来,我国坚持以优化智慧养老产业发展环境为核心,重点开发适老化技术和产品,实施智慧助老行动,促进养老服务机构线上线下服务相融合,政府、市场和社会的合力初步形成,智慧养老逐步成为山西积极应对人口老龄化的重要内容。

(一)发展智慧养老的背景

"智慧养老"最早由英国生命信托基金会提出,当时称为"全智能化老年系统",即老年人在日常生活中可以不受时间和地理环境的限制,享受由该系统提供的高质量生活。从2008年开始,美国IBM公司先后提出了"智慧地球"的概念和"智慧城市"愿景,养老服务就此搭上了智慧科技的快车,"智慧养老"的概念应运而生。从当前实践来看,智慧养老关键在于利用信息技术等现代科技(如互联网、物联网、大数据、云计算、人工智能、区块链等),围绕生活起居、安全保障、医疗卫生、保健康复、娱乐休闲、学习分享等各方面支持老年人的生活服务和管理,对涉老信息进行自动监测,实现这些技术与老年人的友好、自主式、个性化智能交互,使智慧科技与智慧老人相得益彰,目的是使老年人过得更幸福、更有尊严、更有价值。

近年来,我国顺应智能科技发展趋势,高度重视智慧养老发展,出台了一系列政策措施推进以"互联网+"为核心的智慧养老发展。

一是更加突出顶层设计。2017年国务院印发《"十三五"国家老龄事业发展和养老体系建设规划》，2019年《国家积极应对人口老龄化中长期规划》正式出台，2020年《中共中央关于制定国民经济和社会发展第十四个五年规划和二〇三五年远景目标的建议》公开发布，2022年国务院办公厅印发《国务院办公厅关于印发"十四五"国民健康规划的通知》，2022年国务院印发《"十四五"国家老龄事业发展和养老服务体系规划》，多项规划相继出台，明确了信息技术应用与养老服务相结合，在养老产业、老年产品等方面融入现代科技，利用信息技术提升健康养老服务质量和效率。

二是更加注重市场升级。2016年，《国务院办公厅关于全面放开养老服务市场提升养老服务质量的若干意见》提出全面建设养老服务市场。自2022年以来，国家陆续出台《国务院办公厅关于进一步释放消费潜力促进消费持续恢复的意见》《国务院办公厅关于发展银发经济增进老年人福祉的意见》，对发展智慧养老服务新业态、开发智能化适老产品等进行了详细规定。

三是聚焦技术突破。2020年，《国务院办公厅印发关于切实解决老年人运用智能技术困难实施方案的通知》以及《关于印发〈中国老科协、中国科协科普部智慧助老行动三年计划〉的通知》均提出解决老年人运用智能技术困难相关重点任务。2021年《智慧健康养老产业发展行动计划（2021—2025年）》发布，2022年《民政部贯彻落实〈国务院关于加强数字政府建设的指导意见〉的实施方案》出台，这些文件均细化了养老产业、养老服务信息技术创新发展举措，也进一步明确了如何提升老年人智能技术运用能力，帮助老年群体跨越"数字鸿沟"。

四是强化试点示范。2017年《工业和信息化部办公厅 民政部办公厅 国家卫生计生委办公厅关于开展智慧健康养老应用试点示范的通知》指出，加快推进智慧养老试点工作。同年，《智慧健康养老产业发展行动计划（2017—2020年）》明确了智慧健康养老产业发展的重点任务。2019年《国务院办公厅关于推进养老服务发展的意见》明确了智慧健康养老产品、服务推广目录及拓展智慧健康养老应用试点示范范围。2023年"智慧健康养老应用试点示范遴选"工作开展后，一批基础厚、能力优、创新强的智慧养老示范企业、示范产业园区、示范基地相继落地。

（二）发展智慧养老的意义

1. 发展智慧养老是积极应对人口老龄化的必然选择

国家统计局数据显示，2023年中国60岁及以上人口达到29697万人，比上年增加1693万人，占全国总人口的21.1%，较"十四五"初期增长了12.48%。65岁及以上人口达到21676万人，占全国总人口的15.4%[①]，老龄化程度远超世界平均水平，老年人口不断增长，养老服务需求水涨船高，互联网、大数据等智能智慧手段对改善老年人生活方式意义重大，先进的科学技术成为养老产业与养老服务发展的重要支撑。智慧养老场景可以为老年人提供个性化健康管理、"互联网+健康咨询"、慢病管理、生活护理、老年人能力评估、线上老年教育/购物、养老机构信息化等服务，为养老事业和养老产业面临的难题与困境提供了新的解决思路和切实可行的解决方案，也成为积极应对人口老龄化的必然选择。

2. 发展智慧养老是顺应新一轮科技革命的内在要求

全球新一轮科技革命和产业变革加速推进，以人工智能、大数据、物联网、云计算为主导的第四次工业革命将对供应链、产业链、价值链产生前所未有的深刻影响，人类社会加速进入数字经济时代。区块链、人工智能等新兴前沿技术深度引领智慧养老的发展方向，信息技术、工程技术等交叉融合加速了养老科技迭代和产业变革。只有抓住这轮科技革命和产业变革的机遇，在综合性、大体量、高精尖的基础条件支撑下，大力发展智慧养老，推动新一代信息技术、智能制造技术等全面嵌入养老服务领域，以形成线上快速响应、线下良性互动、全程留痕监管的智慧化养老模式，大幅提升和拓展养老服务的发展能级和发展空间，为全省养老事业与养老产业高质量发展注入强劲动能。

3. 发展智慧养老是保障老年人高品质生活的现实需要

老年人不仅有衣、食、住、行和护理等基础需求，还有关爱、陪伴等情

[①] 《中华人民共和国2023年国民经济和社会发展统计公报》，中国政府网，2024年2月29日，https：//www.gov.cn/lianbo/bumen/202402/content_6934935.htm。

感需求以及自我评价、社会评价等价值需求。智慧养老以"智慧"为手段和支撑，以"养老"为核心和根本，充分利用互联网、UWB技术、三层C/S框架、精准解算服务器等先进技术及设备，让老年人不论是在机构、社区还是居家，都能享受舒适、安全、高质量的衣食住行、学习娱乐、医疗健身、生活援助、情感抚慰等服务，精准有效地提升了老年人的生活质量，让老年人得到实实在在的获得感和幸福感。

二 山西智慧养老的做法

近年来，山西主动应对人口老龄化趋势，加快构建以信息技术为支撑的居家社区机构相协调、医养康养相结合的养老服务体系，提供集"医、养、康、护、乐"于一体的智能化、低成本、个性化的便捷养老服务，全省养老服务可及性、便利化水平显著提升。

（一）智慧养老顶层设计逐步完善

山西积极贯彻落实国家关于智慧养老的政策部署，积极推进"互联网+"养老服务创新，全面构建智慧养老服务事业产业协同发展的"四梁八柱"。在技术创新上，鼓励企业等主体开展养老服务技术研发，推进科研成果转化应用，建设虚拟养老院、构建智慧养老服务平台、开发智慧养老服务App等，进一步拓展智慧信息终端、系统功能板块，在养老监护、服务等方面提供智能技术支撑。在平台建设上，逐步将养老信息服务延伸到乡镇（街道），全面推进全省养老综合服务信息平台建设，打通养老服务信息共享渠道。探索建设智慧养老服务平台，实现助餐、助行、助医、助洁、助购、助急零距离服务，积极解决地区之间、城乡之间智慧养老服务存在的"数字鸿沟"问题。建设"康养山西"智慧服务云平台，实现康养服务需求与供给精准对接。支持研究智能服务机器人，大力发展智慧健康管理、生命体征监测、云呼叫中心、居家养老服务商城等智慧健康养老产品和服务。创新"子女网上下单、老人体验服务"等消费模式。推进面向医养结合机构的远程医疗建设。

（二）智慧社区养老水平持续提升

近年来，全省各地市立足实际，围绕群众最关切的养老问题，设立了一批智慧社区养老试点，以社区老年群体服务需求为切入点，积极探索智慧社区养老新模式，更好地满足老年人多样化、多层次的养老服务需求。太原加快推进养老数字化、信息化建设，实施"互联网+智慧养老"行动，并制定了智慧健康养老产品及服务推广目录，在万柏林区万柏林街道开展智慧健康养老试点工作。依托万柏林区智慧养老指挥服务平台进行适老化及信息化建设，为辖区独居老年人提供生存呼叫及应急处置等服务，变被动服务为主动关怀，实现实时查询和管理。在东风社区开展智慧"服"临门活动，利用"智慧书屋""银发课堂"等丰富老年人精神文化生活，不断提升服务质量。晋城对"智慧社区"平台进行改造升级，积极推进"互联网+"的创新融合，在高平市兰花社区、东圣社区、前书院社区、苗孟庄社区进行了试点。"智慧社区"平台对孤寡老人、危重症老年人实行标签化管理，更有针对性地向老年人提供服务，同时"智慧社区"平台汇聚了社区周边商超、家政、餐饮、零售、文体等生活服务资源，与养老服务有机结合，为老年人提供健康管理、紧急救援、上门护理、服务预约、物品代购等更加多元、精准、个性化的服务。

（三）智慧机构养老建设步伐加快

养老机构利用先进的科技手段，促进养老服务效率和质量的全面提升，逐步解决传统医养服务质量—范围—成本"不可能三角"的难题。太原市万柏林区寸草春晖东风养老院采用适老化设计，房间内配备智能马桶、高级电动护理床、无线呼叫及生命监护床垫等智能设施，为高龄、失能、认知症老年人提供专业的照料、护理、康乐等服务。大同市398康养中心对标国际一流水平，充分借鉴了日本先进的养老服务经验，围绕老年生命链，集合了物联网、移动定位、人工智能和大数据等多种前沿技术，研制出398智慧养老云平台，以及398水质监测仪、398服药监测器、398贴心保等智能设备，随时随地守护老年人的健康。长治市大健康公共服务基地的颐养中心由长治市潞城区人民政府、长治医学院附属和平医院、杭州暖心窝养老服务有限公司合作共建，立足潞城生态资源优势，进一步深化与专业医疗机构的合作，通过物联网建设、5G+智慧养老等现代信息技术手段，推动建立统一的医养结合信息平台，实现老年人健康档案和养老档案的共享，提高医养结合服务的智能化水平，为老年人提供更完善、更便捷、更优质的服务。

（四）智慧居家养老成效日益明显

居家养老是"9073"养老模式中最重要的部分，借助智慧养老新模式，可以让更多老年人实现"养老不离家"。大同全方位推进基本养老服务体系建设，加快开展"互联网+居家养老"服务。成立了大同市智慧居家养老服务中心，建设了拥有40个座席的398智慧养老云平台，采用模块化设计理念，拓展平台功能，实现了定制需求和功能持续迭代升级，为老年人提供24小时全程响应、不间断服务。长治创新"一键呼叫"特色智慧居家养老服务，依托"长治养老"微信小程序，汇集了12个县（区）93家备案养老机构、170个社区卫生服务站、33个社区助餐点，方便老年人及家属随时随地了解"家门口"的养老服务资源，体验一站式、便捷式、全过程的养老服务。太原市万柏林区以智慧养老指挥服务平台为载体，探索打造"信息平台+智能终端+上门服务"养老新业态，实现适老化改造的智能化与信息化深度融合，多方面延伸专业照护服务，有效增加居家养老服务供给，让养老更智慧、服务更到位。

（五）智慧养老要素保障不断夯实

近年来，全省坚持政府做"生态"、市场做"业态"，通过精准高效的靶向政策扶持养老事业发展，推动标杆引领的智慧养老项目数量、质量、体量"三量齐增"。在用地需求方面，支持盘活利用存量资源建设养老服务设施，对智慧养老建设类项目，在土地供应等环节给予倾斜。在财政支持方面，安排专项资金支持建设具有政策发布、指挥调度、信息传输、监控管理等功能的全省统一的养老信息化服务平台。在人才保障方面,以提高线上科技人才质量和线下养老服务水平为目标,着力推进智慧养老服务职业化,鼓励高校开设养老服务专业,养老相关专业人才培养初见成效。目前,全省已有山西医科大学、山西青年职业学院和山西卫生健康职业学院等院校开设智慧养老相关专业。

三 山西智慧养老存在的问题

当前,山西智慧养老仍处于发展的初级阶段,人工智能、大数据等前沿技术不断在养老服务领域试水、探索,但用户需求研究不足、服务缺位的智慧养老产品不实惠、卖不出的现象依然存在。"重技术、轻需求""重产品、轻服务""重概念、轻场景""重展示、轻推广"问题突出,智慧养老领域"换汤不换药""叫好不叫座"的现象较为普遍。

(一)"重技术、轻需求",智慧养老精准性不足

老年人的基本需求有生理需求、安全需求和情感需求等,目前,大部分智慧养老项目致力于满足老年人家政服务、护理照料服务、生活服务等生理需求和医疗健康服务、出行安全服务、居家安全服务等安全需求。但实际上,老年人的养老需求已不再局限于最基本的"老有所养、老有所医","老有所学、老有所为、老有所教、老有所乐"的需求日益突出。老年人需要人际交往、情感交流、文化娱乐以及价值再创造,目前的智慧养老服务有了更多的技术加持,甚至追求技术至上,但多偏重于基础功能,对老年人的情感需求关注程度不高,人工智能技术中的情感技术发展也较为缓慢,致使老年人缺乏互动式交流与互助分享,精神层面无法得到真正的慰藉,"有血有肉"的智慧养老服务有待进一步升级扩容。

(二)"重产品、轻服务",智慧养老实效性不强

智慧养老是养老服务供给侧结构性改革的重要方向。当前大量穿戴式设

备、远程报警设备、辅助器具等智能产品不断涌现,但产品层次分化严重,附加值较高的产品较少,特别是很多智慧养老产品设计没有体现出"为老服务"的理念,缺乏持续有效的服务支持,存在操作烦琐、使用步骤多、数据复杂、性价比低等问题。例如,可穿戴的"移动呼叫器",产品既加装了精确的实时定位系统,又采用多层面多维度的人工智能算法,产品虽然更智能、更先进,但是忽略了用户的实际体验,老年人会出现忘记佩戴、不愿意携带的情况,甚至一些失能失智的老年人会抗拒佩戴,产品难以真正发挥作用。另外,应用人工智能的养老产品价格普遍较高,与老年人的消费习惯和消费能力不匹配,难以与养老服务进行有效对接,在一定程度上造成"智慧不养老、养老不智慧"的现象出现。

(三)"重概念、轻场景",智慧养老应用性不够

随着物联网、区块链、富媒体等概念的引入和核心技术的突破,智慧养老得到长足发展,但是概念需要转化为真实的场景,让用户可体验、可运用。目前"智慧养老"的概念已经明确,智慧助老、智慧孝老、智慧用老作为智慧养老的三个维度也很清晰,但是实际操作过程中存在追逐热点和概念的现象,没有统一的标准和实施路径,概念没有转化为现实应用场景,行动与概念之间存在较大落差。同时随着各类养老新问题的出现,新的应用场景也需推出,比如认知障碍老人防走失场景、家庭照护床位远程支持场景、老年人智能语音交流互动场景、老年人智能相伴场景等。

(四)"重展示、轻推广",智慧养老普及性不强

试点示范在推广普及中发挥巨大作用,在调研过程中,可以看到各地智慧、智能冠名的养老服务平台比比皆是,号称互联网、大数据支撑的产品及服务层出不穷,但大部分停留在展板和演示大厅里,广泛应用于老年人生活的智能产品和智慧解决方案推广不足。比如在全国2023年智慧健康养老应用试点示范名单中,山西没有一家上榜。在具体实践层面,由于各地发展水

平迥异,对发展智慧养老的认识程度不一,一些试点地区、示范项目没有得到有效的推广复制。

四 山西智慧养老路径选择

智慧养老服务体系建设是一项复杂的系统工程,不仅突出信息系统建设和数字化应用,还涵盖体制机制改革、标准制定等诸多方面。山西要在积极应对人口老龄化的视角下,加速智慧养老要素资源的有效对接融合,进一步推动制度创新、模式创新和业态更新,从而满足更高品质、更加多元、更为个性的养老服务需求。

(一)聚焦高品质需求,推出智慧养老新产品

加快推进互联网、云计算、人工智能、5G、无线通信、传感器等信息技术和智能硬件在老年用品领域的深度应用,推动多学科交叉融合发展与技术集成创新,提升智能医药箱、远程看护、智能定位与跟踪、智能物品采购、辅助康复器具等适老产品的智能性、科技性、适用性、便捷性。

一是优化基础生活照料产品。针对家政服务、送水送餐、订票、购物等基础养老服务,进行智能终端产品开发和适老化改造,如开发智慧养老服务App,优化字体放大、语音播报、语音导览、图文并茂、简洁设计等功能,进一步突出产品的适老、易用、先进特征。

二是推广智能康复辅助器具。针对失能、半失能老年人,开发高精度感应软件、可穿戴智能芯片等康复辅助产品,嵌入"高内聚、低耦合"的智能智慧信息技术,对轮椅、假肢、拐杖等传统器具进行更新迭代。针对失智老年人,开发生命体征监测设备、日常生活智能监护设备、防走失精密跟踪设备、失智康复训练设备等产品。深化"机器人+"应用,研制残障辅助、助浴、护理、康复训练等助老助残机器人产品。

三是研发智慧抗衰老产品。深入研究探索生物医学、基因工程、激光

射频等技术,借助大数据、计算机模型识别和重建老龄化相关的分子代谢和信号传导,推动这些技术在人体免疫、微生物群组等抗衰领域的转化应用。

四是生产智能健康管理产品。布局 GSM 通信模块、养老机器人等前沿技术,积极推动老年智能健康管理产品关键技术和产品研发、成果转化、服务创新及应用推广,加强产学研用协同创新和关键共性技术产业化。

五是开发智能养老监护产品。围绕健康监测、安全监控、养老照护等重点领域,充分借助 5G、UWB、人工智能、物联网等数字技术,开发适用于老年人室内活动、室外行走等不同场景的产品,加快研究针对不同病种的急救及生命体征监测等医疗照护产品,实现实时监管、定时巡查,减少意外事件的发生,提高监护质量和效率。

(二)深化全链条融合,打造智慧养老新业态

依托大数据、云计算、物联网、移动互联网等现代科技,推动养老服务与教育、金融、康养等深度融合,积极发展智慧养老服务新业态,弥合地区之间、城乡之间在智慧养老方面的数字鸿沟。

一是深度推进"智慧+老年教育"产业。汇聚各级各类数字化学习资源,将日常生活中的数字情境请进校园,打造有别于传统课堂教学的"老年智慧学校",设立智能查询、智能地图检索、线上预约咨询、智能支付、智慧出行等专业课程,开通老年人学习"云课堂",开发 E—LEARNING 云学习系统,让老年人在模拟场景中学习智慧生活技能,帮助老年人跨越传统与智能之间的"鸿沟",让老年人安心放心"触网"。搭建终身教育信息化服务系统,满足老年大学对报名管理、教务管理、师资管理及配送、档案数据管理、学习团队管理、大数据管理等方面的数字化需求,推动老年教育实现"一网通办""一网通学",逐步实现终身教育资源精准供给。

二是持续推进"智慧+老年医护"发展。完善远程医疗服务体系,立足老年群体的个性化需求,通过环境监控设备、老年人健康护理设备、老年人

体征参数实时监测系统、老年人健康障碍评估系统、专家远程建议和会诊系统等多种系统，为老年人提供远程全过程记录、诊疗全过程跟踪、就医全过程指导，与专家云上"面对面"，为老年人提供精准治疗。通过老年健康态势、生活需求等"云健康"大数据分析，设置"便民云诊室"和"云药房"，帮助老年人轻松操作、轻松取药。打造老年智慧病房，基于医、护、患一体化的信息服务平台，搭建以智慧系统为核心的移动护理、移动查房、护患沟通及护理看板等平台，搭载床旁智能交互终端、电子床头卡、可视对讲终端、智慧大屏、护理 PDA 等硬件设备，提供医嘱执行、扫码核对、治疗收费、护理文书、健康宣教和移动查房等服务，实现"数据跑"代替"护士跑"、"数据陪"代替"家属陪"的医、护、患一体化管理，拓展老年病人住院的新模式。

三是培育壮大"智慧+养老金融"产业。鼓励银行开展智慧助老服务，通过自建、共建、嵌入建设等多样化路径，打造智慧养老金融平台，促进客户流—资金流—信息流在养老金融生态圈内的闭环运作，构建区域紧密型的"产品商—服务商—物业商"联合体，全面满足老年客户"金融+非金融"需求。支持商业银行推出针对老年客群的专属品牌、产品和服务。加强对老年客户的金融知识普及教育，推出"玩转智能手机""防范金融诈骗"等系列课程。

四是大力发展"智慧+老年旅游"产业。加大景区智慧适老化改造力度，如鼓励景点 App 开发"长辈模式"，对界面进行优化，线下则改进公共设施与服务模式，如推进"智慧旅游导览牌"重要点位全覆盖，与手机端智慧旅游导览系统互联互通，与公众号结合，开发线路展示、周边服务、位置导航等功能，以及打造智慧厕所和提供应急服务，逐步提升智慧旅游的适老化程度。将智能化、数字化贯穿景区预约、购票、入园、游玩体验等多个环节，如"20秒入园"应用场景、一卡通、多种支付手段、刷脸通行、亲友代办预约、他人代付等，实现老年群体高效、快速购票与入园。通过智慧导览、VR 全景虚拟旅游、一键进入虚拟频道、老年旅游线路定制等，不断优化老年群体的旅游体验。

（三）突出多能级服务，构建智慧养老新模式

结合"9073"养老格局，构建居家、社区、机构及融合型养老模式，以数字赋能智慧养老，弥合"银色数字鸿沟"，提升养老资源的利用率。

一是增强智慧居家养老服务能力。关注老年人特别是空巢、独居、生活困难的老年群体，按照其生活习性和健康需求，以智能穿戴、远程呼叫、预警报警等智能设施设备为依托，对老年人居住环境进行适老化改造。积极引进一流养老服务企业，全方位整合社会化养老服务资源，打造满足老年人日常生活需求的智慧化服务平台，实现助餐、助洁、代办等网上预订服务以及远程健康咨询服务。

二是推动智慧社区养老服务升级。大力发展社区智慧养老数字"新基建"，建设具有数据收集、分析预警、业务联动等诸多功能的可视化智慧社区系统。吸引多元化社会力量投入养老产业，通过运用RFID、ZigBee、物联网等现代信息技术，系统整合社区健康中心、日间照料中心、助老食堂、老年文化活动中心等方面的资源，设置餐饮住宿、文体娱乐、健康服务、健康监测、医疗咨询等服务模块，构建覆盖政府部门、社会组织、居民以及物业服务机构等方面的智慧养老服务体系。

三是提升智慧养老机构服务质量。引导市场打造持续照料退休社区，利用信息技术手段对传统的养老机构进行改造。鼓励各类养老机构广泛应用移动终端、可穿戴设备、服务机器人等智能设备，打造一批符合老年人习惯和需求的智慧助老餐厅、智慧养老院。大力推广"互联网+养老"、老年人能力评估等智慧养老服务模式，以智慧化的解决方案提升机构养老服务能力和水平。

四是探索融合型智慧养老服务模式。通过构建集传统居家养老、社区养老和机构养老等服务功能于一体的信息平台，有效整合养老服务机构、医疗机构等不同服务主体和服务资源，系统集成智能检测设备、智能护理床、智能训练仪等设备，以及智能腕表、红外线检测仪等社区老年人居家设备，促进社区、居家、机构养老线上线下服务相融合，构建智慧养老服务体系，有效促进社区养老、居家养老、机构养老的深度融合发展。

（四）立足精准性供给，拓展智慧养老新场景

聚焦老年人日常生活涉及的高频事项和服务需求，在供给侧精准发力，为老年人提供实时、快捷、高效、低成本，同时又具备物联化、互联化、智能化特征的智慧养老场景，打造一批社会参与广泛、应用效果明显、产业基础雄厚、区域特色鲜明的试点示范。

一是打造全方位的安全防护场景。常态化使用可穿戴设备、助行机器人、健康监测等各类防护产品，当监测到老人出现中风、跌倒、心梗等意外情况时，第一时间发出报警信息并通知监护人或其他指定人员。综合采取人脸识别、红外监测、门禁管理等技术，开发大型养老机构人员进出管控场景，满足人员进出方便、审核快速、指定进入区域和路线等要求。

二是打造全流程的照护服务场景。针对失能、半失能老年人急需的辅助翻身、体位调整、大小便处理等健康护理服务，研究设计智能化嵌入的监护服务方案，为该群体提供实时、安全的护理服务。开发家庭照护床位的集成式智能化设备解决方案，配齐具备卧床护理、离床感应、体征监测、紧急呼叫、数据回传、远程指导等功能的智能化设施设备，通过视频通话等方式指导老年人家属开展日常护理和突发情况应急处理。开发机构智能查房场景，保障老年人得到全流程、全方位、全天候的照护服务。

三是打造全领域的健康服务场景。应用数字技术为老年人提供医药供给、健康理疗等健康服务相关的一站式解决方案。打造无接触式智能消毒场景，配备无接触智能消毒机器人，能够自动按照符合标准的消毒程序，依照设定的路线和区域开展消毒工作。

四是打造全周期的情感关爱场景。开发老年人智能语音交流互动场景，利用智能群呼系统，自动向老年人拨打关爱电话，并具备交互功能。开发老年人智能相伴场景，具备语音操控、智能陪聊等功能，以更集中的内容板块、更大的字体、更优的语音识别，为老年人提供方便、快捷且有温度的智能陪伴。

（五）坚持系统化联动，打造智慧养老新平台

智慧养老平台以智能终端为纽带，整合养老服务设施、专业服务队伍和社会资源，实现一体化管理、高精度监控、低成本运行，可为智慧健康养老产业提供强有力的支撑。

一是全面布局智慧养老平台。充分运用大数据手段，整合现有各地市的智慧养老平台，推进建设覆盖全省的智慧养老平台。依托全省政务数据共享平台，推进与户籍、医疗、社会保险、社会救助等信息资源对接，实现老年人口、业务数据、服务设施、服务内容等基础信息分类分级与互联共享。进一步推进"康养山西"智慧平台建设，为老年人提供信息查询及服务定制等快捷便利的线上服务，逐步完善政策发布、指挥调度、信息传输、监控管理等功能模块，高标准建设智慧居家和社区养老服务平台。

二是提升智慧养老平台创新能级。鼓励区域性养老大数据中心建立健全居民电子健康档案、电子病历、老龄人口信息等基础数据库，统一提供治理分析、共享交换、安全开放等全链条数据服务。支持企业、高校、科研院所、养老机构联合组建智慧健康养老技术协同创新中心、联合实验室，以智慧养老需求为牵引，围绕健康管理、康复辅助、养老监护等重点方向，聚焦关键产品、核心技术开展产学研用协同创新，推动智慧养老科研成果应用与转化。

三是优化智慧养老平台管理方式。强化数据要素赋能作用。促进数据创新应用，实现健康状态实时分析、健康趋势分析、健康筛查等功能，提升老年人行为画像、行为监测、安全监控等技术水平。加快构建覆盖基础通用、数据、产品、服务、管理、检测计量等方面的智慧健康养老标准体系，推动信息系统互联互通，促进终端产品的集成应用，鼓励开展优秀标准应用示范。以健全制度、简化流程、创新服务为抓手，深入推进养老服务平台标准化、智慧化、便捷化建设。持续优化人员信息采集、档案管理等服务，优化平台管理模式，多方式实现"让数据多跑路，让群众少跑腿"。

（六）夯实全要素支撑，开启智慧养老新局面

智慧养老建设是一项复杂的系统工程，离不开人才、资本等要素的投入，同时与健全的体制机制和良好的发展环境息息相关。当务之急是要在体制变革和制度创新上想办法，加快全社会养老机构的智慧化改造步伐，实现智慧养老服务行业的可持续发展。

一是加大财税支持力度。对公办养老机构所需智慧化改造经费，应将其纳入县级及以上政府财政预算。鼓励采取公建民营、委托连锁机构管理、政府购买服务等方式，支持社会资本兴办具有明显智慧化特征的非营利性养老机构。参照扶贫贷款贴息政策，采取财政贴息方式直接补助非营利性养老机构，降低智慧养老产业的社会化融资成本。智慧养老企业经认定为高新技术企业的，依法按照高新技术企业享受税收优惠政策。

二是创新金融支持方式。在风险可控的前提下，鼓励引导金融机构创新金融产品和服务方式，加大对智慧养老的金融服务力度。积极探索股权交易市场挂牌交易、引入风投、产业基金扶持、众筹等方式，拓展智慧养老产业市场化融资渠道。积极探索采取财政资金直接补助或银行贴息方式，支持各类资本投资建设智慧养老硬件设施。

三是加强土地供应保障。在制定城镇土地利用总体规划时，要统筹考虑养老产业建设用地，并向智慧养老适度倾斜。制订年度土地利用计划，优先安排利用存量建设用地支持养老机构智慧化改造。根据养老机构的不同经营性质，可采取划拨、租赁或出让方式满足智慧养老机构建设用地需求。在符合土地利用总体规划的前提下，探索利用现有闲置厂房、学校以及其他建筑等解决智慧养老用地问题。鼓励农村集体建设用地依法用于从事智慧养老产业。

四是强化人才队伍建设。加大对智慧养老专业人才的培养力度，支持高校设立智慧管理、智慧护理、智慧家政等与智慧养老相关的专业，通过产教融合等打通学生就业渠道，鼓励学生从事智慧养老服务工作。对从事老年智慧康复治疗、老年智慧心理（精神）支持、老年智慧医（诊）疗护理等服

务的从业人员，在职称评聘、岗位管理、工资福利等方面予以政策倾斜。大力宣传提升养老产业从业人员形象，吸引更多高素质人才投身智慧养老服务。

参考文献

彭青云、张俊玲、洪焕森：《我国智慧养老产业政策梳理、应用场景、面临挑战及其对策》，《智能社会研究》2023年第4期。

左美云：《智慧养老：内涵与模式》，清华大学出版社，2018。

B.14 人口老龄化对山西经济社会的影响及对策研究

李润 高瑞[*]

摘　要： 人口老龄化是经济和社会发展的必然趋势，是社会进步的体现，也是今后较长一段时间山西省的基本省情。未来山西省老年人口将进入快速增长时期，老龄化将成为山西省人口最基本、最突出的特征。针对日益严峻的人口老龄化形势，建议：提高人口质量，推动经济发展；健全养老服务体系，构建完善的老年社会保障制度；开发健康低龄老年人力资源，促进老年人社会参与和就业；多措并举，大力发展银发经济。

关键词： 人口老龄化　人口普查　老年人口

一个国家或地区60岁及以上人口占总人口的比重超过10%，或者65岁及以上人口占总人口的比重超过7%，我们就称这个国家或地区进入老龄化社会。人口老龄化是一个国家或地区经济和社会发展到一定阶段的必然结果，是社会进步的体现。山西省进入老龄化社会以来，老年人口数量增多，老年人口抚养比提升，劳动年龄人口负担加重，人口老龄化程度不断加深。

人口老龄化对经济和社会发展的影响是深远的，一方面，老年人口增

---

[*] 李润，山西省人大常委会副秘书长，主要研究方向为公共政策；高瑞，山西省社会科学院（山西省人民政府发展研究中心）社会学所副研究员，主要研究方向为人口老龄化、人口预测。

多，在加重家庭经济负担的同时给社会基本公共服务供给带来了巨大压力；另一方面，老年产品和养老服务需求又能带动消费，促进银发经济的发展。因此，要全面、准确掌握山西人口老龄化的现状和趋势，科学认识人口老龄化，统筹规划、合理布局，积极应对人口老龄化带来的机遇和挑战。

本文以第七次全国人口普查数据和2021~2023年《山西省国民经济和社会发展统计公报》为基础，深入分析山西省老年人口数量、人口结构、人口健康状况等特征，科学预测老年人口数量和结构变化趋势，对未来可能出现的老年人口问题做出基本判断。

一 山西省人口老龄化现状及特征

山西省进入老龄化社会以来，呈现老年人口数量大幅增加、老年抚养比提升较快、农村人口老龄化程度高于城市、人口老龄化城乡倒置等基本特征。在出生人口和劳动年龄人口减少的叠加作用下，老龄化进程进一步加快，导致人口结构快速老化。

（一）山西省人口老龄化现状

2023年，山西省60岁及以上人口为750.07万人，占总人口的21.64%，超过1/5；65岁及以上人口为526.98万人，占总人口的15.20%，山西省已进入中度老龄化社会。从表1来看，2010年以来山西省人口年龄结构呈现"两降一升"的基本态势，即少儿人口和劳动年龄人口比重下降，老年人口比重上升。与2010年相比，2023年全省0~14岁少儿人口下降15.25%，15~59岁劳动年龄人口下降13.75%，60岁及以上老年人口增长82.15%，65岁及以上老年人口增长94.80%。数据表明，山西省人口老龄化程度日益加深，人口数量红利正在逐渐消失。

表1　2000～2023年山西省人口年龄段分布

单位：万人，%

年龄段	2000年 人口	2000年 比重	2010年 人口	2010年 比重	2020年 人口	2020年 比重	2021年 人口	2021年 比重	2022年 人口	2022年 比重	2023年 人口	2023年 比重
0~14岁	835.48	25.73	610.60	17.10	570.99	16.35	554.08	15.92	537.05	15.43	517.49	14.93
15~59岁	2104.38	64.81	2548.82	71.37	2259.87	64.72	2254.31	64.77	2233.23	64.15	2198.44	63.43
15~64岁	2206.09	67.94	2690.08	75.33	2470.10	70.74	2450.33	70.40	2440.25	70.09	2421.53	69.87
60岁及以上	307.26	9.46	411.78	11.53	660.70	18.92	672.09	19.31	711.07	20.43	750.07	21.64
65岁及以上	205.54	6.33	270.53	7.58	450.47	12.90	476.07	13.68	504.05	14.48	526.98	15.20
80岁及以上	22.31	0.69	41.24	1.15	79.52	2.28	—	—	—	—	—	—

注：劳动年龄人口有两个统计口径：15~59岁和15~64岁，本文将两个口径都做了分析，下同。

资料来源：第五次、第六次、第七次山西省人口普查公报；2021~2023年《山西省国民经济和社会发展统计公报》。

与全国相比，2000年和2010年山西省人口老龄化程度低于全国平均水平。2023年，山西省60岁及以上老年人口比重略高于全国，65岁及以上人口比重略低于全国（见表2）。

表2　2000~2023年全国及山西省劳动年龄人口、60岁及以上和65岁及以上老年人口比重

单位：%

年龄段	2000年 山西省	2000年 全国	2010年 山西省	2010年 全国	2020年 山西省	2020年 全国	2021年 山西省	2021年 全国	2022年 山西省	2022年 全国	2023年 山西省	2023年 全国
15~64岁	67.94	70.42	75.33	74.53	70.74	68.55	70.40	68.33	70.09	68.16	69.87	68.30
60岁及以上	9.46	10.33	11.53	13.26	18.92	18.70	19.31	18.90	20.43	19.80	21.64	21.10
65岁及以上	6.33	6.96	7.58	8.87	12.90	13.50	13.68	14.20	14.48	14.90	15.20	15.40

资料来源：第五次、第六次、第七次山西省人口普查公报及全国人口普查公报，2021~2023年《山西省国民经济和社会发展统计公报》，2021~2023年《中华人民共和国国民经济和社会发展统计公报》。

与前几次人口普查结果相比，山西省老年人口比重不断提高，呈现快速增长的趋势。从图1可以看出，1953年山西省65岁及以上人口占总人口的比重为4.74%，到2020年提升到13.50%，提升了8.76个百分点。

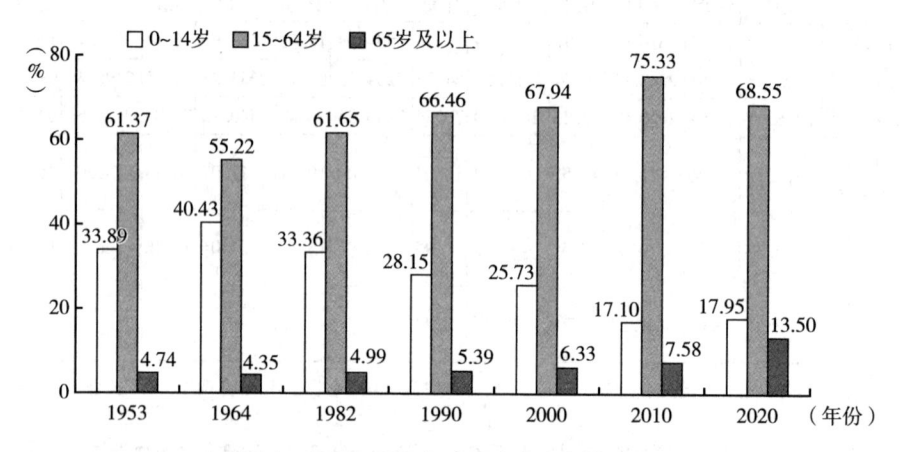

图1 1953~2020年山西省人口年龄结构

资料来源：历次山西省人口普查公报。

（二）山西省人口老龄化主要特征

山西省人口老龄化呈现以下特征：数量多，增速快；老年女性人口多于男性；人口老龄化城乡倒置；劳动年龄人口减少，人口抚养比提升；等等。

1. 老年人口数量多，老年人口尤其是高龄老人增长速度快

山西省老年人口占比逐年提升，且呈现快速增长的趋势。2000~2020年，山西省60岁及以上人口增长115.03%，65岁及以上人口增长119.16%（见表3）。

表3 2000~2020年山西省老年人口年龄分布情况

单位：万人，%

年龄	2000年 人口	2000年 比重	2010年 人口	2010年 比重	2010年 10年增长率	2020年 人口	2020年 比重	2020年 10年增长率	20年增长率
60岁及以上	307.26	9.46	411.78	11.53	21.88	660.70	18.92	64.09	115.03
65岁及以上	205.54	6.33	270.53	7.58	19.75	450.47	12.90	70.18	119.16

续表

年龄	2000年 人口	比重	2010年 人口	比重	10年增长率	2020年 人口	比重	10年增长率	20年增长率
60~69岁	189.33	5.83	235.01	6.58	12.86	392.60	11.24	70.87	107.36
70~79岁	95.61	2.94	135.54	3.80	28.90	188.58	5.40	42.30	97.24
80岁及以上	22.31	0.69	41.24	1.15	66.67	79.52	2.28	98.26	256.43

资料来源：根据第五次、第六次、第七次山西省人口普查数据整理。

分年龄段看，2000年以来，老年人口中80岁及以上的高龄老人增长幅度较大。2000~2010年10年间，60岁及以上、65岁及以上、60~69岁、70~79岁、80岁及以上人口分别增长了21.88%、19.75%、12.86%、28.90%和66.67%。2010~2020年10年间，60岁及以上、65岁及以上、60~69岁、70~79岁、80岁及以上人口分别增长了64.09%、70.18%、70.87%、42.30%和98.26%。

2. 老年人中女性多于男性

分性别看，2020年山西省老年人口中女性人口多于男性，随着年龄增长，女性占比持续提高。60岁及以上女性老年人口比重比男性高1.24个百分点，65岁及以上女性老年人口比重比男性高2.92个百分点，80岁及以上女性老年人口比重比男性高11.48个百分点（见表4）。

表4 2020年山西省人口年龄结构及性别分布情况

单位：万人，%

年龄段	总人口	男性	女性	男性占比	女性占比	性别比
常住人口	3491.56	1780.51	1711.05	50.99	49.01	104.06
60岁及以上	660.70	326.28	334.42	49.38	50.62	97.57
65岁及以上	450.47	218.68	231.79	48.54	51.46	94.34
80岁及以上	79.52	35.19	44.32	44.25	55.73	79.40

资料来源：根据第七次山西省人口普查数据整理。

3.人口老龄化城乡倒置，城市老年人口比重低于农村

受人口流动的影响，大量农村青年劳动力流向城市，农村劳动年龄人口减少，剩下人口以老年人为主，导致城市中老年人口比重低于农村，人口老龄化城乡倒置。第七次山西省人口普查数据显示，山西省城市老年人口比重低于农村，农村人口老龄化程度远高于城市和镇。从表5来看，农村60岁及以上老年人口比重比全省平均水平高6.88个百分点，65岁及以上老年人口比重比全省平均水平高5.07个百分点，80岁及以上老年人口比重比全省平均水平高0.65个百分点。同时，农村60岁及以上、65岁及以上、80岁及以上人口比重分别比城市高10.91个、8.13个、0.90个百分点。

表5 2020年山西省分城乡人口结构分布情况

单位：%

年龄段	城市	镇	农村	山西省
60岁及以上	14.89	14.67	25.80	18.92
65岁及以上	9.84	9.89	17.97	12.90
80岁及以上	2.03	1.66	2.93	2.28

资料来源：根据第七次山西省人口普查数据整理。

4.劳动年龄人口持续减少，人口抚养比逐年提高

劳动力对一个国家或地区经济社会发展有着重大影响，2023年山西省15~59岁劳动年龄人口为2198.44万人，占63.43%，比2020年减少61.43万人，下降2.72%。15~64岁人口为2421.53万人，占69.87%，比2020年减少48.57万人，下降1.97%。

山西省劳动年龄人口比重于2012年首次出现下降，其后呈波动下降趋势，意味着整个人口的抚养负担在逐渐加重。从人口抚养比来看（见表6），山西省2023年少儿人口抚养比、老年人口抚养比和总人口抚养比（65岁及以上口径）分别为21.37%、21.76%和43.13%。与2020年相比，少儿人口

抚养比下降，老年人口抚养比大幅提升。2010年山西省总人口抚养比（65岁及以上口径）为32.75%，随后开始增长，其间少儿人口抚养比总体呈现下降态势，而老年人口抚养比快速提升。

表6 2000~2023年山西省人口抚养比分布情况

单位：%

年份	60岁及以上口径			65岁及以上口径		
	总人口抚养比	少儿人口抚养比	老年人口抚养比	总人口抚养比	少儿人口抚养比	老年人口抚养比
2000	54.30	39.70	14.60	47.19	37.87	9.32
2010	40.11	23.96	16.16	32.75	22.70	10.06
2020	54.50	25.27	29.24	41.35	23.12	18.24
2021	54.39	24.58	29.81	42.04	22.61	19.43
2022	55.89	24.05	31.84	42.66	22.01	20.66
2023	57.66	23.54	34.12	43.13	21.37	21.76

资料来源：根据第七次山西省人口普查数据整理。

5. 老年人口婚姻状况以有配偶为主，居住方式主要是与配偶同住

婚姻状况对老年人具有非常重要的意义，是老年人幸福指数的重要组成部分。从表7来看，76.42%的老年人处于有配偶状态，20.96%的老年人处于丧偶状态，未婚和离婚合计占2.62%。男性有配偶的占84.16%，明显高于女性（68.92%），这与女性丧偶比例高有直接关系。女性丧偶比例为30.23%，远远高于男性（11.41%）。

表7 2020年山西省60岁及以上人口分性别婚姻状况

单位：%

婚姻状况	男性	女性	总体
未婚	3.09	0.13	1.59
有配偶	84.16	68.92	76.42
离婚	1.35	0.73	1.03
丧偶	11.41	30.23	20.96
合计	100	100	100

资料来源：根据第七次山西省人口普查数据整理。

数据显示，老年人居住方式以与配偶同住为主，占54.00%；其次是与配偶和子女同住，占16.39%。14.02%的老人独居（无保姆），0.20%的老人独居（有保姆），两者合计占14.22%，其中80岁以上的高龄独居老人占60岁及以上老年人口的3.21%，独居老年人应当受到关注和重视（见表8）。

表8 2020年山西省60岁及以上人口分性别居住状况

单位：%

居住方式	男性	女性	总体
与配偶和子女同住	18.42	14.42	16.39
与配偶同住	59.29	48.87	54.00
与子女同住	7.10	16.42	11.83
独居(有保姆)	0.19	0.20	0.20
独居(无保姆)	11.01	16.94	14.02
养老机构	0.67	0.33	0.50
其他	3.32	2.82	3.07
合计	100	100	100

资料来源：根据第七次山西省人口普查数据整理。

6. 城市老年人身体健康状况好于农村老年人

从老年人健康状况来看，山西省60岁及以上健康老年人占45.98%，基本健康占36.12%，两者合计占82.10%。"不健康，但生活能自理"和"不健康，生活不能自理"的老年人分别占14.99%和2.91%，两者合计占17.90%（见表9）。

表9 2020年山西省60岁及以上人口分性别健康状况

单位：%

健康状况	男性	女性	合计
健康	49.54	42.52	45.98
基本健康	34.12	38.06	36.12
不健康，但生活能自理	13.74	16.21	14.99
不健康，生活不能自理	2.60	3.22	2.91
合计	100	100	100

资料来源：根据第七次山西省人口普查数据整理。

7. 老年人主要生活来源性别差异明显

数据显示，老年人的主要生活来源是家庭其他成员供养，占33.80%，且随着年龄的增长，依赖子女养老的老年人比例越来越高。其次是离退休金/养老金和劳动收入，分别占29.37%和21.91%，分别反映出城市和农村老人养老的基本状况。依靠最低生活保障金养老的老年人占7.05%，说明救助金对老年人养老发挥着重要作用（见表10）。

表10 山西省60岁及以上人口分性别主要生活来源

单位：%

主要生活来源	男性	女性	总计
劳动收入	30.88	13.22	21.91
离退休金/养老金	35.52	23.40	29.37
最低生活保障金	7.12	6.99	7.05
失业保险金	0.00	0.00	0.00
财产险收入	0.57	0.43	0.50
家庭其他成员供养	18.76	48.39	33.80
其他	7.14	7.58	7.36
合计	100	100	100

资料来源：根据第七次山西省人口普查数据整理。

分性别看，男性老年人和女性老年人主要生活来源差异非常明显，主要生活来源是离退休金/养老金的男性老年人占比为35.52%，明显高于女性老年人（23.40%）。主要生活来源是劳动收入的男性老年人占比为30.88%，高出女性老年人（13.22%）17.66个百分点，表明男性老年人就业的比例较高，而女性老年人更多忙于操持家务或帮子女带孩子。女性老年人更多依赖家庭其他成员供养（48.39%），比例远远高于男性老年人（18.76%），说明女性老年人对家庭依赖性更强。主要生活来源为最低生活保障金的男性老年人和女性老年人比例比较接近，男性老年人略高于女性老年人。

二 山西省人口老龄化发展趋势

在出生人口逐年减少和20世纪60年代生育高峰期出生人口进入老年行

列的相互作用下，未来山西省老年人口将进入一个快速增长期，整个社会的养老压力将会持续加大。从预测结果看，未来山西省人口总量不断下降，老年人口数量持续增长，高龄老人数量增长迅速，增加了社会养老负担和基本公共服务供给压力。

（一）基础数据

本文采用Padis-Int人口预测软件，以总和生育率、死亡率、迁移率等为参数，构建山西省人口发展模型，对2025~2050年山西省人口数量、人口结构及变动趋势进行预测分析。模型以2020年山西省总人口3491.56万人为基数，运用年龄移算法得到2023年总人口数，并根据每年山西省人口变动抽样调查数据适度校正2023年总人口数作为基期年人口。

（二）山西省人口老龄化发展趋势（2025~2050年）

从预测结果看，2025~2050年山西省人口规模将处于收缩态势，人口总量持续下降，劳动年龄人口不断下降，老年人口不断增加，人口老龄化程度快速加深。

1. 山西省人口总量持续下降，老年人口不断增多

一般来讲，一个国家或地区60岁及以上人口比例超过10%或65岁及以上人口比例超过7%，进入轻度老龄化社会；60岁及以上人口比例超过20%或65岁及以上人口比例超过14%，进入中度老龄化社会；60岁及以上老年人口比例超过30%或65岁及以上人口比例超过21%，进入重度老龄化社会。

根据预测，山西省总人口未来一直处于下降趋势。2025~2030年，人口总量将从3430.81万人减少到3369.77万人，5年间减少61.04万人，平均每年减少12.21万人。2050年总人口将达2950.10万人，比2025年的3430.81万人减少480.71万人，下降幅度非常大，平均每年减少19.23万人（见图2）。

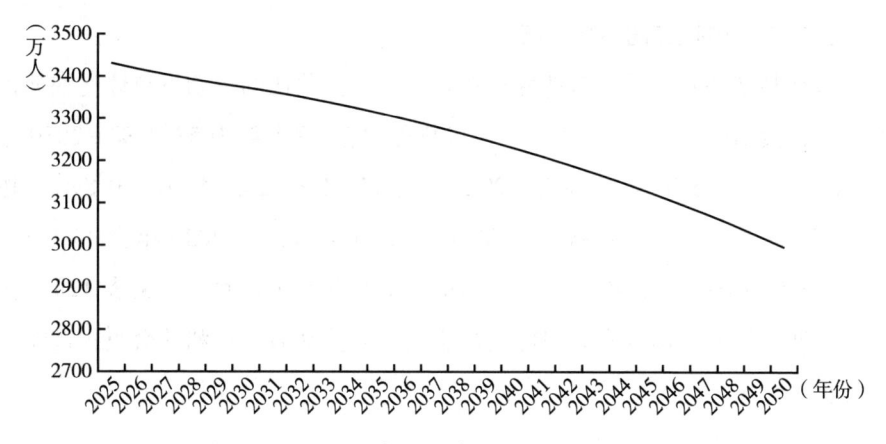

图2 2025~2050年山西省总人口变动趋势预测

在总人口下降的同时,老年人口数量持续增长,人口老龄化发展速度将会非常快。预测结果显示,2025年山西省60岁及以上人口占总人口的比重为23.06%,2030年60岁及以上老年人口占总人口的比重为27.81%,2035年60岁及以上人口占总人口的比重为32.29%,山西省将进入重度老龄化社会,到2050年60岁及以上人口占总人口的比重将达到39.37%(见表11)。

表11 2025~2050年山西省人口结构变动趋势预测

单位:%

年份	0~14岁	15~59岁	60岁及以上	65岁及以上
2025	13.97	62.96	23.06	15.74
2026	13.50	62.60	23.91	15.91
2027	12.91	62.44	24.65	16.71
2028	12.40	61.88	25.73	17.79
2029	11.76	61.53	26.70	18.67
2030	11.49	60.70	27.81	19.57
2035	9.52	58.19	32.29	23.85
2040	9.71	56.30	33.99	27.54
2045	10.32	53.64	36.04	28.52
2050	10.85	49.78	39.37	30.01

2.老年人口抚养比不断提高

从预测结果看,总人口抚养比在老年人口抚养比的带动下整体呈快速提升态势,按60岁及以上口径,总人口抚养比在2025年为58.82%,2030年为64.74%,2035年为71.86%,2040年为77.61%,2050年为100.89%。按65岁及以上口径,总人口抚养比在2025年为42.28%,2030年为45.05%,2035年为50.08%,2040年为59.36%,2050年为69.09%(见表12)。抚养比的变化表明,山西省人口红利趋于消失,劳动力负担和社会负担都将持续加重。

表12　2025~2050年山西省人口抚养变动趋势预测

单位:%

年份	60岁及以上口径			65岁及以上口径		
	少儿人口抚养比	老年人口抚养比	总人口抚养比	少儿人口抚养比	老年人口抚养比	总人口抚养比
2025	22.19	36.63	58.82	19.88	22.40	42.28
2026	21.56	38.19	59.75	19.12	22.54	41.66
2027	20.68	39.48	60.16	18.35	23.75	42.10
2028	20.04	41.58	61.61	17.76	25.49	43.25
2029	19.12	43.40	62.52	16.91	26.84	43.75
2030	18.92	45.82	64.74	16.66	28.39	45.05
2035	16.36	55.49	71.86	14.29	35.79	50.08
2040	17.24	60.37	77.61	15.47	43.89	59.36
2045	19.24	67.18	86.42	16.87	46.62	63.49
2050	21.80	79.09	100.89	18.35	50.74	69.09

3.高龄老人数量不断增加,加重了抚养负担

伴随人口老龄化程度的加深,老年人口高龄化程度也在不断加剧,老年人口中高龄老人所占比重逐步提高。一方面,由于平均预期寿命延长,老年人口的年龄结构出现顶部堆积,人口年龄结构顶端高龄化趋势显著;另一方面,人口出生率将长期保持一个较低的水平,必然使人口年龄结构底部收缩。人口老龄化和高龄化是人口长期低速发展的必然结果。

从预测结果看,未来山西省 80 岁及以上高龄人口占比持续提升。2025 年 80 岁及以上人口在 60 岁及以上人口中的占比将达到 10.39%,2030 年为 11.17%,2035 年、2040 年和 2045 年分别为 14.19%、17.03%、20.58%,到 2050 年达到 23.15%(见表 13)。老年人口高龄化是未来人口老龄化发展的一个重要特征。

表 13　2025~2050 年山西省老年人口变动趋势预测

单位:万人,%

年份	60 岁及以上 人数	占总人口比重	80 岁及以上 人数	占 60 岁及以上 老年人口比重
2025	791.27	23.06	82.25	10.39
2026	816.71	23.91	84.98	10.41
2027	838.87	24.65	88.25	10.52
2028	872.38	25.73	91.12	10.44
2029	902.55	26.70	96.56	10.70
2030	937.23	27.81	104.66	11.17
2035	1066.27	32.29	151.30	14.19
2040	1091.05	33.99	185.81	17.03
2045	1114.86	36.04	229.42	20.58
2050	1161.41	39.37	268.82	23.15

4. 低龄老人数量庞大,进入劳动力市场潜能较大

在人口老龄化加速发展的背景下,山西省老年人口总量及其在总人口中所占的比重都不断提升。2020 年,山西省 60~69 岁低龄老人占 60 岁及以上人口的 59.42%,占总人口的 11.24%;70~79 岁老人占 60 岁及以上人口的 28.54%,占总人口的 5.40%;80 岁及以上老人占 60 岁及以上人口的 12.04%,占总人口的 2.28%。从表 14 来看,尽管 80 岁及以上高龄老人将呈现不断增多的趋势,且增速较快,但 60~69 岁的低龄老人依然在老人群体中占大多数,未来一段时期低龄老人在总人口中所占的比重逐步提高,这部分低龄老人有一定的文化程度,具有知识、技能和经验优势,身体状况相对较好,依然可以进入劳动力市场发挥余热。

表14 2025~2050年山西省老年人口分年龄段分布情况预测

单位：%

年份	60~69岁 占总人口比重	60~69岁 占60岁及以上人口比重	70~79岁 占总人口比重	70~79岁 占60岁及以上人口比重	80岁及以上 占总人口比重	80岁及以上 占60岁及以上人口比重
2025	13.06	56.62	7.61	32.98	2.40	10.39
2026	13.42	56.13	8.00	33.47	2.49	10.41
2027	13.57	55.04	8.49	34.45	2.59	10.52
2028	14.13	54.94	8.90	34.61	2.69	10.44
2029	14.70	55.05	9.15	34.25	2.86	10.70
2030	15.31	55.05	9.40	33.79	3.11	11.17
2035	16.47	51.00	11.24	34.81	4.58	14.19
2040	14.74	43.38	13.46	39.60	5.79	17.03
2045	13.92	38.64	14.70	40.79	7.42	20.58
2050	16.92	42.97	13.34	33.88	9.11	23.15

从上文可以看出,未来人口老龄化仍是山西省要面临的最突出的人口难题。山西省在2003年已经进入老龄化社会,且老龄化程度快速加深。2023年山西省65岁及以上人口占比为15.20%,老年人口抚养比为21.76%,平均约7个人中有1个老年人,大约4.60个劳动力抚养1个老年人。从预测结果来看,2025年山西省65岁及以上人口占比和老年人口抚养比分别为15.74%和22.40%,平均约6个人中有1个老年人,大约4.46个劳动力抚养1个老年人;2030年山西省65岁及以上人口占比和老年人口抚养比分别为19.57%和28.39%,平均约5个人中有1个老年人,大约3.52个劳动力抚养1个老年人;2050年山西省65岁及以上人口占比和老年人口抚养比分别为30.01%和50.74%,平均约3个人中有1个老年人,不到2个劳动力抚养1个老年人。未来,随着人口年龄结构的变动以及人口预期寿命的提高,高龄老人的占比会越来越高,预计2025年平均每9.62个60岁及以上老人

中就有1个年龄超过了80岁，2030年平均每8.95个60岁及以上老人中就有1个年龄超过了80岁，2050年平均每4.32个60岁及以上老人中就有1个年龄超过了80岁。

三 人口老龄化对山西省经济和社会发展的影响

未来，人口老龄化将成为山西人口最基本、最突出的特征。老龄化时代的到来将对经济和社会发展产生深层次的影响，人们的生产方式、消费方式、居住方式、家庭关系、精神生活等都将发生巨大改变。对于整个社会来说，这既是机遇也是挑战。一方面，人口老龄化为经济转型和老龄产业发展带来了机遇；另一方面，老年人的养老问题给社会保障、养老服务、基本公共服务等带来了非常大的压力。

（一）人口老龄化影响经济和社会发展活力

从人口规模看，山西省15~64岁劳动年龄人口数量早已经过峰值。未来25年，山西省劳动年龄人口数量持续走低，以每年十几万甚至几十万人的速度减少，直至2050年减少至约1744.71万人。与此同时，劳动年龄人口在总人口中的比重也将持续降低，从2025年的70.28%将分别降至2030年的68.94%和2050年的59.14%。在数量减少的同时，劳动力结构加速老化，传统意义上的数量型人口红利已经消失。这样不仅会使抚养负担加重，还会引发更为复杂和多样的深层次矛盾。劳动力绝对数量的减少会导致一定程度的用工短缺；劳动力结构老化会对劳动生产率的提高以及经济和社会发展产生不利影响。未来，经济和社会发展对劳动力的需求不仅在数量上，更在质量上，劳动力的质量要与经济和社会发展程度相匹配。

（二）人口老龄化增加家庭养老压力

未来，山西省少儿人口抚养比可能下降，老年人口抚养比和总人口抚养比上升，这将加重家庭和社会赡养老人的负担。老年人口抚养比不断提高必然导致家庭养老压力加大，老年人口规模加速增长，社会将呈现家庭规模小型化、老龄化、高龄化和空巢化叠加的态势。

（三）人口老龄化影响产业转型升级

党的二十届三中全会提出要健全推动经济高质量发展的体制机制，而加快产业转型升级是促进经济高质量发展的有效途径之一。任何地区的产业转型都需要大量高素质的劳动力，这对劳动力数量和质量提出了更高的要求。但人口老龄化的加速发展对产业转型升级提出了挑战。老年人口数量不断增多，劳动年龄人口逐渐减少，导致劳动力数量不足，影响产业转型升级。

（四）人口老龄化影响社会保障和国民收入的分配

未来，伴随老年人口的不断增多，领取养老金的人数将不断增加，养老保险、医疗保险、社会救济等福利支出将不断增加，社会保障面临严峻考验。未来，国内生产总值中用于老年人的费用将大幅增加，这势必会在一定程度上限制社会扩大再生产。另外，老年人在吃、穿、用、医、乐等方面都与其他年龄段的人群不同，因此人口老龄化又会对现有的消费品结构、基础设施、产业结构等提出新的要求，主要集中在与养老服务相关的产业如养老院、老年教育、老年医疗、老年娱乐等。

（五）人口老龄化影响老龄产业发展和老年消费市场

老年人有特殊的生理、心理和行为特征，因此其在物质方面和精神方面都会产生和其他年龄群体不一样的需求。近年来，我国老年人整体消费结构类型趋向多样化，服务购买等消费支出比重持续上升，消费结构不断优化，尤其是低龄老年人口更有消费升级的趋势[1]。未来，伴随人口老龄化程度的不断加深，老龄产业将进一步展现消费市场潜力。

---

[1] 杨凡、潘越、黄映娇：《中国老年人消费结构及消费升级的影响因素》，《人口研究》2020年第5期。

四　山西省积极应对人口老龄化的对策建议

党的二十大报告提出"实施积极应对人口老龄化国家战略,发展养老事业和养老产业,优化孤寡老人服务,推动实现全体老年人享有基本养老服务",党的二十届三中全会提出"积极应对人口老龄化,完善发展养老事业和养老产业政策",这为山西省指明了应对人口老龄化的工作方向。山西省要正确认识人口老龄化给经济和社会带来的机遇和挑战,未雨绸缪,从优化基本养老服务供给、发展养老事业和养老产业、支持老年人力资源开发和培训、拓展老年人就业渠道、支持老年产品市场发展等方面着手,制定科学应对人口老龄化的相关政策,促进经济和社会的可持续发展。本文提出如下对策建议。

(一)提高人口质量,推动经济发展

应对人口老龄化要科学谋划、统筹规划,在传统意义上的人口数量红利逐渐消失时,更应该关注人口质量红利。人口素质的提高离不开高质量的教育体系。第七次山西省人口普查数据显示,山西省15岁及以上人口的平均受教育年限从2000年的6.83年、2010年的9.52年提高到2020年的10.45年。同时,15岁及以上人口的文盲率大幅度下降,由2000年和2010年的4.22%和2.13%下降至2020年的1.21%。以上数据充分表明,山西省的人口素质不断提高。一方面,构建高质量的教育体系,提高高学历人才比重,完善终身教育体系,让人们不断优化自身的知识结构,提高自身素质。另一方面,落实渐进式延迟退休政策,鼓励大批低龄老年人发挥余热,缓解劳动力资源短缺问题。

(二)健全养老服务体系,构建完善的老年社会保障制度

一是加大养老事业投入力度。增加对全省养老事业的资金投入,设立专项养老资金,养老机构、养老基础设施和适老化改造等的资金都可以从专项

养老资金中支出，养老资金每年可以按照老年人增长的数量不断增加投入，结余部分滚动计入下一年度。同时，政府要加大财政扶持力度，落实已经开办并正常运营的养老机构、社区养老服务中心和提供居家养老服务的机构该有的各项补贴，逐步推动以购买公共服务的方式建立一支专业服务队伍，为老年人提供生活照料、医疗护理等服务。

二是形成多元化养老服务供给格局。加强老年健康服务体系建设，推进床位闲置率高的基层医疗机构开展康复、护理床位建设；支持社会医疗机构建设康复护理老年病医院，推进老年病医院、老年护理院、老年康复医院、老年病科和医养结合机构建设，构建覆盖城乡、规模适宜、功能完善的老年服务体系。

三是探索多样化养老服务方式。探索建立以居家为基础、社区为依托、机构为补充的社会化养老服务体系。加快县级公办养老机构、街道（乡镇）区域养老服务中心、城乡老年人日间照料中心、社区居家养老服务中心建设。

四是推动尽快建立长期护理保险制度。党的二十大报告提出"建立长期护理保险制度"，党的二十届三中全会提出"加快建立长期护理保险制度"，长期护理保险制度建设迫在眉睫。建立长期护理保险制度，一方面可以直接减轻失能老年人的照护负担，另一方面可以减轻社会性住院给医疗保障基金带来的负担。山西省要加快研究探索建立长期护理保险政策体系，以便在国家明确下一步政策方向后第一时间落实长期护理保险制度。

五是补齐农村养老服务短板。创建农村社会化养老服务体系，整合乡镇卫生院和敬老院，促进医养结合，实现"两院一体"模式。打造专业的医生和护士队伍，提高失能半失能老人的生活质量。

（三）开发健康低龄老年人力资源，促进老年人社会参与和就业

经济和社会发展中一支不可或缺的力量就是健康老年人群中的低龄老人，这些低龄老人也有继续为社会和家庭发挥余热的意愿。要鼓励健康低龄老人创业和就业，开发老年就业岗位，从而降低社会的养老负担，也能让刚

刚退出就业岗位的老年人继续实现自身价值。根据老年人的特点，一方面增加财政资金投入，加大对老年教育的投入力度，让更多的老年人更好地融入社会发展。另一方面，引导老年人积极参与所在社区的志愿服务和活动，如调解邻里纠纷等。

（四）多措并举，大力发展银发经济

随着人口老龄化程度的不断加深以及高龄老人数量的增多，老年市场潜力较大，银发经济将成为一个新的经济增长点。银发经济的发展离不开政府和企业的共同努力。政府要做到不缺位、不越位，履行好自身的管理和服务职能，加强顶层设计，统筹推进银发经济和其他产业协同发展。企业要看到银发经济的巨大市场前景，开展市场调研，准确及时了解老年人的需求，全方位、多层次满足老年人对产品和服务的个性化需求。

参考文献

陈显友、宋雯、靳延安：《湖北省人口老龄化发展现状、影响及对策研究——基于第七次全国人口普查数据的统计分析》，《湖北社会科学》2022年第3期。

杜鹏、安瑞霞：《政府治理与村民自治下的中国农村互助养老》，《中国农业大学学报》（社会科学版）2019年第3期。

杜鹏、陈民强：《积极应对人口老龄化：政策演进与国家战略实施》，《新疆师范大学学报》（哲学社会科学版）2022年第3期。

刘智勇：《积极应对人口老龄化国家战略：观念更新、任务定位、实现途径》，《学习论坛》2023年第1期。

童玉芬：《中国人口的最新动态与趋势——结合第七次全国人口普查数据的分析》，《中国劳动关系学院学报》2021年第4期。

杨凡、潘越、黄映娇：《中国老年人消费结构及消费升级的影响因素》，《人口研究》2020年第5期。

原新、金牛：《积极应对人口老龄化国家战略的时代背景与价值意蕴》，《老龄科学研究》2021年第1期。

区域实践篇

B.15
晋城市文旅康养深层次融合发展调研报告

吴蔚[*]

摘　要： 文旅康养是山西全方位转型的重要依托，也是全省推进高质量发展的重要名片。新形势下以改革的思路、开放的办法和发展的路径，积极探索文旅康养融合发展的新模式尤为重要。晋城作为全省文旅康养资源的集聚地，按照全省"加快把文旅康养产业打造成为战略性支柱产业"要求，将加快建设"文旅康养样板城市"列为六大战略定位之一，坚持以文旅为载体，以康养为核心，持续擦亮"东方古堡、人间晋城，云锦太行、诗画晋城"的康养品牌。但也必须看到，相比一些康养先行地区，晋城无论是顶层设计，还是资源开发以及产品服务都存在短板和弱项，规模效益与资源赋存的正相关性表现不足，体制性、结构性和素质性问题仍然存在。下一步，晋城要坚持融合、互补、共进的产业迭代原则，在资源有序开发利用上持续

---

[*] 吴蔚，山西省社会科学院（山西省人民政府发展研究中心）助理研究员，主要研究方向为经济及民生社会。

发力，在业态创新和品牌塑造上全面推进，积极蹚出一条文旅康养产业高质量发展的"晋城路径"。

关键词： 文旅 康养产业 晋城市

大力发展康养产业，是践行新发展理念和健康中国战略的现实需求，是深化全方位转型和推动高质量发展的重要举措。晋城市历史文化积淀深厚，山水自然景观宜人，文旅康养特色鲜明、优势突出，是山西康养产业高质量发展的重要实践地。通过对晋城市文旅康养的发展优势、存在的问题和短板进行深入研究，寻找破难题、扬优势、补短板、强弱项的有效办法，复制推广"文旅+"业态全面升级、"+康养"样板城市持续塑新的成熟范式，对于以文旅康养深层次融合助推山西经济社会高质量发展意义重大。

一 晋城市文旅康养发展优势及有益探索

近年来，晋城市按照全省"加快把文旅康养产业打造成为战略性支柱产业"要求，将加快建设"文旅康养样板城市"列为六大战略定位之一，坚持以文旅为载体，以康养为核心，持续擦亮"东方古堡、人间晋城，云锦太行、诗画晋城"的康养品牌。

（一）资源禀赋得天独厚

1. 地理位置优越

晋城市位于山西省东南部，太行山南麓，山西河南两省交界处，总面积9490平方公里，辖城区、泽州、高平、阳城、陵川、沁水6个县（市、区）和1个国家级经济技术开发区，境内太行、太岳、中条三山环绕，沁河、丹河两河纵贯，被称为"河东屏翰、中原咽喉、三晋门户"，三山两河孕育了良好生态和绵长文脉。

2.四季气候宜人

晋城市地处北纬35度黄金宜居带，平均海拔800米，年均气温11摄氏度，夏均气温22摄氏度，年均降水量680毫米，冬无严寒夏无酷暑，康养舒适期长达7个月，被评为"中国气候宜居城市"。南太行自然景观秀丽，生态环境优越，现有国家森林公园3个（中条山、太行洪谷、棋子山）、国家级自然保护区2个（蟒河、历山）、国家地质公园1个（王莽岭）、国家湿地公园1个（泽州丹河），历山舜王坪一带至今保留着山西省仅存的730多公顷的原始森林。全市林木绿化率达48.2%，城市绿化覆盖率达45.8%，人均绿地面积15.5平方米。森林面积558万亩，覆盖率达40.3%，全省第一，负氧离子浓度最高可达45000个/厘米^3，有"天然氧吧"之称。①

3.文旅资源丰富

目前，晋城市已形成以皇城相府、湘峪古堡、大阳古镇、司徒小镇、砥洎城、柳氏民居为代表的太行古堡人文景观群落，以王莽岭、珏山、蟒河为代表的太行山水自然景观群落，以析城山、历山、羊头山、塔水河为代表的始祖文化遗址群落，以青莲寺、玉皇庙、开化寺、岱庙为代表的古刹古庙古建群落，以太行陉、白陉、润城镇、拦车村、郭峪村、上庄古村、窦庄村、尉迟村、伯方村、良户村、平城村、礼义镇等为代表的古关隘古镇古村群落。全市共有A级旅游景区33个，其中4A级及以上旅游景区13个，占比达到39.4%，形成较为丰富而独特的旅游资源优势。

4.人文底蕴深厚

晋城市历史文化积淀深厚，文脉传承源远流长。传说伏羲、女娲、炎、舜、禹、汤以及周穆王等都在此留有印迹，是盘古开天、女娲补天、后羿射日、愚公移山、商汤祈雨等神话传说发生地。全市共有国保单位72处，数量位居全国第4；宋金以前木结构古建筑58处，占全国的1/3；

---

① 资料来源：根据调研整理。

国家级历史文化名镇名村40个，数量位居全国第1；中国传统古村落186个，数量位居全省第1、全国第5；沁河流域分布着古城堡117座、明清古建筑15万间，有"西方古堡看欧洲、东方古堡看晋城"的美誉。①

（二）"康养晋城"高位推进

近年来，晋城市委、市政府出台多项政策措施，优化全域布局，突出示范项目的带动引领作用，全面激发文旅康养市场主体发展活力，依托全国康养产业发展大会，努力建设全国"文旅康养样板城市"和"知名文化旅游目的地"。

1. 政策扶持多元精准

晋城市委、市政府将文旅康养产业作为战略性支柱产业来培育，出台《晋城市"十四五"文化旅游康养产业发展规划》，编制《农林文旅康养产业融合发展规划》，为全市文旅康养产业发展提供多元化的要素保障；将文旅康养产业发展融入健康中国、乡村振兴战略，编制《晋城市太行人家康养村落发展规划》，发布《中国民宿发展报告》；出台《太行人家康养村落建设服务与管理》，特色化设计、标准化服务、市场化运营成为全市文旅康养产业发展的重要标志；制定出台《关于支持文旅康养市场主体发展的实施方案》，文旅康养市场主体发展活力得到全面激发；出台《关于推进健康晋城建设的实施意见》，推动从以治病为中心转变为以人民健康为中心，助力形成有利于文旅康养产业发展的生活方式、生态环境和社会环境。

2. 全域布局彰显特色

近年来，晋城市按照"国际一流、山西定位、晋城特色"的总体要求，以农业为基础、林业为保障、文化为底蕴、旅游为平台、康养为方向，形成

---

① 《康养晋城调研行｜晋城古建"含金量"有多高?》，"人民资讯"百家号，2024年10月15日，https：//baijiahao.baidu.com/s? id=1813031119398199987&wfr=spider&for=pc。

了"一核、两环、两带、多片"的文旅康养融合发展空间布局。"一核"指：以中心城市为战略支点，全力打造全国知名的文旅康养城市，引领全市康养产业快速发展。"两环"指：依托396平方公里环城生态圈、581公里太行一号康养环，串联全市丰富的自然人文资源，推动文化与旅游、文旅与康养融合发展。"两带"指：深度融入黄河流域生态保护和高质量发展国家战略，加快建设沁河、丹河文旅康养示范带。"多片"指：因地制宜发展王莽岭—棋子山—黄围山片区、凤凰欢乐谷—丈河片区、珏山片区、大阳古镇片区、栖龙湾—聚寿山—太行陉片区、太行古堡片区、蟒河—析城山片区、历山—太行洪谷片区、张峰水库片区、炎帝陵—长平片区等若干个高等级、复合型、特色化文旅康养融合发展片区，不断夯实文旅康养样板城市的产业基础。

3. 项目带动示范引领

产业的振兴离不开项目的支撑，晋城市始终坚持"项目为王"理念，谋划一批具有代表性的文旅康养重点项目，以核心标志物打造带动全域康养产业发展。截至2023年，总投资70亿元规划面积20平方公里的白马寺山高端康养示范区4平方公里核心区初步建成。依托丰富古村古建资源，谋划实施太行一号文旅康养和乡村振兴融合发展示范带，辐射带动739个村8.1万人返乡就业创业，逐步成为文旅康养产业的聚集带。谋划实施晋城市"四大牵引性工程"之一的百里沁河生态经济带，辐射带动3个县13个乡镇310个村整体提升，20.2平方公里先行区已全面开放，推动沿线特色资源串珠成链，形成示范标杆。[①]

（三）康养环境更加优化

晋城市依托地理位置优势，加快建设文旅康养交通网，强化文旅康养产业的基础设施支撑，开展城市生态绿化品质提升工程，打造宜居、韧性、智慧城市，康养环境得到进一步优化。

---

① 王震：《保护利用古村古建　助力乡村全面振兴》，《人民日报》2024年8月1日。

1. 基础设施提质升级

坚持"两手抓、两手都要硬",着力夯实文旅康养产业的基础设施建设。一方面聚焦文旅康养基地提标改造,围绕"吃、住、行、游、购、娱"要素,兴建一批满足多元化、个性化、高端化文旅康养需求的基础设施,集成住宿餐饮、会议会展、休闲娱乐、运动健身、医养结合、旅游颐养等功能板块,打造在国内有较大影响力和竞争力的康养目的地。另一方面持续推进城市更新,晋城市加快推进老城更新和丹河新城建设联动发展,积极打造度假休闲新地标。全力构建"三环两线两轴"骨干交通网,有效改善和优化城市路网结构。加快建设一批集中供热热网工程、供水工程、生活垃圾焚烧发电项目等,加快推进环城水系清水复流工程和海绵城市建设,全力营造"山水交融、水城互动"的城市新景观。

2. 交通网络逐步构建

近年来,晋城市依托承东启西、连接南北的地理位置优势,加快建设国道、省道、县道、乡道交织成网的陆路交通,现已基本形成"一主三线"道路网,包括581公里太行一号旅游公路主线,155公里支线、50公里沁河古堡群环线、150公里"百村百院"连接线,构建了全市城景通、景景通、城乡通"一张网"。加快构建立体化交通体系,晋城民用机场获得立项批复,"1+4"工程全面启动;高铁通达能力不断提升,郑太高铁直达车次持续增开、通行时间不断压缩,目前每日车次超过60列,将北京、武汉纳入3个小时通勤圈,进一步辐射合肥都市圈、长株潭城市群和珠三角城市圈,全市文旅康养的市场覆盖面和区域影响力持续扩大。

3. 城乡生态宜居宜业

晋城市锚定建设山水交融的现代化城市,坚持以市场化为导向、生态化为目标、特色化为方向、片区化为核心、品质化为关键、精细化为路径,全力打造宜居、韧性、智慧城市。在城市重点街区、景观和地域,大力开展城市生态绿化品质提升工程,因地制宜实施"花、彩、色、景"四增行动,精心打造"花草搭配、特色鲜明、错落有致、规模布局、景色交融"的高品质园林式景观。同时推进沁丹两河沿线农村生活污水治理示范带工程，268个重点村全面完成"改污、改厕、改水"，沿河村庄污水治理覆盖率由27%提高到70%，农村人居环境得到全面改善。①

（四）品牌效应持续释放

近年来，晋城市树立品牌意识、挖掘特色品牌内涵、明确区域品牌定位，不折不扣讲好晋城康养故事，"东方古堡、人间晋城，云锦太行、诗画晋城"品牌效应持续释放。

1."康养示范"加快推进

近年来，晋城市以"建设国家文旅康养融合发展示范区，打造全国文旅康养重要目的地"为目标，以文旅康养集聚区、示范区创建为重要工作抓手，立足自身实际、发挥自身优势，大力发展文旅康养产业，全力打造"文旅康养样板城市"。成功创建了陵川县、泽州县两家省级文旅康养集聚区，积极打造了凤城康养示范区、皇城相府文旅康养区两家省级文旅康养示范区，加快建成白马寺山高端康养示范区，为全市文旅康养产业更好实现高质量集群化、聚合式发展提供了助力。

2."全龄康养"模式成熟

晋城市按照"全龄康养"理念，聚焦满足不同人群多层次、多样化消费需求，初步探索了以瑜园康养中心为代表的医疗康复模式，以玉苑康养社区为代表的社区颐养模式，以皇城相府、湘峪古堡为代表的文化润养模式，以王莽岭、釜山、大阳古镇为代表的旅居度假模式，以蟒河、太行洪谷为代表的森林康养模式，以丈河为代表的运动康养模式，以下沃泉、南阳为代表的研学康养模式，以杏则、松庙、浙水为代表的乡村田园模式。目前"8种康养模式"逐步成熟，"人人皆可康养、人人皆需康养"的理

---

① 《做好治水兴水大文章　绘就润泽晋城新画卷》，晋城市人民政府网站，2023年3月22日，https://www.jcgov.gov.cn/zwgk/ldzc/swld/fsj/xmy/ldhd/202303/t20230322_1768382.shtml。

念深入人心。

3. "诗画晋城"品牌塑新

作为"国家园林城市""全国文明城市""国际花园城市",近年来,晋城市充分发挥区位、生态、气候等方面优势,以"康养晋城""多彩花海""景观水系""太行一号旅游公路"等为主线,依托丰富多彩的山水景观、沁人心脾的森林环境、内涵丰富的生态文化,先后建成棋子山和王莽岭2处森林康养基地以及丈河村、浙水村、大王村、小翻底村、圪塔村5个国家级森林康养人家,建设了七彩太行旅游度假区、自在荒野山地运动公园、金奥大王田园综合体、黄围山景区丛林穿越、太行一号旅游公路沿线150公里登山健身步道等类型多样的康养体验项目,不断叫响"东方古堡、人间晋城,云锦太行、诗画晋城"这一品牌。

(五)多元业态融合发展

晋城市牢固树立融合发展理念,发挥文旅康养产业高融合度、强关联性的特征,推行"文旅康养+"模式,推动乡村振兴、医药、文化主动与文旅康养产业联动融合,打造全链条发展新格局。

1. "文旅康养+乡村振兴"全面做实

晋城市全力实施乡村振兴战略,找准建设"共同富裕新晋城"与乡村振兴的结合点,系统谋划实施覆盖范围广、受益人口多、带动能力强的文旅康养产业重大牵引性工程,积极探索形成了支部领办、联建共富、产业链条、土地盘活、能人带动、服务创收、文化输出、古堡活化、企地合作、特色小镇等村级集体经济的"十种模式",联农带农富农效果明显。针对百里沁河生态经济带,从产业、生态、交通、文化等多方面系统谋划、一体推动,贯通3个县13个乡镇,辐射310个村。开发乡村康养精品线路,目前2条线路入选"乡村四时好风光——春生夏长 万物并秀"全国乡村旅游精品线路,3条线路入选暑期乡村休闲旅游精品线路。积极打造太行一号文旅康养和乡村振兴融合发展示范带,覆盖全市90%的脱贫地区、90%的景区景点、90%的特色农产品产区，累计吸引2000多万人次观光旅游、8.1万人返乡就业创业，带富50余万人。①

2."文旅康养+医药"持续做强

晋城市建立了以居家为基础、社区为依托、机构充分发展、医养康养有机结合的多层次养老服务体系，更好地满足群众日益增长的健康养老需求。截至2023年，已有80%以上的养老设施与医疗卫生机构建立了长期合作关系。依托社区医疗服务中心、乡镇卫生站等基础设施机构，针对老年人的家庭医生签约服务率已达85%。利用中医药资源，与中医院开展项目研究、资源共享与技术交流，推出一批中药类"国潮"产品和养生产品，实现药食同源产品品牌化、产业化，更好地服务于康养产业的发展。

3."文旅康养+文化"稳步做精

晋城市积极挖掘优秀传统文化，提炼包装具有晋城特色、文化内涵的优质内容，比如长平之战、六福客栈、韩国李氏宗亲等，推出了《重逢晋城》《梦回长平》《千年铁魂》《再回相府》等大型实景体验剧，精心打造一批文艺精品，使消费群体从不同角度得到更多元的养身、养心、养性康养体验。实施《晋城市大宗旅游接待奖励办法》，进行"晋城旅游惠民卡"销售补贴，发放文旅消费券，鼓励引导文化消费，促进全市文旅市场逐步向好和繁荣。持续开展文化惠民工程，人人参与文化，人人享受文化，不断丰富人民群众文化生活，进一步提升文旅康养的融合度、美誉度。

（六）宣传推介效果显著

通过连续多年举办全国康养产业发展大会，利用互联网深度有效扩大传播，成立文旅康养城市联盟，晋城文旅康养的美誉度、辨识度、知名度不断提升，"晋善晋美晋城"的良好形象得到充分展示。

---

① 《山西晋城：加快建设全国文旅康养样板城市》，经济网，2024年10月16日，https://www.ceweekly.cn/area/shanxi/2024/1016/457735.html。

1. 产业美誉度逐步提升

晋城市连续成功举办四届高规格、高水准的全国康养产业发展大会，有力促进了城市面貌的大幅提升和康养产业的快速发展。2023中国·山西（晋城）康养产业发展大会总关注量达7.09亿人次，助力晋城上榜"中国康养产业可持续发展能力20强市"，叫响了"东方古堡、人间晋城，云锦太行、诗画晋城"品牌，"北有秦皇岛、南有攀枝花、中部有晋城"的文旅康养格局深入人心。与中国乡村发展协会、中国老年保健协会、中国旅游协会、中国围棋协会、中国田径协会等组织，建立长期合作关系，通过大赛大会逐步提升产业美誉度，在招商引资、招才引智、品牌建设、会议会展、体育赛事等方面，实现资源共享、互利共赢。

2. 产品辨识度稳步提升

近年来，晋城市坚持内宣外宣双轮驱动，提出"全国媒体走晋城，晋城媒体走基层"双走行动，构建了"重大战役报道+日常宣传报道""传统媒体+新兴媒体""线上+线下"的及时深度有效的传播格局。依托抖音、快手、微博等网络平台，通过直播营销、网红打卡、达人代言等方式加强宣传，持续举办短视频大赛、国际摄影大赛、知名媒体走晋城等系列活动，充分展示了"晋善晋美晋城"的良好形象。

3. 区域知名度持续提升

晋城市联合13省份24市成立了文旅康养城市联盟，多次举办联盟圆桌会议，发布了《联盟章程》《成立宣言》《文旅康养城市联盟互惠合作机制》，开展了众多实质性合作，进一步加强了友城建设，扩大了对外宣传，深化了信息互通、城市互推、客源互送、康养互惠、利益互享，推动交流合作，晋城文旅康养的知名度不断提升。

二　晋城市文旅康养融合存在的问题

近年来，晋城市文旅康养借势崛起，在中部和周边省份形成了固定的客源市场和康养品牌。但也必须看到，相比一些康养先行地区，晋城无论是顶层设计还是资源开发以及产品服务，都存在短板和弱项，规模效益与资源赋存的正相关性表现不足，体制性、结构性和素质性问题仍是制约全市文旅康养高质量发展的重要因素。

（一）政府职能错位与市场调节不力并存

文旅康养是一个充满竞争的行业，政府与市场应当有准确的定位和清晰的边界。企业作为市场经营主体，法无禁止即可为；政府作为业务主管和行政主体，应切实履行好打基础、创环境、做服务、严监管的职能。在产业发展过程中二者应协调联动、同向发力，避免因政府职能缺位、错位引起的市场调节不力现象。一是政府存在越位现象。在调研过程中，政府过多承担了本应属于企业的市场开拓、宣传引流等职能，特别在一些赴外文旅推介活动中，政府常常处于组织主导地位，当地文旅康养相关企业只能被动接受活动节目、展演等摊派任务，难以调动企业的积极性和主观能动性。此外，活动受众主要为所在地体制内人员，这在一定程度上导致政府虽花费了大量的人力、物力、财力成本，但活动的针对性、影响力和实际宣介效果都大打折扣。二是职能缺位同时存在。从目前看，各级政府在基础配套建设、营商环境打造方面的作用有待强化。如，晋城市文旅康养的交通骨干支撑已形成，但交通通达性仍有不足，可进入性较差，"快进慢游深体验"交通网络体系尚需进一步完善。再如，大阳古镇、武家湾等特色村镇，污水处理设施、生活垃圾处理设施等相关配套设施不健全，给环境品质带来很大负面影响的同时，也给企业带来了长期难以承受的成本负担。三是市场作用发挥不足。康养产业是典型的"三高一低一长"产业，高风险、高投入、高技术、低利润、回报周期长表征明显，在一定程度上导致目前投资仍以政府、国有企业为主，社会资本参与度不高、投资热情不高，整体缺少成规模、有实力的文旅康养龙头企业、领军企业，优质的康养项目和产品服务未形成规模效应。

（二）资源过度开发与深度挖掘不够并存

调研发现，晋城市个别地区存在康养资源无序开发、低端开发，对历史文化资源挖掘深度不够的现象，资源浪费和利用不足问题长期并存。一是超负荷开发现象突出。晋城市具有森林、水系、古堡、古镇等丰富的文旅康养资源，但个别地区为了迎合旺盛的文旅康养市场需求，对现有资源超负荷开发、超承载利用，致使垃圾污染、水生态破坏等环境问题日益严重。二是特色资源开发迟滞。从目前看，太行山水、古堡古建等特色资源深度挖掘不够到位，多数文旅康养度假区依然停留在简单观光、浅层次休闲疗养功能上，全国有影响力和知名度的"拳头产品"开发运作仍比较迟缓、成效不大，突出体现在核心龙头康养企业相对较少，核心区面积小，游览内容少等问题，"有说头、没看头、少玩头"的问题长期存在。三是优势资源赋能不够。晋城市丰富的非物质文化遗产、著名历史人物、重大历史事件、有影响力的文学作品等要素还未充分应用到康养产业的开发当中。如中医药资源是晋城的突出优势，但作为"山西药用植物资源宝库"的资源优势没有得到充分利用，连翘、党参、黄芩、柴胡、山茱萸等传统道地药材赋能不足，"神农本草发源地"传统品牌知名度不高，"药王""脉祖"王叔和鲜为人知，中医药在养生、健身、防病、治病等康养业态中的商品价值难以体现。

（三）产品创新迟滞与优质供给不足并存

当前，文旅康养消费主体日益多元化，产品和服务的供给与创新也需要与时俱进。但从调研看，晋城市文旅康养产品优质供给不够丰富，产品低端、形式单一，一定程度上存在"一流资源、二流开发、三流配套"的现象，"人旺财不旺"的问题没有得到有效解决。一是从供给主体来看，晋城市文旅康养类市场主体"小、弱、散"问题比较突出，企业减员、人才流失、安全业务培训跟不上、设施设备维护不到位，可提供的产品和服务与市场需求不匹配，良好的康养资源优势未能完全转化为产品优势。加之对新消费人群的消费理念和喜好了解不足，销售渠道固化封闭、陈旧单一，更难充分满足不同层次不同客户群体的多样化需求。二是从供给类型来看，目前全市有 A 级旅游景区 33 个，其中，5A 级旅游景区 1 个、4A 级旅游景区 12 个、3A 级旅游景区 19 个、2A 级旅游景区 1 个，但几乎所有 A 级旅游景区，还基本停留在以观光游为主的发展阶段，休闲式、体验类文旅康养产品供给不足，文创产品市场化开发不够、同质化竞争严重，还没有摆脱"人山人海吃红利，圈山圈水收门票"的传统发展模式。三是从供给质量来看，目前，全市文旅康养产业中"吃"的缺少地方文化特色，"住"的环境参差不齐，"行"的配套设施不足，"游"的项目较为单一，"购"的产品缺乏创意，"娱"的内容更是匮乏，产品附加值不高，从而导致消费人群停留时间短、体验差、消费低，难以满足高端、多元康养消费需求。

（四）链条延伸乏力与多业融合不深并存

文旅康养消费是典型的线下经济，存在基于上下游产业延伸的规模放射效应。但从目前看，晋城市文旅康养产业链条纵向延伸不足，横向融合不够，产业集聚、创新集成、要素集合尚未形成一定的规模。一是产业链条延伸不足。文旅康养要突出"点、线、面"的拓展延伸，晋城市在"点"的打造上，培育了生态康养示范区（点），但在康养文化和体验养生类业态等链条延伸方面仍显不足，文旅康养产业链的末梢循环还未全部打通，体系健全、结构合理、文旅康养主题突出的产业体系尚待完善，不同功能的产业片区还需加快构筑。二是康养资源融合不够。目前，全市文旅康养以餐饮、住宿为主，娱乐、休闲、理疗等功能不健全，旅居发展软环境不佳，尚未构建起集养老、养生、医疗、康复、文化、旅游、体育、健身等于一体的康养资源融合生态系统。三是多元业态融合不深。康养产业与生态环境、民风民俗、科技信息、文化教育等领域关联度不高，比如，晋城市多数森林康养试点建设单位开发了简单的森林康养体验产品，但中医药康养、体育康养、文化康养、温泉康养、医疗康养等业态之间的融合还不够深入，无法提供养生、养心和养性结合的深度康养体验，尚未形成"一业带多业"的融合发展格局。

三 晋城市文旅康养深层次融合发展建议

当前，晋城市文旅康养正处于高速推进、融合发展的关键期，必须坚持覆盖全域、针对全龄、覆盖全民的战略导向,以养身、养心、养性为核心,着力实施布局优化、业态融合、产品供给、品质升级、环境创优和制度创新六大行动,进一步擦亮"康养晋城"本色和底牌,积极打造全省文旅康养示范高地。

（一）锚定空间布局优化,明晰文旅康养发展路径

发展文旅康养是一项系统性工程,必须坚持把全市域作为功能完整的文旅康养目的地来布局规划,从战略、宏观、全局的角度出发,构建功能明确、优势互补、协同互动的空间布局。一要做到"一核凸起"。要聚焦建设全国"文旅康养样板城市"和"知名文化旅游目的地"的战略定位,坚持把中心城市作为最大的文旅康养区来经营,纵深推进总投资超千亿元的城建三年行动,让城市成为"城景一体、主客共享、近悦远来"的高品质生活空间。二要突出"环带齐飞"。将各县（市、区）融入全市空间布局,着力提升县城的文旅康养发展能级,推动更多项目向"两环、两带、多片"布局发展,切实形成错位发展、优势互补的差异化竞争格局。三要强化"多片聚势"。打破传统地域和行政区划界限,加强资源整合,突出景区景点连片发展,打造最优组合,形成叠加效应,实现文旅康养资源串珠成链、集聚成势。

（二）聚焦多种业态融合,拉长文旅康养产业链条

文旅康养产业是融合度高、关联性强的综合性产业,具有"一业兴百业旺"的乘数效应和特殊功能。要牢固树立融合发展理念,既做好文化和旅游、文旅和康养的深度融合创新,也要把发展文旅康养产业同推进乡村全面振兴、推动新型城镇化、加强生态文明建设、传承和弘扬优秀传统文化、深化社会治理、改善民生福祉等各项工作结合起来,真正做到全局性谋划、战略性布局、整体性推进。一是延伸文旅康养"产业链"。围绕"吃、住、行、游、购、娱、商、学、养、闲、情、奇"12个文旅康养要素,创新消费场景、消费业态,逐步拓展文旅康养产业链。依托特优农产品、独特文

化，打造更多伴手礼和文创产品。支持各县（市、区）打造商业综合体、特色商业街、地标性品质商圈、专业电商直播基地，建设文旅康养示范区、旅游度假区、特色服务业集聚区、夜间文旅消费集聚区、夜经济专区、文化产业园等平台载体，集聚整合各种消费业态，让广大消费者乐娱、乐购、乐享。按照"全龄康养"理念，在做精做优"8种康养模式"的基础上，深化开发更多康养模式，更好满足不同人群多层次、多样化消费需求。二是构建产业跨界"融合网"。深化文旅康养产业与第一、二、三产业跨界融合发展，积极发展农业旅游、工业旅游、科教旅游、低空飞行旅游以及健身休闲、中医药康养、商务会展等旅游，通过"旅游+"业态的丰富和优化，形成个性化、特色化、差异化的旅游跨界融合业态。尤其要依托全市丰富的文旅康养资源，大力推进康养与旅游、农业、文体、医疗、医药等产业融合发展，发展涵盖度假养生、温泉养生、森林养生、避暑养生、湖泊养生、田园养生等方面的养生业态。同时大力发展自驾车、房车旅游，重点推进"5G+VR全景直播""5G+AR慧眼""5G+AI旅游"，大力开发摄影采风、田园颐养、银发族专线、夕阳红专列等慢游产品，塑造一批特色研学旅游品牌，建设一批文旅创客示范基地。三是打造共建共享"生态圈"。鼓励文旅康养主体围绕主业将人才链、物流链、资金链、信息链高度融合，充分发挥资源集聚优势，打造覆盖医疗、生产、教育、康养、地产、旅游等多个板块的生态圈。加快产业要素之间共生、互生与再生，完善康养产业生态，形成文旅康养"大产业"生态圈，构建多点支撑、多业共生、多元融合的文旅康养产业发展新格局。

（三）立足优质产品供给，打造文旅康养特色品牌

发展文旅康养产业，关键在供给侧、方向是追求高质量发展。坚持"提品质、出精品、创经典"，不断完善文旅康养产品供给体系，提供更多高质量、多样化、品质优的康养产品，让旅客多消费、愿消费。一要突出自身特色。明确地方资源禀赋，利用好八百里太行风光及丰富多彩的炎帝文化、围棋文化、冶铸文化、古堡文化、红色文化等晋城特有的文旅康养优势，挖掘提炼古城、古镇、古街、古村、古遗址及各类非物质文化遗产的核

心文化内涵,打造文旅故事IP、形象IP、产品IP,将晋城最具代表性、最有传播力和认同感的文化元素、文化符号贯穿产业发展的全过程,打造更具特色、更具吸引力、更具竞争力的康养品牌。二要实施品牌工程。坚持示范区引领。充分发挥凤城康养示范区示范性、牵引性、带动性作用,进一步创新消费场景、完善配套设施,持续拓展会议会展、社区康养、医养结合、主题乐园等功能,打造全省甚至全国康养产业发展标杆。突出大景区带动。整合优质资源,推动司徒小镇、珏山、炎帝陵、析城山、皇城相府、太行洪谷等"一县一大景区"建设,推动王莽岭创建5A级旅游景区,打造晋城康养"金字招牌"。加快打造"太行板块"龙头文旅康养区块,深化"百村百院"支撑。发挥《太行人家康养村落建设服务与管理》标准作用,用好统一运营管理服务平台,推动已建成的村院突出特色、提质升级。加快建设一批主题鲜明的康养村院,打造小而精、小而美、小而暖的产品和服务。三要放大品牌效应。按照全域、全龄、全季的理念,设计推出一批精品文旅康养线路,推出自驾游、休闲游、研学游、乡村游等精品主题,构建春能赏花、夏能避暑、秋能观叶、冬能玩雪的"四季游"格局,加快精品线路串联,放大文旅康养品牌效应。大力实施品牌塑造和提升,推进全市文旅康养的品牌建设,不断丰富各类节庆活动,持续办好全国康养产业发展大会、神农炎帝民间拜祖典礼、太行山文化旅游节等节庆活动,持续开展"太行山上过大年"、"最美人间四月天"赏樱季、"消夏避暑节"、"金秋红叶节"、"冰雪嘉年华"等节庆活动品牌,打造国内知名节庆活动品牌。通过"自媒体—互联网平台—市级媒体—省级媒体—中央媒体"五级联动传播体系,以及抖音、快手、小红书、微信、微博等新媒体持续传播,扩大宣传覆盖面和影响力。

(四)围绕服务品质升级,推动文旅康养提质增效

当前,文旅康养正由"资源至上"向"服务为王"转变,消费者需求更加个性化、多元化、品质化,更愿意体验当地的人文特色和风土人情,更加关注产品背后附加的情感价值,同时,政府的走心服务、商家的诚信经营、市民的热情好客,越来越成为城市的"流量密码"和消费者买单意愿

的根本所在。因此，要坚持"顾客至上、服务为王"，让更多人"来了不想走，走了还想来"。一要强化服务意识。不断提高文旅康养从业人员的服务意识和服务水平，强化教育管理，突出抓好导游队伍建设。强化人性化服务意识，督促引导文旅康养供给主体耐心细致解决具体困难，特别是在高峰期，要通过预约限流、信息发布、交通疏导等方式，缓解接待压力。二要提升服务标准。制定规范标准。规范服务，标准先行。要加强文旅康养标准化工作的统筹规划，坚持国际标准、行业规范、地方特色相结合，积极开展标准制定，构建具有晋城特色的标准体系，引导规范产业发展。三要创新服务方式。加快智慧文旅康养基地建设，持续完善"一部手机游晋城"平台，整合网络订票、交通引导、游览导览、餐饮购物等服务，为消费者提供更好的智慧化服务体验。四要增强服务能力。完善文旅康养服务设施，培育美食街区、餐饮名企，打造高品质星级酒店、特色酒店、精品民宿、康养机构，完善供水供电、垃圾污水处理以及停车、环卫、通信等配套设施建设，提升文旅康养发展保障能力。

（五）坚持市场环境创优，支持各类主体做大做强

文旅康养是一个高度市场化的产业，必须充分发挥市场在资源配置中的决定性作用，坚持"引进来"和"扶起来"相结合，加强项目推介和招商引资，进一步激发社会资本活力，推动各类市场主体协同发展。一要营造共同发展良好环境。聚焦大健康、大康养、大文旅，制定一系列招商引资优惠政策，出台优化营商环境举措，推出"一件事一次办"服务套餐，持续做好"一枚印章管审批"，落实"引客入晋"旅行社奖励政策和《晋城市大宗旅游接待奖励办法》，对达到奖励条件的，一律奖励到位。二要加大市场综合监管力度。充分运用旅游监管服务平台、文化市场技术监督与服务平台、"双随机、一公开"监管工作平台、大数据技术实现精准监管。将日常监管与部门联合执法检查有机结合，严厉打击各种违法违规经营行为，对列入文旅康养市场"黑名单"的市场主体和从业人员实施联合惩戒，不断提升消费群体的获得感、幸福感、安全感。三要强化文旅康养安全。深化文旅康养

安全责任制和双重预防机制，加强对重点环节的安全隐患排查整治。落实文旅康养安全预警信息发布制度，提升涉旅突发事件应急处置能力。切实维护国家文化安全，充分发挥先进文化的引领作用，引导创作思想健康、乐观向上、百姓喜闻乐见的文化产品，积极传播表现主流意识形态的文化消费产品。

（六）依托要素制度创新，夯实文旅康养发展基石

坚持政府做"生态"、市场做"业态"，通过精准高效的靶向政策扶持和全流程要素支撑，全力推动标杆引领康养项目的数量、质量、体量"三量齐增"。一是多元资金投入。坚持投资主体多元化、融资方式多样化、运作方式市场化，通过统筹财政资金，争取上级资金支持，搭建市场化投融资平台，用好土地出让金，盘活农村低效用地和未利用地，吸引社会资本投入，用好矿山环境治理恢复基金，推动国有企业布局等方式，为文旅康养产业发展提供资金保障。二是强化土地保障。切实把国家、省、市关于发展康养产业的各项土地倾斜、资金优惠政策落到实处，盘活乡村等土地资源，创新探索"点状供地"模式，精准挖掘文旅康养用地潜力，满足文旅康养产业发展空间需求。三是建强人才队伍。用好"人才新政20条"，柔性引进高层次管理运营人才和专业团队。支持山西科技学院、晋城职业技术学院、山西晋城文旅康养职业学院等院校发展，大力培养文旅康养管理、专业导游、医疗保健等高素质技能人才。结合"人人持证、技能社会"建设，积极开展高水平职业培训，精心举办各类技能竞赛，努力打造一支懂文旅、懂康养、善经营、会宣传的人才队伍。

参考文献

李鹏、赵永明、叶卉悦：《康养旅游相关概念辨析与国际研究进展》，《旅游论坛》2020年第1期。

赵鹏宇、刘芳、崔嬿：《山西省康养旅游资源空间分布特征及影响因素》，《西北师范大学学报》（自然科学版）2020年第4期。

周娟：《习近平关于人民健康重要论述的理论与实践之维》，《南京中医药大学学报》（社会科学版）2022年第2期。

《晋城市情简介》，晋城市人民政府网站，2024年8月17日，https：//www.jcgov.gov.cn/dtxx/ztzl/2023ncsmp/jcmpmljc/csmpsqjj/。

B.16
大同市康养产业高质量发展调研报告

薛明月*

摘　要： 近年来，"健康中国"战略走向纵深，年轻群体健康意识强化，老龄化速度加快，社会消费热点转向康养的趋势越发明显，康养产业处于高度景气的上升期。大同市依托其丰富的文旅资源和独特的地理位置，致力于建设综合康养产业区，构建较为完善的康养产业政策支撑体系和康养产业集群，在政策制度、规划蓝图、业态模式、试点示范以及品牌影响等方面取得积极进展。但同时康养产业也面临基础设施不够健全、产品服务供给不够丰富、融合发展不够深入、政策支持不够精准以及人才支撑不够有力等方面的问题。对此，大同须进一步强化顶层设计，构建政策支撑体系；培育多元业态，树立示范标杆；丰富产品供给，拓展星级服务；塑新品牌形象，提升区域竞争力；精准对接需求，打造一流康养高地。

关键词： 康养产业　高质量发展　大同市

党的二十大报告中提出，要"推进健康中国建设""把保障人民健康放在优先发展的战略位置"。近年来，大同市委、市政府高度重视康养产业高质量发展，以建设综合康养产业区为目标，依托丰富的文旅资源、得天独厚的地理位置和气候条件，进一步合理规划布局、推动业态融合、加速业态创新、擦亮区域品牌，助力全省康养产业先行先试示范市建设迈上新台阶。

---

* 薛明月，山西省社会科学院（山西省人民政府发展研究中心）研究四部研究实习员，主要研究方向为民生社会。

一 大同市康养产业发展现状

康养产业作为一种新兴业态，涉及面广、产业链长、融合度高、成长性强，随着经济结构的深度调整和人口老龄化程度持续加深，已成为新阶段推动区域产业转型升级的重要抓手。大同市自然景观类型多样，历史文化资源丰富，拥有森林、温泉、中医药等多类型高品质康养旅游资源，具备发展康养产业的独特优势和坚实基础。

（一）康养政策制度不断完善

大同市委、市政府深入贯彻落实相关政策精神，出台《关于建设综合康养产业区实施意见》《关于建设综合康养产业区 2018 年行动方案》《大同市"十四五"历史文化保护与文化旅游会展康养产业发展规划》《中共大同市委关于融入京津冀打造桥头堡的实施意见》《大同市创建智慧康养示范社区实施方案》等多个文件，围绕建设综合康养产业区，形成了层次分明、布局合理、多业融合的康养产业政策支撑体系，并全力培育和打造品牌化、连锁化、规模化的康养产业集群。成立旅居康养工作专班，组长由副市长担任，成员由市直部门分管领导组成，立足大同市康养产业发展优势，全力打造京津冀旅游康养首选地。

（二）康养规划蓝图已经形成

2017 年，《国务院关于支持山西省进一步深化改革促进资源型经济转型发展的意见》提出"支持大同市建设综合康养产业区"，为加快推进落实，大同市人民政府每年组织相关部门到康养产业起步早、影响大的地区进行考察学习。2019 年以来，连续举办"康养山西、夏养山西"康养产业大同峰会，邀请专家学者和康养企业参加论坛讲座。2022 年，大同市聘请全国首席康养专家编制《大同市综合康养示范区规划暨桑干湖片区行动计划》，以京津冀市场需求为导向，发展主导功能相适宜的康养产业。围绕建设国家康养文化旅游目的地，大同市积极推动康养与养老、养生、医疗、文旅、休闲等产业业态融合，加快构建"康养+"产业发展体系。按照产业集聚、协同发展的原则，高标准构建"一核引领、三带链接、四区协同"的康养空间布局，为大同市打造"综合康养产业区"擘画了一张中远期的蓝图。

（三）康养业态模式日趋创新

大同市初步建立了具有"山西特色、大同特点"的康养产业体系，医疗、康复、养老、养生、旅游等"康养+"产业链条不断延伸。"康养+农业"深度融合发展。依托大同市苦荞、杂粮、黄花、食用菌、畜产品等特色农产品优势，积极开发旅游康养系列食品、保健品和礼品，叫响"大同好粮""大同黄花"等区域公共品牌，助推"同"字号农产品走向全国。"康养+养老"一体化发展。以大同市398康养中心、社区居家养老服务中央厨房项目为代表，整合家政、物业、餐饮、物流、护理等服务资源，利用社会各类便民利民服务网点和社会中介组织参与老年送餐、社区日间照料等服务，形成政府引导扶持、市场广泛参与的社区养老服务供给体系。"康养+旅游"全域化发展。坚持全域旅游发展理念，利用旅游和养生、养老服务资源，打造了一批医养结合型、康养一体化产业，扶持培养了一批特色鲜明、示范带动性强的康养旅游示范项目，研究制定了一批康养旅游的服务标准，推动大同市康养旅游健康发展。

（四）康养试点示范成效突出

2023年，山西省委提出"发挥大同桥头堡作用，更好承接京津冀协同发展溢出效应"的重大发展战略，赋予大同在全省高质量发展中发挥引领带动作用的重大使命。大同市被确定为"养老服务模范市"，试点探索的"大同助老"和农村"颐养之家"服务品牌得到国家有关部委和山西省委、省政府的充分肯定。其中"大同助老"改革试点做法被国家发展改革委评为首批14个运用智能技术服务老年人典型案例之一，并赞扬"大同助老"

走出智慧居家养老新路。《人民日报》以《跌倒救援秒级响应》的新闻调查，对平城区15600位老人用上智能穿戴设备进行专题报道。农村"颐养之家"改革试点做法得到国家乡村振兴局充分肯定。"大同助老"和农村"颐养之家"改革试点做法入选全省养老服务"惠民生、增福祉"十件大事。2023年8月，大同市与国务院国资委冶金离退休干部局签订了旅居康养战略合作协议，这是大同市发展旅居康养的里程碑式突破。

（五）康养品牌影响持续扩大

近年来，大同市通过举办"康养山西、夏养山西"康养产业大同峰会，邀请专家学者和康养企业到大同实地体验。主动"走出去"，在"环京两小时康养生活服务圈"暨"康养山西、夏养山西"北京对接会上宣传推广大同，打造大同"文化古都、清凉夏都、美食之都、康养之都"的亮丽城市名片。充分依托国家"综合康养产业区"这块金字招牌，立足大同特有的生态资源和文化优势，着力打造国际化康养发展平台，叫响"康养大同、夏养大同"品牌，吸引各地"候鸟"型游客前来避暑旅游。

二 当前大同市康养产业发展存在的问题

大同市康养产业正处于转型升级的关键发展期，必须充分认识到当前资源属性和产品业态关联性不足，业态融合和品牌塑新同一性不够，发展定位和要素支撑协调性不强的问题，系统厘清全市康养产业的资源赋存和发展本底，以超常规举措突破过度依赖资源的发展偏性尤为关键。

（一）康养产业基础设施不够健全

大同市部分康养旅游目的地仍然存在道路交通不顺畅、配套设施不健全、食宿设施条件差等问题。例如，恒山汤头温泉旅游度假区、云起生态旅游度假区还处于基础设施建设阶段，需要加大资金投入力度，加快基础设施建设,尽快进入运营阶段;黄经世家中医康养小镇一期项目还未投入运营,二期项目建设需要加快推动。此外,不同康养机构在服务内容、服务质量等方面还存在差距,整体康养消费市场秩序有待进一步规范统一。

(二)康养产品服务供给不够丰富

近年来,大同市在康养产品服务的开发上取得了一定进展,如398康养中心开发出大量专利产品、黄花菜研发出系列深加工产品,但市场推广不足,进入市场脚步慢,康养产品的附加值不高,游客产生二次消费的能力低下。目前,全市康养产品服务主要集中在传统养老服务领域,缺乏创新性和差异性,难以满足不同年龄段、不同需求层次的消费者,在全国范围内的知名度和影响力还有待提升。特别是在康养产业的品牌塑造、市场推广等方面投入不足,缺乏有效的宣传推广手段,导致全市康养产业的潜在市场未能得到充分挖掘。

(三)康养产业融合发展不够深入

康养产业涉及旅游、餐饮、体育、教育、医疗、健康等多个领域,从大同市整体情况来看,单一业态"各自为政"、单打独斗,品质普遍不高,在"康养+"方面缺乏深度融合的精品项目,尚未形成有影响力和竞争力的特色亮点和"拳头产品",康养产业融合发展水平有待提升。缺乏推动有机融合的机构平台和具有引领作用的大型龙头企业,难以承接目前市场所需的旅居康养业务。

(四)康养产业政策支持不够精准

大同市已出台了一系列关于康养产业的规划和政策,但在实际操作中由于相关职能属多个部门,系统性和整体性实施不够。特别是对于康养产业的定位、发展方向、重点项目等尚未形成明确的战略规划,产业高质量发展缺乏有力的导向引领。在康养旅游的开发过程中,对康养资源的利用缺乏整体考量和特色规划,形式和内容都比较简单甚至存在同质化现象。

与省内外康养先行地区相比，在财政、税收、土地等方面的政策支持存在短板，难以吸引更多的社会资本进入康养产业。

（五）康养产业人才支撑不够有力

康养产业的发展离不开专业化、高素质的人才支撑。然而，当前大同市康养产业人才队伍建设还存在专业人才匮乏、结构不合理等问题。一方面，康养产业人才总量不足，从事康养产业的人员文化层次不高、专业性不强，难以适应康养产业发展需要，缺乏专业的管理运营团队，管理经营方式短时间内难以得到提升；另一方面，人才结构不尽合理，缺乏高层次、复合型的领军人才，在一定程度上制约了康养产业的创新发展和服务质量提升。

三 推动大同市康养产业高质量发展的对策建议

大力发展康养产业是区域高质量发展的核心内容，更是满足人民群众对美好生活需要的必然要求。当务之急是要充分巩固好、挖掘好、利用好丰富的康养资源，针对不同目标群体拓展重点客源地市场，加速构建多元丰富的康养服务体系，全力培育区域竞争新优势、经济增长新动能，为全市全方位转型和高质量发展奠定坚实的基础。

（一）强化顶层设计，构建政策创设的"四梁八柱"

大同市康养产业目前正处于发展初期，必要的政策扶持和引导至关重要。一是高站位谋划全域康养格局。加快构建以大同东部温泉、南部农业生态、西部云冈文化、北部长城体育为核心的康养格局，重点从区域发展，特别是从融入"一带一路"倡议、京津冀协同发展、晋蒙冀（乌大张）长城金三角区域合作等角度统筹考虑大同市康养产业定位、区域联动、产业体系、空间布局，对关键资源、重大工程、交通设施、区域性设施、政策机制、投资运作等方面进行指引。二是全方位完善政策支撑体系。做好康养产业发展与土地利用总体规划、城乡规划的协调联动，对列入康养产业发展规划的重点园区和重大项目，优先安排土地指标。全面落实税收等方面的优惠政策，吸引社会资本进入康养产业，鼓励社会资本与国有资本投资公司合作，促进康养产业发展。三是高标准打造良好市场环境。营造更加公平、更有活力的市场环境，建立公开、透明、平等、规范的康养产业准入制度，推动项目招引落地，引领项目开发建设。完善政策法规，进一步规范康养产业市场，防止不正当竞争。加强知识产权保护，严厉打击侵权行为，维护知识产权所有者的合法权益。完善行业工作机制，充分发挥康养产业协会、学会、联盟等行业组织的协调、服务和监管作用。

（二）培育多元业态，树立延链闭环的"示范标杆"

加快康养产业发展布局，围绕"康养+"多元业态，在大同市科学规划康养产业，实现康养产业县（区）全覆盖。优先发展避暑康养。依托纬度、高度、温度、湿度、光照度、清晰度"六度"资源优势，拓展云冈石窟、大同古城、北岳恒山、大同长城核心景区避暑康养功能，适度发展以休闲避暑为主要业态的文旅康养产业，完善配套服务，增加多元化的市场供给，满足差异化的休闲避暑需求，打造清凉避暑胜地、夏季休闲天堂。优化提升温泉康养。依托浑源、阳高、天镇等温泉资源，加快现有温泉度假设施的改造升级，推动浑源汤头、阳高孤山、天镇神泉古城等温泉集中区提质升级，推进魏都水世界扩容升级，完善形成温泉度假、温泉旅居、温泉养生、温泉主题公园等多种温泉康养业态。大力发展乡村康养。充分挖掘利用农村田园风光和农业文化遗产，依托原生态古村落、民间风俗、农事生产等乡村旅游资源，对接美丽乡村建设，以"望得见山、看得见水、记得住乡愁"为主题，以"田园风光+休闲度假+传统文化"为内容，吸引目标客群到乡村体验"慢生活"、寻找"老记忆"，颐养身心，打造内蕴充足、体验丰富、可观可养、可学可玩的乡村康养产品。依托"大同好粮"这一品牌，培育打造优质小杂粮、黄芪、黄花等优质文旅康养食品系列。大力推进运动康养。以平城、云冈、云州、左云为重点，依托大同气候清凉、海拔适中、温度适宜的优势，推广全民健身与全民康养深度融合，开发具有消费引领性的康养运动项目，大力推进运动康养。鼓励和支持云州、左云因地制宜创建国家级、省级体育产业基地。充分利用长城旅游公路开展康养运动赛事。

（三）丰富产品供给，拓展便利可及的"星级服务"

康养产业市场需求庞大，发展前景广阔，亟须形成开发合理、定位准确、特色鲜明的产品供给体系。精准创新产品供给。破解当前差异化、特色化、个性化康养产品缺乏的难题，根据老年人群、亚健康人群、亲子人群、妇幼人群、健康体验人群的不同需求，进行市场精细划分，设计和开发不同健康主题、满足多层次需求的多元化创新型康养产品。打造特色产品名片。重点推出一批养老社区、医疗保健、温泉理疗、森林氧吧、山地度假、避暑度假、草原休闲、世外田园等康养系列产品，打造具有较强影响力的大同康养产品名片。提升康养服务质量。大力引进优质医疗资源，引导高端医疗进入养老养生服务领域，实现医养深度融合。提升城乡养老设施服务能力，落实公共服务设施、老年设施的建设标准。支持社会资本开展老年人健康体检、专业护理、心理健康等专业健康服务，全力推进康养与慢性病管理、居家健康养老与个性化健康管理、互联网健康咨询与生活照护等健康养老服务提级上档。

（四）塑新品牌形象，破解区域竞争的"核心密码"

实施康养品牌塑新行动，打造一批辨识度高、吸引力强、影响力广的全国知名康养品牌。持续叫响已有品牌。精准定位大同康养产业发展新优势和新特点，打造具有省域特色的康养品牌，持续做大做好"大同助老"服务品牌，叫响"康养大同"品牌。要强力打响唐河大峡谷旅游度假区品牌优势，并通过建设高品质民宿、开设黄花产业旅游精品线路和云冈石窟高知名度文化康养社区等，打通京津冀蒙两小时康养圈，充分吸引人群在大同康养、乐养、安养。与时俱进打造新品牌。打造康养品牌新口号，设计好品牌标识物，推动品牌内涵与大同特征深度关联。聚焦森林康养、温泉康养、中医药康养等重点业态和领域，分别打造1~2个知名康养品牌。开展品牌宣介活动。立足贯彻"融入京津冀、打造桥头堡"战略，围绕打造新业态，定制大同康养品牌营销方案和宣传推介计划，针对不同目标客户构建精准化、针对性宣传推广矩阵，利用互联网媒体、移动自媒体宣介大同康养形象，充分讲好大同康养故事，持续擦亮大同国家"综合康养产业区"金字招牌。

（五）精准对接需求，打造深度挖潜的"康养高地"

为进一步打造"康养胜地·天下大同"品牌，大同市需立足区位优势，以优质的康养服务为支撑，对接康养需求。一是承接京津冀康养需求。围绕"融入京津冀、打造桥头堡"的总体要求，重点承接以康养为核心的北京等地区溢出养老服务需求，举办"康养大同行"体验活动。组织京津冀及外省老干部局、活力健康老人康养首发团、为老服务企业、涉老社会组织及媒体、主播、达人、网红沉浸式体验游大同，提高"康养大同"全国知晓度，承接吸引各类康养之旅，为来同康养人员提供热情、周到、精准、快捷的服务，打造全国康养目的地。二是打造康养产业集聚区。鼓励具备条件的地区建设康养小镇、康养社区、康养村落、康养基地、康养示范区，重点发展康养旅游、"候鸟"式养老、保健品开发、健康管理、康复护理、医疗保健等业态，配套相关服务机构和设施，打造一批融健身休闲、医疗养生、旅居养老为一体的特色鲜明、知名度高、带动力强的康养产业集聚区。三是组建市域康养产业发展联盟。鼓励市域内养老、旅游、养生、医疗、地产、金融、物业、家政等相关企业组建大同市康养产业发展联盟，积极引进泰康保险、光大养老等国内一流康养企业来大同投资兴业，培育和打造一批品牌化、连锁化、规模化的骨干企业和社会组织。构建全生命周期的产业链条对接机制，建设康养价值群、空间群、企业群，丰富康养相关业态，延长产业链，拓展价值链。

参考文献

杜晓宇：《乡村振兴战略下康养产业发展新模式探索》，《农村经济与科技》2021年第11期。

范逸男、陈丽娟：《人口老龄化背景下康养小镇发展研究》，《技术经济与管理研究》2020年第10期。

高环成：《乡村振兴背景下康养小镇建设研究》，《农业经济》2024年第3期。

金媛媛、王淑芳：《乡村振兴战略背景下生态旅游产业与健康产业的融合发展研究》，《生态经济》2020年第1期。

李俏、陶莉：《农村康养产业发展的理论阐释、多元实践与政策协同》，《南京农业大学学报》（社会科学版）2023年第3期。

束怡等：《我国森林康养产业发展现状及路径探析——基于典型地区研究》，《世界林业研究》2019年第4期。

王伟杰：《智慧康养旅游产业高质量发展的理论逻辑与实践探索——以贵州智慧康养旅游产业发展为例》，《理论月刊》2022年第12期。

B.17 长治市多层次养老服务体系建设调研报告

伊文君*

摘 要： 养老服务体系建设是实施积极应对人口老龄化国家战略的重要任务和关键环节，事关民生福祉和社会安稳。近年来，长治坚持以人民为中心的发展思想，以改革创新为根本动力，以城乡协同为重要导向，以分层分类为核心原则，高位推进服务布局优化，着力推进养老模式创新，多层次、全覆盖的养老服务体系建设取得了积极成效。但随着长治老龄化程度持续加深，老年人对养老服务专业化、多样化要求日益提高，全市养老服务发展面临着更加复杂的形势和更为艰巨的任务。为此，长治应当锚定实施积极应对人口老龄化国家战略部署，正确处理居家社区机构相协调的重大关系，着力提升医养康养相结合的服务能级，加快构建事业产业相协同的发展格局，确保每一位老年人都能共享改革发展成果、安享幸福晚年。

关键词： 人口老龄化 养老服务体系 长治市

构建多层次、可持续、高质量的养老服务体系是应对新常态下人口老龄化问题的必然诉求。与全国和全省同步，人口老龄化已成为长治社会发展面临的重大问题。截至2023年12月底，长治市60岁以上人口占比达20.43%，已进入中度老龄化阶段，且高龄化、空巢化、失能化"三化"叠

---

* 伊文君，山西省社会科学院（山西省人民政府发展研究中心）研究四部副部长、副研究员，主要研究方向为社会发展政策。

加趋势明显。为积极应对新常态下人口老龄化的新诉求，长治在构建多层次养老服务体系方面迈出了坚实步伐，取得了明显成效，为全省提供了可复制、可借鉴、可推广的"长治样板"。

一 主要做法和进展成效

长治市委、市政府高度重视养老服务体系建设，紧抓积极应对人口老龄化窗口期和机遇期，以市场需求为导向，以构建市场化、社会化的养老服务体系为目标，以养老服务业供给侧结构性改革为抓手，加快布局居家社区机构养老服务设施建设，积极推进医养康养融合，持续巩固第四批居家和社区养老服务改革试点城市成果，"居家社区机构相协调、医养康养相结合"的多层次养老服务体系逐步构建。

（一）加强制度设计，养老服务政策框架日臻成熟

近年来，长治市先后制定了一系列相关制度性文件，为加快养老服务体系建设提供了有力政策支撑。2014年，在全省率先出台了《长治市人民政府关于加快发展养老服务业的实施意见》，对于养老服务业发展的主要任务和政策措施做出明确规定。2016年12月制定出台了《长治市人民政府关于支持社会力量发展养老服务业的实施意见》，在降低准入门槛、完善建设运营机制、加大财政资金支持力度、推进公建民营市场化运营、加强人才保障等方面提出了切实可行的解决办法措施。2019年制定了《健全养老服务体系行动方案（2019—2021年）》，明确了健全养老服务体系的具体行动措施。2021年按照《长治市关于推进养老服务发展的实施意见》，聚焦养老服务设施"增量"、养老服务质量"增能"、养老服务市场"增效"目标，进一步推行财政给予建设补贴和运营补助、保障土地供应、税收优惠、费用减免、鼓励人才培养等保障政策。在政策不断完善的同时健全了工作推进机制，成立了以市长为组长、分管市长为副组长、相关部门为成员单位的养老服务业发展工作领导小组，建立联席会议

制度，针对性解决养老服务发展中存在的堵点难点问题，并根据养老工作发展的实际，不断研究提出创新性举措。

（二）完善建设布局，养老服务网络织密织牢

长治全面落实"9073"养老服务格局，着力构建更加优质、更加充分、更加均衡的养老服务圈，"以居家为基础、社区为依托、机构为补充、城乡全覆盖"的新型养老服务格局逐步完善，养老服务网络逐步织密织牢。在机构养老方面，健全市、县（区）、乡镇、村（社区）四级养老服务网络，截至2023年12月底，全市市直养老服务机构2个，县级特困人员供养服务机构13个，乡镇区域性养老服务机构76个，农村老年人日间照料中心457个。在社区养老方面，将城镇社区养老幸福工程作为重要民生实事来抓，印发《长治市党建引领社区居家养老服务三年行动方案》，采用"党建服务+社区政务服务+社区民生服务"模式建设社区养老服务综合实体，探索出"医养结合、邻里共居、代际相连、文娱共享"的长治路径，持续增加社区优质养老服务产品供给。在居家养老方面，形成了"机构+居家养老""党群服务中心+居家养老""卫生服务站+居家养老""物业+居家养老"多种服务模式。在大力推动社区居家养老服务的过程中，长治按照"示范先行、典型帮带、统筹推进、逐步覆盖"的方法，充分利用闲置的政府用房、社区商用房等，通过租赁、置换、改扩建等方式，试点建设2个社区居家养老服务中心，打造17个省级城镇社区养老幸福工程、6个市级工程，设立46个社区居家养老服务站，共覆盖71个城市社区，服务老人4万余人。[①]

（三）强化改革探索，养老服务模式创新领跑全省

长治聚焦老年群体需求，不断创新养老服务模式，围绕医养康养结合、

[①] 《城市先锋行｜山西长治：党建引领提升社区幸福感　嵌入服务实现居民养老梦》，山西组工网，2024年7月5日，http://sxdygbjy.gov.cn/ywdt/jzdt/art/2024/art_9e8ddbfd338543b19ba0b651ddf35b34.html。

数字智慧赋能、标准规范引领等方面，深入激发养老服务发展内生动力。在医养康养结合创新方面，印发《关于推进医疗卫生机构与养老服务机构规范签约合作工作的通知》，民政和卫健等部门实行医养结合工作同规划、同部署、同培训、同督导、同考核"五同"机制，推动全市养老机构与医疗机构规范合作，形成"企业医院+养老服务""公立医院+养老服务""养老机构+医疗服务""村卫生室+老年人日间照料中心""医疗养老联合体"等五种医养结合服务模式，全市医养结合签约率达到100%。在农村派驻"第一村医"对接优质医院开设"互联网医疗部"，使农村老人不出村就可享受到三甲医院医疗服务。聚焦休闲度假康养区工程、休闲康养极核区工程、中医药赋能工程等试点建立康养联合体，打造长治市大健康公共服务基地，有力推动了医养康养深度融合。在数字智慧赋能创新方面，充分利用大数据手段开展动态实时监管，实现了基础采集、在线管理、即时分析、合理使用的智能管理。通过整合资源推进"互联网+"行动，搭建4个智慧养老平台，将适龄老人关键体征数据全部纳入信息平台监测系统，为失智老人提供防走失定位等服务，为居家老人提供助医、助养、助餐等"六助"服务，打造立体化、精细化、全覆盖的"家门口养老"服务模式。在标准规范引领创新方面，制定《长治市养老机构等级划分与评定标准（试行）》《长治市城乡社区老年人日间照料中心运营管理试行办法》《长治市居家和社区养老服务标准（试行）》等标准，明确了养老服务领域公开事项与标准目录，开展养老服务标准化行动，打造一批标准化养老机构标杆，养老服务工作规范化、标准化水平逐步提升。

（四）统筹资源配置，养老服务硬件设施日益完备

长治按照因地制宜、精准施策的原则，积极有效贯彻落实"四同步"要求，对于各项优惠措施努力落实落细，各级财政对养老服务给予大力支持和保障，养老服务设施条件不断完善。在城市社区养老设施建设方面，出台《长治市推进养老服务发展的实施意见》，明确指出新建住宅小区要严格按照"城市居住区规划设计标准"《城镇老年人设施规划规范》要求，对配建

养老服务场所的具体举措、监督标准以及处理方式进行了明确的规定。推动城市居住区养老服务设施建设工作及时向本级党委及政府汇报，研究制定整合闲置土地和设施建设改造社区养老服务设施的具体政策，积极整合小区周边零星碎片化土地，鼓励机关企事业单位的空置房屋优先用于发展社区养老服务设施，有效补齐养老服务设施配建不足的短板。在农村养老设施建设方面，将机构养老与农村老年人日间照料中心一体化谋划，根据地区供需差异，加强农村敬老院设施建设和改造，建设具备全托、日托、上门服务等多种功能的综合养老服务设施，升级农村老年人日间照料中心设施，实现70%以上"四室一厅"硬件设施齐全。

（五）紧贴民生需求，养老服务供给内容多元丰富

长治紧盯全市老年人及其家庭成员对于养老服务的急难愁盼需求，不断丰富养老服务供给的内容项目，多角度探索养老服务供给的可及性，多举措增强养老服务的精准性，不断推动养老服务供给多元化、高质量发展。实施"爱心60"工程，在潞州区试点推行了"520"助餐模式，即提供60岁以上老人5元，70岁以上老人2元，80岁以上老人0元用餐服务，满足了老人用餐需求。通过政府购买服务方式，为60岁以上特殊老年人提供生活照料、家政、医疗护理等多项服务。实施社区"银发文化"工程，开办社区老年大学和老年课堂，设立太极拳、书画、声乐、朗诵等老年人感兴趣的课程。结合老年人的实际需求，依托养老服务综合实体，举办厨艺比赛、书画展、器乐演奏、趣味运动会、象棋比赛等文娱活动。实施"银发行动"志愿服务活动，鼓励和组织志愿者、社工等对有服务需求的孤寡、独居老年人分类上门巡访，提供个性化、针对性的生活照料、健康管理、精神慰藉、帮扶救助、代办采购、家政维修等服务，并教老年人如何使用手机电脑、进行反诈骗知识培训，以及教他们如何抵制非法集资等，解决了老年人"孤独"问题，同时保障了老年人合法权益。实施"品牌引领"工程，按照全省养老服务"431"工程要求，积极推进示范引领，屯留区、武乡县被列为养老服务模范县（区），长治市养老

院、田园小筑养老服务有限公司、潞州区惠丰养老院、潞州区东篱养老院入选养老服务模范机构。

（六）优化营商环境，养老服务社会力量逐步壮大

长治全面放开养老市场，明确提出放宽准入条件、精简审批环节，营造公平的市场环境，有效激发了社会力量参与养老服务的活力。深化养老服务"放管服"改革，明确提出，在审批部门登记的营利性养老服务机构和非营利性养老服务机构，可以依法在其登记管理机关管辖范围内设立多个不具备法人资格的服务网点，同时向民政部门备案。对于申请设立养老服务类的社会组织，符合直接登记条件的可以直接向审批部门申请登记，不再经由业务主管单位审查同意。完善社会力量参与的优惠政策，从补贴范围、补贴标准、资金保障及用途监督与管理四方面进行规范，按照分类奖补原则，对符合条件的机构给予运行补贴、建设补贴，同时明确政府购买社区居家养老服务对象及标准，所需资金列入市级财政预算用于扶持社区居家养老服务，保障已建机构长效运行。探索社会参与的多种模式，充分发挥市场的资源配置作用，通过"公建民营""民办公助"等形式激励社会力量参与城市居家和社区养老服务中心运营，吸引养老服务龙头企业入驻，并促进其与现有养老机构合作。目前，社区居家养老服务市场化、专业化、社会化改革加速推进，已涌现出田园易护、寸草心、滨湖智慧、盈康护理院等一批社会力量参与社区居家养老服务工作，[1] 吸引社会力量投资近1亿元。

二 发展短板和存在的问题

随着长治老龄化程度持续加深，高龄人群、失能失智老人、空巢老人占

---

[1] 《关于对市十四届政协二次会议第073号提案的答复》，长治市民政局网站，2024年1月4日，https://www.changzhi.gov.cn/xxgkml/zfxxgkml/szfgzbm/smzj/czsrmzf/yajy/wytadf/202401/t20240105_2848996.shtml。

比越来越大,养老形势更加严峻。同时人民群众对美好生活诉求增多,养老服务专业化、多样化要求提高,失能失智照护刚性需求突出,养老服务消费爆发增长,给养老服务体系建设带来更多更高的要求。从调研情况看,长治养老服务体系建设还存在一些短板,打造多层次、可持续、高质量的养老服务体系还面临着一些困难和挑战。

(一)高效率推进机制尚不完善

养老服务体系建设涉及多个部门单位,需要由各层级、各部门共同推进落实。长治虽然建立了养老服务联席会议制度,但统筹谋划、一体推进的养老服务工作机制仍有待健全。一方面,部门协同推进机制不到位。养老服务体系建设涉及多个部门,部门职责交叉重叠,主体责任不明确,形成了多头管理、难以协调的格局。各部门都受到所属领域的法律政策限制,政策创新困难。另一方面,政策落实考核机制不完善。养老服务体系建设工作尚未完全列入党委及政府目标任务考核机制,无法充分发挥考核的"指挥棒""助力器"作用,未能形成层层抓落实的有效机制,相关政策下达后存在不同程度的协同性不够、执行不到位的问题。

(二)系统性政策难以落地落细

尽管长治针对多层次养老服务体系建设出台了一系列支持政策,但是据调研,有些政策还未得到贯彻执行,或者执行力度较弱。例如,社区养老服务设施"四同步"落实不到位,不少既有小区和新建小区前期没有规划、后续没有场地,在排查的379个既有小区和196个新建小区中,仅有51个小区建有养老服务设施,存在设施与服务缺失、老年人健康多元化需求难以满足等问题,优惠扶持政策落实不到位。为促进养老事业发展,山西省、长治市均制定出台了养老机构税收减免、床位补助、运营补助、政府购买养老服务等扶持政策,但还存在落实不到位的情况。据调研了解,新(改)建床位一次性建设补贴尚未在市县级层面全面落实。

（三）适配性供需结构仍有堵点

调研中发现，长治城乡社区养老服务设施短缺问题与养老机构利用率低、入住率低并存。尽管长治加大力度补齐现有社区养老服务设施短板，但与"十四五"末"社区养老服务设施全覆盖"的要求相比还有一定距离。与此同时，无论公办、民营养老院均入住率偏低，据统计，长治养老机构入住率仅为40%。老年人有效养老需求较低与养老机构收费偏高现象并存，长治养老机构每月收费在2000~6500元不等，2023年全市城镇常住居民人均可支配收入43169元，农村常住居民人均可支配收入21226元，[1] 多数家庭难以负担老人机构养老费用。受经济条件限制，大多数失能、半失能老年人只要求提供最基本的生活照料，对养老服务需求最为迫切的医疗保健、康复护理、精神慰藉等服务，他们在经济上难以承受。

（四）均衡化城乡养老存在短板

与城镇相比，长治农村老龄化带来的养老压力更大。调研中发现，目前长治农村养老机构建设政府投入少，建设规模不大，功能不全。还有部分乡镇敬老院利用空置的学校或乡镇旧的办公场所改造而成，房屋老旧，设施简陋，不符合养老服务设施建设国家标准，存在较大安全隐患。农村老年人日间照料中心的财政补贴标准偏低，导致部分中心因资金不足、管理不善、村庄合并或搬迁、无人参加活动等原因运营压力大、难以持续发展。据调研，长治457个农村老年人日间照料中心中，正常运营的有201个，运营率仅为43.98%。

（五）全方位医养康养耦合较困难

由于医、养分属不同的管理部门，城乡医养结合机构受工作范围、资金投入、运营成本、福利待遇及医养服务收费标准不明确等因素影响衔接不到

---

[1] 《2023年长治市农村居民收入增速快于城镇居民》，长治市统计局网站，2024年1月31日，https：//tjj.changzhi.gov.cn/sjfx/202401/t20240131_2863530.html。

位。调研中相关部门反映,卫健、民政、医保工作存在"三张皮",对医疗、康复、生活等护理服务的范围尚未做明确界定,政策对接、资源共享不够,对医养结合机构建设的步伐和质量造成一定影响。目前,长治医养结合机构康复床位供应仍然比较紧张,基层医疗机构在探索对失能、失智、高龄等老年人的长期照护服务模式,提供家庭病床、上门巡诊服务时,由于缺乏稳定的长期照护费用和明确具体收费标准及收费要求而推广范围小,居家医养服务发展相对滞后。

(六)专业化养老护理人员短缺

由于人口老龄化加快,养老护理人员的培养速度严重滞后于老龄化进程。目前,长治养老护理人员不足,主要是护理员严重短缺,而且整体年龄偏大,以40~60岁为主。由于护理工作时间长、劳动强度大、职业认同感差、工资待遇低等因素,很难招聘到具有专业技能的护工。许多年轻人特别是高校毕业生不愿意从事养老护理及管理工作,导致现有护理人员大多数文化素质不高,年龄偏大,有的没有经过培训就上岗,业务一旦熟练,就转岗到家庭做护工。专业护工缺乏已成为制约全市养老服务业发展的因素。

三 发展思路和对策建议

养老服务体系建设是一项长期复杂的系统性工程。当前,长治必须立足新时代新形势新起点,围绕实施积极应对人口老龄化国家战略,以满足老年人多样化、多层次服务需求为导向,强化举措、创新探索,积极打造全省养老服务体系建设示范高地,让"老有颐养"的成色更加明显,让老年人获得感、幸福感和安全感不断增强。

(一)因地制宜优化布局,健全"均衡化"养老服务体系

推动养老服务广覆盖、成体系、均衡化布局,加快建立起与人口老龄化

进程相适应、与经济社会发展水平相协调的养老服务体系。一是做细做实居家养老。巩固居家养老的基础地位，在强化家庭养老服务支持政策的基础上，提升家庭养老服务能力，依托社区养老机构开展家庭护老成员的培训，为老年人的家庭成员提供居家照护方面的知识。加强家庭养老床位建设，加快推进对居住环境的适老化、智能化改造。二是做精做优社区养老。构建"街道—社区—小区"衔接有序、功能互补的社区养老服务网络，开展社区养老服务设施清查整治专项行动，加快推动小区养老服务设施"四同步"，合理布局社区养老服务设施建设。重视养老服务设施的运行管理，打造一批示范性强、可推广的本土城镇社区养老幸福样板工程。三是做大做强机构养老。充分发挥公办养老机构兜底保障作用，引导社会力量适度建设面向中高收入家庭的养老机构。推动高质量养老机构实现功能辐射，为居家社区老年人提供专业化服务。四是补齐农村养老短板。开展城乡养老共建活动，推动全市城镇优质养老服务资源向农村延伸。每个县（区）确定1~2个近年来新建的敬老院作为中心敬老院，实现有入住意愿的特困老人集中供养。实施农村老年人日间照料中心示范工程，动态优选管理好、服务好、运营好的照料中心给予重点扶持。

（二）综合施策强化保障，完善"集成化"养老政策体系

统筹设计并探索具有针对性、延续性的养老服务政策体系，集成解决养老服务建设中存在的资金、土地、人才等政策堵点难点问题。一是强化资金保障。探索出台市级关于养老服务补助经费划拨政策和考核办法，根据发展需要合理安排财政投入，适度提高用于养老服务的比例。鼓励各类公益性社会组织和慈善组织加大对养老服务的支持力度。拓宽融资筹资渠道，引导和鼓励金融机构创新产品和服务方式，增加对养老服务项目的信贷投入。二是完善用地保障。根据全市养老机构设施布局规划，支持利用规划地块建设养老机构服务设施。打通利用既有房屋开办养老机构的消防、规划障碍，通过盘活闲置物业、强化公建配套、借力城市更新等方式统筹整合辖区社会资源，以提供养老用地。三是夯实人才保障。推动长治学院、长治职业技术学

院等院校开设养老相关专业，加强与养老机构的联系对接，互设实习实训基地、培养培训基地。依托长治大健康公共服务基地，建设康复护理职业培训实习基地。引入社会培训机构对现职养老服务人员实施技能提升培训，适度提升养老人才薪酬待遇水平。四是健全立法保障。充分发挥地方立法的规范、引领、推动、保障作用，聚焦养老服务体系建设中的突出问题，以及养老政策的不足，制定出台长治市养老服务地方性法规。聚焦基本养老、普惠性养老、医养结合、智慧养老等方面的特点，制定相关服务措施的刚性标准。

（三）以人为本优化服务，完善"精准化"养老供给体系

聚焦全市老年人现阶段急难愁盼的问题，健全细化长治市养老服务清单，适时调整和增加服务内容，满足老年人需求结构从生存型转向发展型的要求。一是拓展老年助餐服务。将助餐服务纳入全市"15分钟居家养老服务圈"建设，在城市社区持续完善老年食堂等助餐服务设施，推动社区食堂为老年人设置就餐专区。加强老年助餐配送点建设，在配送餐条件差的农村探索发展邻里助餐模式。二是加快优化健康服务。支持养老、医疗、康复等机构合作共建，打造医养康养联合体。扩大各类养老机构康复、护理床位供给，开通老年人就医、应急"绿色通道"，切实增加社区和居家老年护理服务供给，推动有条件的社区卫生服务中心通过签约、巡诊等方式积极提供老年护理服务。三是发展社区便民服务。推动社区便民服务中心建设，完善便民服务设施和服务项目，包括超市、理发店、家电清洗与维修、推拿服务等，开设专区或便捷窗口，为老年群体提供随叫随到的服务。四是丰富老年文体服务。在县（区）至少建设1所老年大学，鼓励老年教育机构开展老年人线上教育，加强老年教育优质学习资源和师资队伍建设。加强老年人健身设施建设，定期举办丰富多彩的文化体育活动。扩大老年人社会参与，引导和组织老年人适当参与公益慈善、社区治理等活动。

（四）与时俱进提升质效，构建"高效化"养老平台体系

顺应新时代养老服务发展形势，聚焦多元化、智能化等新要求，不断完善养老平台建设，助力养老服务体系建设提质增效。一方面，完善智慧养老平台。完善养老服务大数据及平台建设，整合长治现有为老服务综合平台和信息化居家养老服务系统等，聚焦养老机构查询、地图检索、预约咨询、行业交流、政策发布等全部功能模块，高标准建设智慧居家和社区养老服务体系。为老年人提供信息查询及服务定制等快捷便利的线上服务，依托信息化建设变"人找服务"为"服务找人"，让数据多跑路，让老年人和养老机构少跑路，实现各种养老服务更加方便快捷地惠及更多老年人。另一方面，搭建社会参与平台。持续深化养老服务"放管服"改革，积极引入山西省、全国、境外优质养老企业和社会组织，在长治提供专业化、连锁化、品牌化的养老服务。搭建全市养老行业交流与服务"风向标"平台，汇集并动态监测全市老年群体和老年人相关服务机构、服务中心、服务型社会组织、养老从业人员、民政登记志愿者等数据信息，通过较强的资源整合能力，为社会力量尤其是中小机构参与养老服务提供支撑。积极参与老龄产业博览会、养老服务供需对接交流活动等，搭建社会力量参与养老服务的高效媒介。

（五）立足禀赋统筹资源，打造"协同化"事业产业体系

坚持事业兜底保障和产业提质增效并举，立足全市养老服务体系建设实际，大力发展银发经济，推动养老事业与养老产业协同发展。一是统筹养老产业布局。实行"四区引领、八县协同"，促进区域养老产业统筹、协调、均衡发展。潞州区作为长治政治、经济、文化中心，打造医养康养和智慧养老发展高地。潞城区和屯留区围绕科技创新优势建设养老创新示范区，上党区建设以康养为特色的城市"后花园"。各县城要依托自身基础优势，推进各具特色的养老康养产业发展。平顺县可围绕全国中药材基地建设，打造中

医药康养产业"排头兵",武乡县充分发挥红色文化资源优势建立红色康养基地,长子县和黎城县对接京津冀打造生态文化休闲康养度假区,壶关县和沁县依托水土丰沛的资源禀赋重点发展农业康养产业,襄垣县和沁源县依托生态资源优势,着力发展生态康养产业。二是推动产业融合发展。实施"养老+"行动,推动养老服务与文旅、家政、教育、健康、金融等行业实现融合化发展,创新和丰富养老服务产业新模式与新业态。推进养老服务向专业化、产业化、连锁化、集团化迈进,继续实施养老服务"431"工程和社区居家养老服务"1251"工程,培育一批辐射能力强、带动作用明显的龙头企业,形成一批具有影响力和竞争力的行业品牌。三是强化适老产品开发。加大数字化养老服务产品和适用于个人及家庭的健康监测与养老物联网等产品的研发力度,探索建设老年产品用品研发中心。加大对具有明确市场应用前景的康复辅助器具基础研究,高新技术和产品研发、应用转化研究的支持力度。大力推广应用智能护理机器人、家庭服务机器人、康复辅助器具、抗衰老产品等,推动优秀产品服务在居家、社区、机构养老中的应用,培育一批智慧养老应用示范场景。

(六)勠力同心加强配合,建立"统筹化"工作推进机制

坚持党委领导、政府主导、部门协同、社会参与相结合,在养老服务体系建设中加快形成上下贯通、管理有序的工作推进体制。一是坚持党委集中统一领导。充分发挥党总揽全局、协调各方的领导核心作用,成立由市委统一领导的决策议事协调机构,把各方面责任主体统筹贯通起来,对养老服务体系建设工作进行总体把控和协调推动。二是充分发挥政府主导作用。将养老服务体系建设纳入民生实事项目、纳入绩效考核和工作督查范围,采取"清单式+责任制+时限制"管理,确保件件有落实、项项有跟进、事事有回音。三是健全部门协调联动机制。明确各部门在规划、管理和监督上的分工合作,构建与养老服务体系建设、运行和优化相匹配的部门协同架构,形成权责明晰、高效联动、上下贯通、协调推进的工作局面。四是广泛动员引导社会参与。建立健全以社区为平台,社会组织为载体,社会工作者、社区志

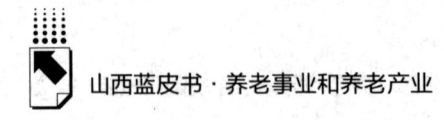

愿者、社区公益慈善资源等为支撑的社会化养老服务机制。推动互助养老服务，逐步建立起运行完善、规范统一的长效发展机制。

参考文献

白敏：《供需贴紧一点　幸福更进一步——鄂尔多斯市养老服务调研报告》，《内蒙古统计》2023年第3期。

方永恒、刘佳敏：《社会养老服务中多元利益主体行为演化博弈研究》，《老龄科学研究》2020年第3期。

姜勇：《精准发力　构建居家养老新格局》，《南昌日报》2021年7月12日。

徐珊：《让养老变"享老"》，《长治日报》2023年10月24日。

B.18 怀仁市"1+5+N"养老服务模式调研报告

韩淑娟**

摘　要： 山西省朔州市怀仁市幸福老年之家经过多年的积累,因地制宜探索出"1+5+N"养老服务模式,即建成1家标准化的中高端示范养老机构,5家区域性养老中心,N家复合型社区小型养老机构。其优势与价值体现在:连接起居家—社区—机构养老全链条;打破城市与乡村之间的养老隔阂;有效嵌入医养结合的服务功能;创新品牌化、连锁化的经营模式;具有可以复制的弹性与张力。该模式是基层对于养老服务供给模式的有益尝试,对于有效打破城市与农村、民办与公办、机构与社区居家之间的隔阂具有积极的试验作用和借鉴意义。

关键词： "1+5+N"养老服务模式　日间照料　怀仁市

　　社会化养老的区域一体化一直是养老服务领域的一个难题。有效打破城市与农村、民办与公办、机构与社区居家之间的隔阂,基层政府和社会各界都做了许多有益的尝试。山西省朔州市怀仁市幸福老年之家(以下简称"怀仁市幸福老年之家")紧密结合当地实际,因地制宜,探索出了"1+5+N"养老服务模式,取得了良好的社会反响,是县域养老服务一体化的有益尝试,值得深入剖析和认真总结。

---

* 本文原始资料和相关数据由怀仁市幸福老年之家提供,特此表示感谢!
** 韩淑娟,经济学博士,山西省社会科学院(山西省人民政府发展研究中心)社会学研究所副研究员,主要研究方向为人口老龄化、人口流动与人口经济学。

一 怀仁市"1+5+N"养老服务模式

深耕社会化养老服务十多年后,怀仁市幸福老年之家逐渐形成了具有独创性的养老服务模式。因其服务模式的创新性、服务内容的全面性和服务方式的灵活性,目前该养老企业已成为山西省乃至全国养老服务领域的佼佼者,其独特的"1+5+N"养老服务模式也因此声名远播。

(一)基本情况

怀仁市幸福老年之家成立于2018年,是一家包括生活照料、日间照料、社区养老、旅居养老、康复护理、精神慰藉等在内的医、养、康、护"四位一体"的专业化、连锁化养老机构。自2013年运营第一家敬老院何家堡乡敬老院以来,怀仁市幸福老年之家现已探索形成了集市场化、标准化于一体的"1+5+N"养老服务模式,能够同时满足高、中、低以及政府兜底对象等不同层次老年群体的养老需求,成为助推怀仁市养老服务业发展的主力军。截至2023年底,怀仁市幸福老年之家的"1+5"家专业性养老机构现有员工203人,床位1192张,入住老人572人;依托"N"家社区小型养老服务机构,服务农村老年人约5000人次、城市老年人1万多人次,上门送餐每月服务人群约3000人次。

(二)"1+5+N"养老服务模式的内涵

"1+5+N"其实是对该养老企业独特的养老服务模式的总结与提炼:"1"是指1家标准化的中高端示范养老机构;"5"是指5家区域性养老中心;"N"是指N家复合型社区小型养老机构。

(三)已获荣誉

2021年,山西省民政厅将这种模式列入山西养老服务"惠民生、增福祉"十件事;受到民政部官网、《中国社会报》、《人民日报》山西频道、新华网的推荐；获得"全国敬老文明号""全国养老服务先进单位""山西省五级养老机构""山西省社区养老服务示范品牌""山西省模范养老机构""怀仁市巾帼创业创新基地""怀仁市最美巾帼建功集体"等荣誉称号。

（四）未来愿景

对于未来发展，怀仁市幸福老年之家将以居家养老为基础、城乡社区日间照料中心为主体、区域性养老中心和敬老院为引领，旨在构建多种社会力量参与、医养相结合、功能完善的养老服务体系，立足怀仁，辐射大同、太原、北京等地，以满足京津冀豫养老服务需求为出发点，拉动养老服务与产业消费，用优质的服务、贴心的关怀对广大老年人健康长寿负责，努力推进养老机构标准化建设，形成自己的养老团队、品牌，让怀仁幸福养老的品牌普惠更多的老年人，走出怀仁，走出朔州，走向全国连锁。

二 "1+5+N"养老服务模式的具体内容

"1+5+N"养老服务模式来源于怀仁市幸福老年之家多年的积累，逐渐形成了以1家标准化的中高端示范养老机构为基地、5家区域性养老中心为辐射、布局N家复合型社区小型养老机构的养老服务供给格局。

（一）"1+5+N"养老服务模式之"1"

"1+5+N"养老服务模式之"1"，具体是指1家标准化的中高端示范养老机构，即怀仁市幸福老年之家。

怀仁市幸福老年之家位于怀仁市怀安东街，地理位置优越，紧邻怀仁市委、市政府，东距怀仁高速口3.6公里，南距怀仁东站6.6公里，乘坐高铁前往省会太原仅需2小时，前往首都北京仅需3小时，而驾车前往大同仅需0.5小时，公路、铁路等交通条件便利。总占地面积33亩，建筑面积28206.98平方米，总投资1.2亿元，设计床位600张。院内绿化规整合理，有草坪、花园、假山鱼池、亭台楼阁、长廊曲径穿插其中，适合不同年龄的老年人养老、养生、养病。院内提供单人间、双人间、夫妻间、多人间等多种户型，暖气、电视、无线网络、应急呼叫设备、衣柜、卫生间、安全扶手、消防自动报警器一应俱全。公寓楼有电梯和无障碍通道，上下楼十分便捷，一楼设有厨房、集体餐厅、老人活动大厅、老人宿舍、观影室等；所有楼层还配有独立的小餐厅和活动室，为老年人提供送餐、休闲、娱乐、学习等服务。现入住老人322人，工作人员109人。

怀仁市幸福老年之家长年接收自理、半自理、全护理老人以及需要日间照料、临时看护的老人，由100%持证的护理队伍严格按照养老服务要求和操作规范24小时为老人提供二级、一级、特级护理服务。由专业的营养师制订健康的饮食计划，根据老人身体状况及需求、地域特点等提供营养建议和个性餐饮。标准化食堂配有专业厨师，每餐荤素搭配，菜式多样，营养均衡，逢生日、节日均举办生日宴或节日宴。院内还设立多媒体活动室、书画阅览室、健身康复中心、老年课堂等多个文化娱乐场所，为老年人提供了丰富多彩的精神大餐。

怀仁市幸福老年之家自建的慈惠医院，位于机构内部怀德医养楼，按照一级综合医院的建设标准和科室设置，面积约3000平方米，已依法取得营业执照和医疗机构执业许可证，病床30张，设立内科、外科、理疗科、中医科等7个科室，常驻医生7名（含中医2名）、专业护士10名，配备DR数字化影像系统、B超机、心电图机、理疗仪器等专业仪器。以"大养老+小医疗"的"两院一体"医养结合服务模式，巧妙地将养老和医疗缝合成"一张皮"，实现养老床位、医疗床位无缝衔接。以常驻医生为基础、多学科联合诊疗为保障，配备24小时在岗专业护士和持证护理员，特别关注老年人日常健康管理、慢性病管理，提供以"中医、康复、理疗"为特色的健康咨询与指导，全面改善提升临床护理服务，整合养老和医疗两方面资源，实现健康养老与疾病救治相结合，为老人持续提供医养康养服务。同时，借助怀仁市丰富的文化旅游资源，依托怀仁市幸福老年之家内部的营养师、健康管理师、心理咨询师、康复理疗师、社会工作师、医师、药师、护士、养老护理员等专业队伍，提供专业服务，全方位打造融居家、社区、机构、旅居为一体的康养产业养老服务综合体。

（二）"1+5+N"养老服务模式之"5"

"1+5+N"养老服务模式之"5"，具体是指5家区域性养老中心，包括何家堡乡敬老院、河头乡幸福院、怀仁市中心敬老院、朔州市幸福老年之家康养中心和海北头乡敬老院。

1.何家堡乡敬老院

何家堡乡敬老院位于何家堡乡芦子沟村南，该院建筑面积2255平方米，公寓化宿舍（包括室内卫生间）42间，内设食堂、餐厅、浴室、阅览室、卫生室、文化娱乐室等配套设施。主楼安装有电梯，上下楼十分便捷，床位109张，现入住社会老人及五保户83人，员工23人。自2013年6月由怀仁市幸福老年之家运营以来，先后投入300万元，进行加装电梯，安装消防设施、呼叫系统等适老化改造。床位数由一开始的84张增加到109张，入住老人由怀仁市的五保老人扩展到外省、市、县的寄养老人，入住率长年保持在100%。

为了让运营养老机构的经验形成可复制、可推广的模式，2017年12月何家堡乡敬老院被国家标准委列为国家级养老标准化试点项目，经过三年的努力，2020年8月6日以93分的综合得分通过了终期评估验收，最终收集制定标准263项，其中国家标准64项，行业标准18项，地方标准36项，企业标准145项。

2.河头乡幸福院

河头乡幸福院位于河头乡东昌城村，建筑面积1366.78平方米，床位53张。自2016年9月由怀仁市幸福老年之家运营以来，先后投资50万元，硬件上加装电梯，室内外装修，更换维修旧的设施设备，软件上注重管理、细化服务，每餐荤素搭配，菜式多样，营养均衡，老人过生日时，提供特殊服务，各项工作赢得了五保老人及各级政府和社会各界的一致好评。院内设施齐全、环境优美。楼梯加装扶手，房间安装呼叫器、烟感报警器等，所有楼层均设有男女大面积公共卫生间和洗澡间，院内和楼道关键位置配备视频监控和消防栓。

河头乡幸福院是全朔州市收费最低的敬老院，主要接收失能失智老人和经济困难老人，承担部分社会兜底责任。现有18名员工，收住近40名老人，其中15名失能失智对象、8名特别困难老人免费入住，13名老人低收费，与社会老人享受一样的待遇。

3. 怀仁市中心敬老院

怀仁市中心敬老院位于怀玉东街云中镇三里庄村，院内环境优美，绿树成荫，空气清新，毗邻壬山滑雪场、大地学校、巨子中学、云北中学，总建筑面积约3040平方米，设置床位120张，并配套厨房、餐厅、储藏室、活动室等。目前常住五保老人34人、优抚对象15人，现有工作人员20人。

该院原是于2010年由怀仁市民政局投资兴建的一栋面向全市收住城乡五保户的敬老院。2020年3月，按照怀仁市委、市政府安排，将怀仁市光荣院和敬老院整合，在朔州率先打造"两院合一"养老新模式，为优抚对象提供身体照顾、精神赡养、心理慰藉等多元化、多层次的养老服务。2020年6月30日，怀仁市光荣院顺利搬迁到中心敬老院。由怀仁市幸福老年之家运营以来，投入100万元对敬老院进行装修和改造，进行加装电梯、室内装修、设备添置更换等。另外，敬老院还依托怀仁市幸福老年之家慈惠院，经常组织医疗专家对老年人进行定期体检及保健知识宣传。

4. 朔州市幸福老年之家康养中心

朔州市幸福老年之家康养中心作为朔州首个市级公建民营项目，位于朔州市南邢家河村委会东100米，建筑面积10070.68平方米，设置床位260张。2022年7月正式运营，现入住老人72人，工作人员26人。该中心按照国家养老设施标准设计建设，四合院式紧凑建筑布局，功能完备，社区综合养老中心、老年大学、餐厅、电影院、阅览室、棋牌室、党建室、医务室等功能室一应俱全。由山西省怀仁市幸福老年之家全力组建专业团队，全权负责该院的服务与管理。依托"1+5+N"养老服务模式与人才互通机制，10年的连锁高质量、高信誉的品牌养老服务经验，高标准打造符合朔州市情民情、具有朔州特色的养老服务体系，让朔州本地长者获得看得见、摸得着的实惠。

该中心装修风格温馨有爱，配备多种舒适安全的居家房型（单人房、双人房和多人房），房间内24小时冷热水供应，衣柜、电视、无线网络、独立卫生间及淋浴、暖气、一键呼叫器、全自动消防报警设施一应俱全，各种无障碍设施方便老人的生活起居，有专人每天清理卫生。配备健康扫描系统、骨质疏松治疗仪和各种健身康复器械等设备，真正做到医、护、养一体化，为长者提供强有力的医疗保障。

5. 海北头乡敬老院

海北头乡敬老院位于海北头乡清泉村，占地面积5亩，建筑面积950平方米，床位数50张。根据实际情况需要，目前已改为日间照料中心，为周边群众提供社区居家养老服务。该日间照料中心与怀仁市幸福老年之家共享管理、餐饮、医疗、护理等团队，在社区老人有需要的时候随时提供人员、设备与技术支持，将各项服务延伸至社区。

（三）"1+5+N"养老服务模式之"N"

"1+5+N"养老服务模式之"N"，具体是指N家复合型社区小型养老机构，包括连锁运营怀仁市96家农村老年人日间照料中心、怀仁市云中西街社区综合养老服务中心、朔州市南邢家河城镇社区综合养老服务中心和怀仁市农贸西街社区综合养老服务中心等。

1. 怀仁市96家农村老年人日间照料中心

2019年8月，怀仁市幸福老年之家连锁运营了怀仁市96家农村老年人日间照料中心，这是山西省规模最大的日间照料中心连锁运营试点。服务人员由每村专门选派熟悉村情、热爱养老事业、有责任心的积极分子构成，负责管理日间照料中心，工作内容包括打扫卫生、维持秩序、维护设施、帮助老年人用餐等，日间照料中心与其签订用工合同，确保服务与责任共担。运营过程中利用连锁运营优势，统筹管理，降低运营成本，确保可持续发展。

服务对象优先保障本村70岁以上空巢和高龄老人，并逐步向其他老人扩展。坚持有偿、低偿和无偿服务相结合，以老年人自费低偿为主，按标准交纳饭费，自行承担医疗费用，让日间照料中心的老人在村里舒舒服服地享受"家门口"的养老，享受政府和社会爱心人士给予的最大红利。

服务内容以满足老年人的日间用餐和娱乐活动两项基本需求为目的，包括4项基本服务：就餐服务、娱乐服务、医疗服务、志愿服务。各区域养老服务中心依靠怀仁市幸福老年之家的餐饮队伍，为周边农村有需求的老年人每天送一次午餐，如怀仁市幸福老年之家负责周边智民庄、南米庄村，河头乡幸福院负责周边河头村、王庄、王皓疃村，何家堡乡敬老院负责周边芦子沟村、赵庄村。只要每个村有10名以上老人有用餐协议，怀仁市幸福老年之家及连锁养老机构就启动送餐服务。老人只需每月交纳100元，就可享受和敬老院同样的"一荤一素两主食"的爱心午餐，截至2024年6月打造助餐点23个，每月助餐462人。在日间照料中心，老人还可以享受读书、看报、打牌、下棋、跳舞、聊天、练习书法、品茶、看电影、看电视、听音乐等多项免费项目。怀仁市幸福老年之家会不定期开展老年人体检活动，并引入各种民间文体志愿团体，为老年人送去欢声笑语。

为了改变农村老年人日间照料中心服务功能单一的现状，也为了让更多农村老人在家门口就能享受到优质养老服务，怀仁市幸福老年之家因地制宜，探索成立了两支农村日间照料服务队，一支负责助餐，一支负责助洁（理发）。两支队伍采取每周轮巡交叉的方式，为日间照料中心65岁及以上的老人提供服务，目前已实现怀仁市96家农村老年人日间照料中心养老服务全覆盖。助餐队伍主要针对不足10人集中用餐的日间照料中心，每周自带食材、锅具到日间照料中心现场免费助餐；助洁队伍组织专业理发师携带理发工具为日间照料中心的老人免费理发，并与排队等候的老人聊天、拉家常。

怀仁市幸福老年之家还联系扶持农村的业余文艺团队，通过定期为农村老人开展文艺表演活动，探视农村空巢和高龄等特殊困难群体，既让业余文艺团队获得发展助力，又丰富了乡村精神文化生活，助力乡村精神文明建设。同时，以端午节、中秋节、春节等传统节日为时间节点，开展腊八节送腊八粥、腊八菜，冬至日为老人包饺子，春节送挂历，端午节送粽子等系列活动。

2. 怀仁市云中西街社区综合养老服务中心

怀仁市云中西街社区综合养老服务中心由市委、市政府批准，民政局组织实施，云中西街社区合作，怀仁市幸福老年之家提供闲置用房改造而成，位于仁人北路家家利超市旁，建筑面积2000平方米，共4层，设有接待室、休息室、心理咨询室、棋牌室、医务保健室、健身康复室、阅览室（含书画室）、多媒体室、理发区、儿童娱乐区等，另设有床位22张，为辖区老人提供无偿、低偿、有偿的社区居家养老服务，是2020年山西省政府十件民生实事之一。现有员工5人。

怀仁市云中西街社区综合养老服务中心聚焦老年群体最关心、最迫切的需求，通过"社区养老+居家养老+社区食堂"模式，连通了医、食、住、娱、养等老年人照护的各个环节，为社区老年人提供了日常活动交流的平台和空间。周围居民自发组建的舞蹈队、合唱团、模特队每天都会在社区舞蹈活动室排练节目，中心还配置了理疗设备、按摩器具、康复设施以及棋牌、台球、乒乓球等各种休闲娱乐器材，可以满足不同老年人的娱乐需求。

依托怀仁市幸福老年之家慈惠医院，定期组织医护人员为社区及居家老人开展基础体检和医疗知识宣讲服务，实现家门口的医养结合；邀请专业理发师，定期为老年人理发；邀请专业书法和声乐老师在云中西街社区每周三次开展书法声乐培训；每年开展老年新春茶话会等座谈会；开展"健康中国行·全民在行动"走进云中西街、知识口袋书发放、健康巡讲等活动，全面提升广大城乡群众健康素养；邀请知名中医开展健康讲座，帮助老年人知晓并掌握常见风湿病、心脑血管疾病的预防、保健与急救等知识。

云中社区食堂建筑面积约200平方米，可同时容纳60人就餐。配餐间、消毒柜等硬件设施齐全，可提供堂食及送餐服务。针对60岁及以上老年人推出10元幸福餐和6元简餐，平均每天订餐人数有50人。在优先保障老年人就餐的同时，食堂以15元的社会价面向周边年轻人开放，通过社会群体的用餐收入弥补老人的用餐补贴,确保了社区食堂的可持续运营。针对一些单独在家或者行动不便的老年人,按照老年餐加2元配送费的方式实行送餐上门服务,最大限度地解决辖区卧床、残疾、行动不便的老年人就餐难问题。这一举措打通了养老服务的"最后一公里",基本解决了老人吃饭难的问题,也解决了在外子女的后顾之忧。结合助餐服务,幸福养老针对辖区卧床、残疾、行动不便有需求的部分老人提供上门清洁、基础体检等服务,打造"一刻钟社区养老生活圈",做到老人有需求、幸福养老有服务。

3. 朔州市南邢家河城镇社区综合养老服务中心

朔州市南邢家河城镇社区综合养老服务中心位于朔州市南邢家河村委会朔州市幸福老年之家康养中心一层,是在朔州市民政局的重视和大力支持下,批准实施的朔州市城镇社区养老幸福工程试点之一,也是2021年山西省人民政府确定实施的11件民生实事之一,可为辖区老人提供无偿、低偿、有偿的日间照料服务。

中心建筑面积近2000平方米,设置床位40张,适老化配套设施齐全,内设健康管理中心、文化娱乐中心、老年学堂、老年餐厅等功能区,可为长者提供托老、膳食供应、保健康复、休闲娱乐、健康管理及助洁、助浴、助医、助餐、助行、助急"六助"服务等全方位、一站式养老服务,室外有200平方米的活动区,设有体育器材健身场和庭院长椅休闲区。

4. 怀仁市农贸西街社区综合养老服务中心

怀仁市农贸西街社区综合养老服务中心是山西省2023年12件民生实事之一。由怀仁市云西街道办事处实施,何家堡乡敬老院运营,建筑面积1517.22平方米。中心设生活区、医疗保健区、公共活动区、服务区四大功能区,可满足50余名老人同时休闲娱乐,餐厅可满足60人同时用餐,设嵌入式床位30张(包括护理床位5张)。

中心于2023年12月1日投入试运营,免费为周边老年人提供"一站式"休闲娱乐场所及精细化服务。周围居民自发组建的舞蹈队、合唱团、模特队每天都会在社区舞蹈活动室排练节目。中心配置了书画用具、康复设备及棋牌、台球、乒乓球等各种休闲娱乐器材,可以满足不同老年人的娱乐需求。每天社区周围老年人都会在中心打牌、切磋球技、谈心交流，丰富了其精神文化生活。每月服务老年人400余人次。

三 "1+5+N"养老服务模式的优势与价值

构建"居家社区机构相协调、医养康养相结合"的养老服务体系，是我国养老服务的发展目标。怀仁市幸福养老之家遵循这一方向，脚踏实地、持续探索，创新性地打造出"1+5+N"养老服务模式，其优势与价值体现在以下几个方面。

（一）连接起居家社区机构养老全链条

在"1+5+N"养老服务模式中，生活可以自理的老年人可以依托"N"家日间照料中心或社区综合养老服务中心，实现社区居家养老；生活不能自理的老年人则可以入住"1+5"家专业性养老机构进行机构养老。二者之间自由转换、无缝衔接，打破了社区居家养老与机构养老之间的隔阂，为老年人提供了一条龙的养老服务。"1+5+N"养老服务模式提供了居家、社区、机构养老服务全链条服务，能够满足不同老年人的不同需求，实现老年人安心养老。

（二）打破城市与乡村之间的养老隔阂

通过托管农村日间照料中心，"1+5+N"养老服务模式将养老服务拓展到广大的农村地区。散布于城乡的社区养老中心或日间照料中心，多点布局、统一运营，编织起覆盖城乡的养老服务网络，从而打破了长期以来存在的城市与乡村之间的养老隔阂。"1+5"家专业性养老机构，"N"家复合型社区小型养老机构的养老服务模式规避了多种运营风险，实现了专业服务和持续运营，从而为广大城乡老年人提供了专业化、标准化的养老服务。

（三）有效嵌入医养结合的服务功能

自建的慈惠医院设在养老企业的总部，按照一级综合医院的建设标准和科室设置，以"大养老+小医疗"的"两院一体"医养结合服务模式，实现了养老床位与医疗床位的无缝衔接。同时，依托"1+5+N"养老服务模式，机构自有的医师、护士、营养师、康复理疗师、养老护理员等专业队伍，通过接诊、巡诊、培训等方式，将医疗护理服务和康复保健知识送至城乡各服务站点，为机构养老和社区居家养老的老年人提供全方位的医养结合服务。

（四）创新品牌化、连锁化的经营模式

怀仁市幸福老年之家以其独创的"1+5+N"养老服务模式，已成为山西省养老服务行业的知名养老品牌和先进养老单位，2021年这一模式被山西省民政厅列入全省养老服务"惠民生、增福祉"十件事，先后获得全国、省级、市级多项荣誉，被民政部官网、《人民日报》山西频道、新华网等相继报道并向全国推荐。其以"1"拖"5"、以"5"拖"N"的连锁化经营模式，将区域内的养老机构和城乡养老服务设施联结起来，形成了巨大的供给合力。

（五）具有可以复制的弹性与张力

从服务供给角度来看，"1+5+N"养老服务模式从供给端发力，将城市与乡村、社区居家与机构、医疗与养老有机地连接起来，形成了区域内有规模的养老服务综合体，使养老服务供给有平台、服务有保障。从运营角度来看，"1+5+N"养老服务模式解决了困扰农村日间照料中心的运营成本难题，有效降低了养老服务的单位供给成本，且在服务中极具弹性与张力，可丰可俭、可进可退，是具有复制价值的养老供给模式，具有较高的推广价值。

参考文献

方彧：《县域视角下的农村养老现状与对策》，《老龄科学研究》2024 年第 7 期。

胡宏伟、蒋浩琛、阴佳浩：《农村县域养老服务体系：优势、框架与政策重点阐析》，《学习与实践》2022 年第 4 期。

孙文灿：《以务实举措推动县域养老服务高质量发展》，《中国民政》2024 年第 2 期。

曾红：《县域视角下公共养老服务体系的现状、问题及优化路径》，《人口与社会》2024 年第 3 期。

B.19
河曲县农村老年餐厅建设运营调研报告

董海宁*

摘　要： 面对部分农村养老机构利用率不及预期的困境，本文从河曲县建设农村老年人助餐服务工程着眼，通过实证分析法，实地调研了河曲县7个乡镇12个行政村老年餐厅建设运营情况，梳理分析农村老年人口基本生活需求，并准确识别其做法和面临的问题，以期从河曲县农村老年餐厅的建设中总结经验，为其他地区今后建立本土化、可持续的农村养老服务体系提供借鉴和启示。

关键词： 农村养老　可持续　老年餐厅　河曲县

党的二十大报告指出，全面建设社会主义现代化国家，最艰巨最繁重的任务仍然在农村。《2023年山西省人口变动情况抽样调查主要数据公报》显示，2023年末山西省常住人口中，65岁及以上人口为526.98万人，占15.20%，60岁及以上人口为750.07万人，占21.64%，山西已经进入中度老龄化社会。① 山西省养老服务体系建设与全国一致，呈"重大城市、轻县乡村"的局面，农村养老服务体系建设存在起步晚、欠账多、基础差的基本缺陷，这也是目前我国养老服务体系的短板与弱项。农村养老服务体系的构建是山西省积极应对人口老龄化不可忽视的重要环节。山西河曲县准确识

---

* 董海宁，山西省社会科学院（山西省人民政府发展研究中心）助理研究员，主要研究方向为社会治理、民生改善。
① 《省统计局发布的数据显示2023年末全省常住人口为3465.99万人》，山西省人民政府网站，2024年2月22日，https://www.shanxi.gov.cn/ywdt/sxyw/202402/t20240222_9505753.shtml。

别农村老年人口的基本生活需求，依托老年餐厅建设形成了适合本地区的养老服务供给模式，对构建符合山西农村特点的养老服务体系有借鉴作用。

一 农村老年餐厅的做法与成效

农村老年人助餐服务是一项重要民生工程，也是养老服务体系的重要内容。河曲县2.8万名老年人中一半以上在农村。河曲县委、县政府以"广覆盖、保基本、可持续"为抓手，探索推广"幸福老年餐厅"和"好邻居助老餐桌"项目，补齐农村居家养老服务短板。截至2023年6月，全县已有80个行政村推行老年餐厅，另有54个行政村在建设老年餐厅。助餐服务可覆盖70%以上农村老年人，较好地解决了农村留守、空巢、独居、失能、高龄老年人"做饭难""吃饭难"的基本养老问题，形成了一些可推广借鉴的经验。

（一）坚持党建引领

农村养老服务与基层治理密切相关。习近平总书记指出："一个村子建设得好，关键要有一个好党支部。"[①] 农村基层党组织是党在农村工作中的基础，是连接党和人民群众的纽带。河曲县创造性地把抓党建促基层治理能力提升与老年餐厅的稳定运行相结合，担负起党组织服务群众、组织群众的职责，发挥党员模范带头作用。相较于农村的半开放式养老模式，近年来推广的养老院、敬老院等市场化运作模式的参与者与当地老年人缺乏乡土乡情的联系，且各地老年人的习惯、生活方式存在差异，通过经济手段招聘的护工难以具备更多同理心，他们提供的服务通常仅限于刚需型生活起居。当地的党员同志基于相同的风土人情与照料对象具有亲近性，老党员主动带头到老年餐厅用餐，年轻党员积极动员自家老年人走进老年餐

[①] 《"我要再到比较艰苦的农村看看"——习近平总书记在宁夏考察纪实》，人民网，2016年7月25日，http://jhsjk.people.cn/article/28583013。

厅。一些党员带头为村内行动不便老年人送餐、带餐，提高了全村老年人走进餐厅的积极性。村党员干部利用就餐场所与群众开展面对面谈心、心贴心交流，宣传国家政策、收集群众建议、化解基层纠纷，开辟出基层治理的又一阵地。

（二）完善制度建设

县级政府具有承接自上而下项目资源和落实国家民生政策的职能，是统筹乡镇资源的主体。农村养老服务体系的建设不应该是以乡镇和行政村为单位，而应该是以县域为主体进行统筹。基于此，河曲县组成推行农村"幸福老年餐厅""好邻居助老餐桌"工作领导组，出台《关于推行农村"幸福老年餐厅"和"好邻居助老餐桌"的实施方案（试行）》《河曲县推行农村"幸福老年餐厅"和"好邻居助老餐桌"专项补助资金使用管理实施细则》。采取分类试点、现场观摩、鼓励创新、纳入民生实事等措施，不断加强老年餐厅机制建设。在解决好农村老年人就餐需要的同时，兜底解决孤儿、农村低保、特困人员、重度残疾人、边缘易致贫户、脱贫易返贫户中特殊困难人群"吃饭难"问题。

（三）盘活现有资源

山西省正在经历发展动力转型期，面临"未富先老""未备先老"的局面。河曲县县域、乡镇的财政资金并不宽裕，农村老年人收入来源单一且不稳定，对购买高成本、高标准的养老服务设施出资意愿不足。新建养老服务设施还涉及土地性质等问题，周期较长。河曲县选择在现有资源挖掘方面下功夫，要求各乡镇和行政村摸清家底，盘活各村原有村卫生室、学校、老年人日间照料中心和红白理事会等公共服务设施，并按要求进行改造，为每个公共服务设施配备独立厨房和独立餐厅。餐厅与本村公共服务设施同址或邻近建设，便于老年人享受服务。部分村集体利用老年餐厅，举办观影、养生讲座、共度佳节等集体活动，满足农村老年人的精神需求。

（四）因地制宜推广

习近平总书记指出："坚持一切从实际出发，是我们想问题、作决策、办事情的出发点和落脚点。"[①] 即使在同一个县，各乡镇行政村的经济禀赋、社会资本等也存在较大差异，对县政府的养老政策落实方面会出现不同的问题，正视地区间发展水平的差异是推广老年餐厅的关键。基于此，河曲县通过投入改扩建资金、运营补贴资金发挥政府引导作用。同时调动市场和社会资本投入，鼓励部分集体经济较好的乡镇出台鼓励政策，对餐费进行补贴，减轻老年人的用餐负担。结合乡风文明建设，一些行政村依托老年餐厅设立"孝心榜""爱心榜"，动员子女为老人出资、能人回馈家乡养老，推动孝老爱亲和谐文明之风形成。部分行政村利用农村闲置的土地资源开垦"老年菜地"，由村内用餐老年人认领，用"用餐券"来换取收获的蔬菜、水果等实物，既满足了老年人发挥余热之需，又为他们减轻了经济负担。

二 农村老年餐厅可持续发展面临的问题

河曲县老年餐厅的推广运行取得了良好的社会效益，同时其可持续发展面临的诸多难题也需要正视。

（一）资金投入来源单一

目前农村老年餐厅以政府资金扶持为主，餐厅收支不平衡给村集体经济带来的压力较大，一些集体经济薄弱的行政村负担餐厅运营补贴较为困难。农村老年人大部分经济能力有限，每月约270元的餐费对其仍是一笔不小的开支。目前社会爱心人士捐赠、给老人带饭送饭等行为缺乏成体系、可持续的制度，也未能与慈善、志愿服务、社工服务等相关联。除人口较多的个别

[①] 《努力成为可堪大用能担重任的栋梁之才》，人民网，2022年2月1日，http://jhsjk.people.cn/article/32344341。

乡镇、临近道路或企业的个别行政村外，老年餐厅市场化运营面临整体需求不足的难题。

（二）标准化建设不到位

老年餐厅在筹建初期整合利用原有的公共服务设施时，多数忽视了适老化改造的重要性，比如未设立无障碍通道、未设置安全扶手、凳子稳固性差等。餐厅管理人员基本为本村村民，餐厅安全用电、用气意识淡薄，对物资储备、物品摆放、食品留样等要求不高。食品溯源、留样未建立相关记录备查制度。老年餐厅虽因地制宜建设，但也形成较大区域差别。山地行政村多为几个自然村组成，老年人往返就餐的路程有的长达1小时，这既不便于老年人就餐，也不便于取餐送餐。各村老年餐厅在三餐制作过程、用餐内容和标准上也存在较大差异，餐厅运营和服务也不尽相同。区域发展不平衡有进一步加剧的可能。

（三）监督管理规范不足

老年餐厅是由乡镇政府监督指导，村委会、村委会下成立的独立经济组织、敬老院开展老年人就餐服务的场所。在资金管理方面，多数行政村存在专项资金与村集体资金不分账户的情况，专项资金管理使用制度、集体经济补贴路径都不明确。村委会设立独立餐饮公司运营的模式推广有限。在运营补贴监管方面，部分餐厅未接入刷脸监控系统，采用纸质签收方式记录为行动不便的老年人带饭和送餐次数，信息监管存在漏洞。

（四）就餐需求稳定性差

农村老年人就餐需求不稳定，给老年餐厅的持续运营带来较大压力。比如，北方农村住宅冬季需要生火取暖，农户通常采取取暖顺带做饭的方式，加之天气等因素，老年人倾向于在家就餐。部分老年人冬季或春节前后随子女离开农村生活，餐厅因就餐老年人数量减少不得不间断性停业。按照目前运营情况测算，就餐人数少于 15 人时老年餐厅收支平衡难以维持。作为补充的"好邻居助老餐桌"的推广实施存在较大困难。

三 推进农村老年餐厅可持续发展的思路

河曲县农村老年餐厅作为解决农村老年人就餐难问题的创新举措，目前仍处于探索完善阶段，需要进一步"强优势、补短板、破堵点"，建立政府、集体、家庭、社会"四方联动"的长效机制，全面构建资金有保障、设施能配套、运营有规范、需求可满足的农村老年餐厅可持续发展格局。

（一）加强统筹整合资源一体化

县域是农村地区经济发展、社会保障、社会治理的主体。县级政府作为统筹主体，调动资源实现农村养老服务的可持续发展，是国家对农村养老可持续发展做出的战略选择。河曲县应继续发挥党总揽全局、协调各方的领导核心作用，坚持老年餐厅的"广覆盖、保基本、可持续"原则，根据辖区特点及基本养老服务体系建设，进一步研究并合理布局老年餐厅建设，推进实现"幸福老年餐厅+好邻居助老餐桌+助餐点"基本养老服务区域全覆盖。雇用农村留守妇女、低龄老年人等本土人员，充分发挥农村老人的主体性，激活农村养老的内生动力，满足农村老人自我实现需求。拓展系统监管功能、链接医保、提供关爱服务等，把老年餐厅打造为居家养老服务重要阵地、医养结合重要平台，实现资源共享。

（二）坚持财政保障政策常态化

推进农村社区养老服务供给，是实施乡村振兴战略、促进城乡融合发展的基础一环，也是补齐民生短板，实现农村高质量发展的核心要务。农村养老服务属于准公共产品，具有福利性、事业性、普惠性等特征，国家有维护公民人格尊严和基本生存条件的义务。政府持续投入是基础和保证。河曲县人民政府应创新投入机制，强化资金保障，发挥好财政资金的杠杆作用和福利彩票公益金的保障作用，支撑农村普惠共享的养老服务体系建设。紧盯基金使用效益，以群众满意度为基本指标，加强项目绩效管理和跟踪问效，形成可评价、可跟踪的闭环管理机制。发挥村集体作用，利用好乡村社会资本，将内生的农村养老需求转化为养老服务动力。严格落实"幸福老年餐厅""好邻居助老餐桌"建设和运营补助政策。确保老年餐厅按标准进行适老化改造，并配备消防、监控等设施。优化运营补助政策，重点向集体经济低于10万元的行政村倾斜，切实发挥财政资金的引导撬动作用。规范专项资金拨付、加强专项资金监督管理。

（三）加强运营管理方式本土化

各行政村结合集体经济状况和群众意愿，探索符合本村特点的老年餐厅管理运营模式。集体经济状况较好的行政村，可每人每餐资助1~2元；集体经济基础比较薄弱的行政村，以"老年菜地"生产的时令菜品专供老年餐厅使用，弥补经费不足短板。鼓励以老年餐厅为载体，延伸提供日间照料、健康管理等多样化养老服务。开发乡村公益性岗位用于支持农村老年餐厅运行，每人每月给予岗位财政补助。吸纳农村低收入人口、残疾人、大龄人员等群体加入农村老年餐厅服务行列，从事餐厨、保洁和上门送餐等服务。同时加强岗位培训和日常管理，做到人岗相适、人事相宜。以弘扬孝善文化为主题，引导子女自觉履行赡养老年人义务，提高老年人加入幸福老年餐厅的积极性。各乡镇可结合实际出台细则，根据本村集体经济基础，按照每日每餐1~2元的标准，绑定子女微信或银行卡，利用智能刷脸识别系统，在老年人就餐时自动交费。宣传并推动有经济能力的子女为老年人交纳补充养老保险。积极探索互助养老新模式，组织本村党员和热心村民参加老年餐厅志愿服务，营造守望相助、邻里互助的爱老敬老氛围。建立志愿助老服务公益积分制，以积分兑换的方式，激励更多人参与农村老年餐厅志愿服务活动。

（四）推进运行过程质量规范化

一个体系的有效运转离不开及时的监督反馈机制。紧盯农村老年人反映强烈的问题，是精准提供养老服务的关键。必须建立和完善反应灵敏、运作灵活的信息反馈机制，河曲县今后需要进一步规范老年餐厅的功能布局、流程设计及设施配备，合理确定用餐标准，每周更换食谱，做到荤素搭配、合理膳食、健康营养。加强食品安全监督管理，防范各环节食品安全风险。加强人员培训考核和健康管理，提高老年餐厅的规范化服务水平。农村养老是一个动态的调整过程，随着我国经济的增长，农村养老条件的改善，农村老年人的养老需求也会进一步提升，结合集体经济状况的转变和群众意愿，提升养老服务水平也需要持续跟进。河曲县应以老年餐厅为载体，延伸提供日间照料、健康管理等多样化养老服务，同时对接医、养管理部门，做好农村老年人由年龄增长带来的医、养衔接工作。

参考文献

郭琦等：《"吾心安处是我家"：农村养老机构中老人的本体安全和生存焦虑》，《开放时代》2024年第2期。

韩振秋、王金民：《如何实现农村老年人助餐的可持续发展——山东省日照市农村幸福院"长者食堂"的探索》，《中国民政》2022年第18期。

聂建亮、曹梦迪、吴玉锋：《村域社会资本与农村互助养老实现——基于农村老人养老服务供给意愿视角的分析》，《西南大学学报》（社会科学版）2022年第6期。

王向阳、何倩倩：《当前我国农村老人养老的经济社会基础及其区域差异——基于"养老观念—养老资源"的二重分析》，《学习与实践》2024年第5期。

吴春梅、华文健：《普惠目标下农村养老服务供给的价值实现分析》，《农业经济》2024年第3期。

社会科学文献出版社

皮 书
智库成果出版与传播平台

❖ 皮书定义 ❖

皮书是对中国与世界发展状况和热点问题进行年度监测,以专业的角度、专家的视野和实证研究方法,针对某一领域或区域现状与发展态势展开分析和预测,具备前沿性、原创性、实证性、连续性、时效性等特点的公开出版物,由一系列权威研究报告组成。

❖ 皮书作者 ❖

皮书系列报告作者以国内外一流研究机构、知名高校等重点智库的研究人员为主,多为相关领域一流专家学者,他们的观点代表了当下学界对中国与世界的现实和未来最高水平的解读与分析。

❖ 皮书荣誉 ❖

皮书作为中国社会科学院基础理论研究与应用对策研究融合发展的代表性成果,不仅是哲学社会科学工作者服务中国特色社会主义现代化建设的重要成果,更是助力中国特色新型智库建设、构建中国特色哲学社会科学"三大体系"的重要平台。皮书系列先后被列入"十二五""十三五""十四五"时期国家重点出版物出版专项规划项目;自2013年起,重点皮书被列入中国社会科学院国家哲学社会科学创新工程项目。

皮书网

（网址：www.pishu.cn）

发布皮书研创资讯，传播皮书精彩内容
引领皮书出版潮流，打造皮书服务平台

栏目设置

◆ **关于皮书**
何谓皮书、皮书分类、皮书大事记、
皮书荣誉、皮书出版第一人、皮书编辑部

◆ **最新资讯**
通知公告、新闻动态、媒体聚焦、
网站专题、视频直播、下载专区

◆ **皮书研创**
皮书规范、皮书出版、
皮书研究、研创团队

◆ **皮书评奖评价**
指标体系、皮书评价、皮书评奖

所获荣誉

◆ 2008年、2011年、2014年，皮书网均在全国新闻出版业网站荣誉评选中获得"最具商业价值网站"称号；

◆ 2012年，获得"出版业网站百强"称号。

网库合一

2014年，皮书网与皮书数据库端口合一，实现资源共享，搭建智库成果融合创新平台。

皮书网　　　　　　　"皮书说"
　　　　　　　　　　微信公众号

权威报告・连续出版・独家资源

皮书数据库
ANNUAL REPORT(YEARBOOK) DATABASE

分析解读当下中国发展变迁的高端智库平台

所获荣誉

- 2022年，入选技术赋能"新闻+"推荐案例
- 2020年，入选全国新闻出版深度融合发展创新案例
- 2019年，入选国家新闻出版署数字出版精品遴选推荐计划
- 2016年，入选"十三五"国家重点电子出版物出版规划骨干工程
- 2013年，荣获"中国出版政府奖・网络出版物奖"提名奖

皮书数据库

"社科数托邦"微信公众号

成为用户

登录网址www.pishu.com.cn访问皮书数据库网站或下载皮书数据库APP，通过手机号码验证或邮箱验证即可成为皮书数据库用户。

用户福利

- 已注册用户购书后可免费获赠100元皮书数据库充值卡。刮开充值卡涂层获取充值密码，登录并进入"会员中心"—"在线充值"—"充值卡充值"，充值成功即可购买和查看数据库内容。
- 用户福利最终解释权归社会科学文献出版社所有。

卡号：562724776348
密码：

数据库服务热线：010-59367265
数据库服务QQ：2475522410
数据库服务邮箱：database@ssap.cn
图书销售热线：010-59367070/7028
图书服务QQ：1265056568
图书服务邮箱：duzhe@ssap.cn

基本子库
SUB DATABASE

中国社会发展数据库（下设 12 个专题子库）

紧扣人口、政治、外交、法律、教育、医疗卫生、资源环境等 12 个社会发展领域的前沿和热点，全面整合专业著作、智库报告、学术资讯、调研数据等类型资源，帮助用户追踪中国社会发展动态、研究社会发展战略与政策、了解社会热点问题、分析社会发展趋势。

中国经济发展数据库（下设 12 专题子库）

内容涵盖宏观经济、产业经济、工业经济、农业经济、财政金融、房地产经济、城市经济、商业贸易等 12 个重点经济领域，为把握经济运行态势、洞察经济发展规律、研判经济发展趋势、进行经济调控决策提供参考和依据。

中国行业发展数据库（下设 17 个专题子库）

以中国国民经济行业分类为依据，覆盖金融业、旅游业、交通运输业、能源矿产业、制造业等 100 多个行业，跟踪分析国民经济相关行业市场运行状况和政策导向，汇集行业发展前沿资讯，为投资、从业及各种经济决策提供理论支撑和实践指导。

中国区域发展数据库（下设 4 个专题子库）

对中国特定区域内的经济、社会、文化等领域现状与发展情况进行深度分析和预测，涉及省级行政区、城市群、城市、农村等不同维度，研究层级至县及县以下行政区，为学者研究地方经济社会宏观态势、经验模式、发展案例提供支撑，为地方政府决策提供参考。

中国文化传媒数据库（下设 18 个专题子库）

内容覆盖文化产业、新闻传播、电影娱乐、文学艺术、群众文化、图书情报等 18 个重点研究领域，聚焦文化传媒领域发展前沿、热点话题、行业实践，服务用户的教学科研、文化投资、企业规划等需要。

世界经济与国际关系数据库（下设 6 个专题子库）

整合世界经济、国际政治、世界文化与科技、全球性问题、国际组织与国际法、区域研究 6 大领域研究成果，对世界经济形势、国际形势进行连续性深度分析，对年度热点问题进行专题解读，为研判全球发展趋势提供事实和数据支持。

法律声明

"皮书系列"（含蓝皮书、绿皮书、黄皮书）之品牌由社会科学文献出版社最早使用并持续至今，现已被中国图书行业所熟知。"皮书系列"的相关商标已在国家商标管理部门商标局注册，包括但不限于LOGO（ ）、皮书、Pishu、经济蓝皮书、社会蓝皮书等。"皮书系列"图书的注册商标专用权及封面设计、版式设计的著作权均为社会科学文献出版社所有。未经社会科学文献出版社书面授权许可，任何使用与"皮书系列"图书注册商标、封面设计、版式设计相同或者近似的文字、图形或其组合的行为均系侵权行为。

经作者授权，本书的专有出版权及信息网络传播权等为社会科学文献出版社享有。未经社会科学文献出版社书面授权许可，任何就本书内容的复制、发行或以数字形式进行网络传播的行为均系侵权行为。

社会科学文献出版社将通过法律途径追究上述侵权行为的法律责任，维护自身合法权益。

欢迎社会各界人士对侵犯社会科学文献出版社上述权利的侵权行为进行举报。电话：010-59367121，电子邮箱：fawubu@ssap.cn。

社会科学文献出版社